Stillgestellter Aufbruch

D1665148

BAYREUTHER BEITRÄGE ZUR LITERATURWISSENSCHAFT

Herausgeber: Walter Gebhard, János Riesz, Richard Taylor

Band 17

PETER LANG

Frankfurt am Main · Berlin · Bern · New York · Paris · Wien

GISA HANUSCH

STILLGESTELLTER AUFBRUCH

BILDER VON WEIBLICHKEIT IN DEN „DEUTSCHEN STÜCKEN" VON TANKRED DORST UND URSULA EHLER

PETER LANG
Europäischer Verlag der Wissenschaften

Die Deutsche Bibliothek - CIP-Einheitsaufnahme

Hanusch, Gisa:

Stillgestellter Aufbruch : Bilder von Weiblichkeit in den
"Deutschen Stücken" von Tankred Dorst und Ursula Ehler /
Gisa Hanusch. - Frankfurt am Main ; Berlin ; Bern ; New York ;
Paris ; Wien : Lang, 1996
    (Bayreuther Beiträge zur Literaturwissenschaft ; Bd. 17)
Zugl.: Bayreuth, Univ., Diss., 1995
ISBN 3-631-30167-7

NE: GT

D 703
ISSN 4721-2844
ISBN 3-631-30167-7
© Peter Lang GmbH
Europäischer Verlag der Wissenschaften
Frankfurt am Main 1996
Alle Rechte vorbehalten.

Printed in Germany 1   3 4 5 6 7

Meinen
niederrheinischen Großtanten
Elisabeth Grotepaß, Hilde Grotepaß,
Maria Grotepaß und Friede Neynes
gewidmet

INHALT

8

9

ANHANG:

"AUF DOROTHEA KANN MAN NATÜRLICH BESSER HAUSEN."
Aus einem Gespräch mit Tankred Dorst und Ursula Ehler
bei den Vorarbeiten zu meiner Dissertation,

11

EINLEITENDES VORWORT

Stillgestellter Aufbruch, - erstarrte Bewegung, gebremste Veränderung, Verkrustungen auf Freiheitsträumen. Wer hat einen Ort oder einen Zustand verlassen, und wie geschieht es, daß die Bewegung zum Stillstand kommt? Wer wagt den Aufbruch, wer beendet ihn? Mitten in diesem Spannungsfeld befinden sich die 'Bilder von Weiblichkeit', die Tankred Dorst und Ursula Ehler in ihren *Deutschen Stücken* präsentieren.

Der Terminus 'Stillstellung' kann als Kennzeichen für das Spannungsverhältnis von Bewegung und Stillstand in Weiblichkeitsbildern der Moderne generell gelten. Die Charakterisierung einer frühen Präsentation von 'Weiblichkeit', der Attitüdenkunst[1], verdeutlicht das Motiv: "Der Eindruck des Vielfältigen und des Dramatischen, den diese Kunst- und Kulturform bei zeitgenössischen Rezipienten erweckt, macht das Faszinierende dieser Kunstform aus. Dieser Eindruck beruht jedoch auf einer Täuschung, weil das dramatische Moment durch die Einführung einer hierarchischen Schematisierung stillgestellt und das vielgelobte Spektrum an weiblichen Körperbildern entfaltet wird, um es zu kontrollieren."[2] Erkennbar wird der Typus eines "weiblichen Proteus"[3]: Die Attitüdendarstellerin wechselt von Auftritt zu Auftritt Farbe und Drapierung ihrer Shawls wie Gebärde und Miene ihres Körpers so gründlich und kunstfertig, daß sie als Person nicht wiederzuerkennen ist. Fassen läßt sie sich nicht und unverkennbare Merkmale zeigt sie keine. Sie ist die Wandelbare, die Virtuosin des ewigen "Als ob", die immer auch anders sein kann. Zugleich wird in dieser Inszenierung von Weiblichkeit das Moment der kunstfertigen dramatischen Bewegung kontrastiert durch das Moment der 'Kontrolle' genannten Stillstellung im ästhetisch- hierarchischen Kanon. Ist die Begrenzheit weiblicher Darstellungsmöglichkeiten um 1800 direkt im

---

[1] Vgl. Norbert Miller: Mutmaßungen über lebende Bilder. Attitüde und "tableau vivant" als Anschaungsform des 19. Jahrhunderts, in: Helga de la Motte-Haber (Hg.): Das Triviale in Literatur, Musik und Bildender Kunst. Frankfurt/M. 1972, S. 106-130.

[2] Dagmar von Hoff und Helga Meise: Tableaux vivants - Die Kunst- und Kultform der Attitüden und lebenden Bilder, in: Renate Berger/Inge Stephan (Hg.): Weiblichkeit und Tod in der Literatur. Köln-Wien 1987, S. 69-86, 1987, S. 86.

[3] Ebd. S. 69.

verbürgten Standardrepertoire der Attitüdenkünstlerinnen auszumachen, so ist die Stillstellung weiblicher Aufbrüche im zwanzigsten
Jahrhundert schwieriger greifbar. Dorst/Ehlers Figuren legen die Ver-
mutung nahe, die Kontrolle verberge sich in alltäglichen Umgangsformen und sei in die weiblichen Figuren selbst gewandert.
Dorothea Merz und Anna Falk, zwei zentrale literarische Figuren dieser Untersuchung, sind Töchter der Lebensreform- und der Jugendbewegung, mehr oder minder kluge, gelehrige, aufmerksame Töchter.
In den 20er Jahren, einem Zeitraum allgemeiner weltanschaulicher
Aufbrüche und Experimente, treffen sie enthusiastisch ihre lebens-
wichtigen Entscheidungen, doch ihr Aufbruch aus den Konventionen,
ihre Expedition ins Unbekannte wird abgebrochen. Woran scheitern
ihre Gestaltungsenergien, ihre Selbstentfaltungsenergien? Sie sind
Menschenkinder voll Elan und kritischem Weltverbesserungsgeist, und
doch geraten sie in Weiblichkeitsfallen, das ist die These dieser Arbeit
- daß es Männlichkeitsfallen unbestritten auch gibt, folgt aus der obi-
gen These, die auf dem Ansatz der Geschlechtergeschichtsforschung
aufbaut.
Wohin die Frauenfiguren der *Deutschen Stücke* sich auch aufmachen,
sie kommen nicht an, ob sie als Abenteuerin hin zu oder als Einge-
schlossene weg von etwas wollen, sie erreichen ihr Ziel, sie verwirklichen ihre Absicht nicht. Ist es eine Frage der - psychischen - Ausstat-
tung, der Nutzung ihrer Fähigkeiten, des Selbstvertrauens oder der
Beschaffenheit der Ziele? Ist es eine Frage der Bedingungen, der Umstände? Hat die Zeit des Aufbruchs nur eine begrenzte Frist? Ist es
eine Frage der Betrachtung bzw. Darstellung derart, daß die
Dorst/Ehlerschen Figuren auf bestimmten literarischen Individuie-
rungsstufen vom Klischee über das Stereotyp und den Typus bis zur
Person verharren? Diesen Fragen folgt die vorliegende Studie.
Die vorliegende Arbeit entspricht bis auf geringfügige Änderungen
meiner Bayreuther Dissertation, die im Februar 1995 abgeschlossen
und im Juli 1995 von der Sprach- und Literaturwissenschaftlichen
Fakultät angenommen wurde. Dank gebührt vor allen Herrn Professor
Walter Gebhard für die beharrliche wissenschaftliche Begleitung der
Arbeit und die persönliche Ermutigung der germanistischen Wieder-
einsteigerin. Herrn Professor Hans-Jürgen Bachorski verdanke ich in
der Endphase manch trefflichen Rat. Besonders danken möchte ich

Tankred Dorst und Ursula Ehler für ihr Entgegenkommen bei dem vorbereitenden Gespräch. Für freundschaftliche Unterstützung beim Frauengeschichtsforschungsprojekt danke ich Monika Frommel, Rechtswissenschaftlerin in Kiel, Sabine Gürtler, Philosophiewissenschaftlerin in Hamburg, Margit Hawelleck, Ethnologin in Pittsburgh, und Ursula Leppert, Germanistin in München. Ihre Hinweise waren wertvoll, und ihre kontinuierliche Anteilnahme gab mir die nötige Zuversicht. Herzlichster Dank gilt Anna, Marie und Rolf Hanusch, ohne deren unerschütterliche alltägliche Anerkennung meiner Studien diese Arbeit nicht zum Abschluß gekommen wäre.

1 BILDER VON WEIBLICHKEIT

1.1 HISTORISCHER HINTERGRUND DER WEIBLICHKEITSBILDER

Die *Deutschen Stücke* zeigen die politisch und soziokulturell geprägte Stillstellung weiblicher Aufbrüche im privaten Umfeld der Frauenfiguren. Die Handlung der *Deutschen Stücke* spielt an gut lokalisierbaren Orten, meistens in einem Dorf im Thüringer Wald, und zu präzis datierbaren Zeitpunkten, zum großen Teil zur Zeit der Weimarer Republik, und die biographischen Voraussetzungen der weiblichen Protagonistinnen sind auch kultursoziologisch genau zu identifizieren: die zentralen Frauenfiguren kommen aus einem puritanisch geprägten Mittelstandsmilieu, das ihnen eine gewisse Bildung ermöglicht. Aufgrund soziokultureller Forschungen von Ulrike Prokop zu Schriften von Marianne Weber und Gertrud Bäumer[4] ergibt sich ein kritisches Bild der Lebenswelt zeitgenössischer bildungsbürgerlicher Frauen. "Sie stammen fast alle aus protestantischem Milieu mit der rigiden Lebensführung puritanischer Leistungs- und Arbeitsmoral. Die Geschichte ihrer Großmütter und Mütter ist eine der leidvollen Entfremdung zwischen den Geschlechtern. Wenn wir die Innenstruktur der Familien grob skizzieren, wie sie sich im allgemeinen autoritären, patriachalischen Klima Deutschlands entwickelt hat, so finden wir eine Art Abbruch der Kommunikation. Die Frauen erfüllen ihre weiblichen Pflichten bis zur Selbstaufgabe, und dennoch befinden sie sich in Opposition."[5]
Der Grundsatz politischer Gleichberechtigung von Männern und Frauen, der sich erstmals bei der Wahl zur Nationalversammlung im Januar 1919 in der Ausübung aktiver und passiver Wahlrechte auch

4   Ulrike Prokop: Die Sehnsucht nach der Volkseinheit. Zum Konservatismus der bürgerlichen Frauenbewegung vor 1933, in: Gabriele Dietze (Hg.): Die Überwindung der Sprachlosigkeit. Darmstadt 1979, S. 176-202. - Marianne Weber, 1870-1954, Schriftstellerin, u.a.: Frauenfragen und Frauengedanken (1919), Max Weber, ein Lebensbild (1926); - Gertrud Bäumer, 1873-1954, Schriftstellerin, u.a.: Weit hinter den Schützengräben (1916), Die Frau in der Krise der Kultur (1926); - vgl. "Bäumer, ja, das ist auch so ein Name. Das hat meine Mutter <Vorbild für Dorothea Merz> gelesen." In: "Auf Dorothea kann man natürlich besser hausen". Aus einem Gespräch mit Tankred Dorst und Ursula Ehler bei den Vorarbeiten zu meiner Dissertation, von Gisa Hanusch, im Anhang dieser Arbeit S. I-XXIII, S. XI.
5   Prokop 1979, S. 189.

durch Frauen ausdrückt[6], wird mit der rechtlichen Verankerung in einer deutschen Verfassung sogleich und beständig bis heute beschränkt, bzw. konterkariert durch die Kontinuitäten sozialer und ökonomischer Ungleichheit. Analog zur liberal-aufklärerischen Phase bürgerlicher Emanzipation lösen auch die Reformbewegungen zu Beginn des 20. Jahrhunderts die Erwartungen der Frauen an gleichwertige selbstbestimmte staatsbürgerliche Teilhabe nicht ein. Der Widerspruch zwischen "Entwürfen der Selbständigkeit" und "Mustern schwerer Abhängigkeit"[7] bestimmt die Grunderfahrungen der bürgerlichen Frauen, die überwiegend den Schutz der Institution Ehe suchen. "In der bürgerlichen Ehe dieser Frauengeneration wird der Konflikt zwischen weiblichem Freiheitswillen und der Angst vor den Wünschen in starren Rollen stillgestellt - in Rollen, die die Frauen zwar benutzen, die sie aber zugleich auch hassen."[8] Prokops Beschreibung weiblicher Oppositionshaltung impliziert eine Art Stillstand der Wünsche. Statt sich ins öffentliche Leben einzumischen und institutionelle Regeln gemäß ihren Erfahrungen mitzugestalten, üben sich Frauen in Anpassung. Der Gefühlsstau verursacht "Pseudo-Konformität"[9].

Gesellschaftlich anerkannte Weiblichkeit bleibt weitgehend gleichbedeutend mit "rezeptiver Ichlosigkeit"[10]. Frausein bestimmt sich weiterhin vielfach nicht durch eigene Fähigkeiten, Möglichkeiten und Merkmale, sondern durch die anderen - die Familie, den Mann, die Kinder.[11] Dorst/Ehler bieten in ihren *Deutschen Stücken* ein breites Materialspektrum, das sowohl das Bild der vorgeblich identitätslosen erfolgreichen Frau als auch das der identitätsstarken scheiternden Rebellin umfaßt.

---

[6] Verankerung staatsbürgerlicher Gleichberechtigung in der Reichsverfassung von 1919, Art. 109 II: "Männer und Frauen haben grundsätzlich dieselben staatsbürgerlichen Rechte und Pflichten".

[7] Prokop 1979, S. 194.

[8] Ebd. S. 194.

[9] Ebd. S. 193.

[10] Ausdruck der emanzipierten Alma Mahler-Werfel, zit. in: Nike Wagner: Geist und Geschlecht. Karl Kraus und die Erotik der Wiener Moderne. Frankfurt/M. 1982, S. 133.

[11] Vgl. Ulla Bock: Androgynie und Feminismus. Frauenbewegung zwischen Institution und Utopie. Weinheim und Basel 1988, S. 78.

17

Die untersuchten Bilder von Weiblichkeit in den *Deutschen Stücke*
entsprechen einer Theorie des Weiblichen, die die mangelnde psychische Bereitschaft zum Umarbeiten von Erfahrungen, zum Repräsentieren - psychologisch gesprochen[12] -, beschreibt. In den Stücken verhalten sich die Frauen also in einer Spannung zwischen einer Frau
ohne 'Charakter', ohne eingeholtes Über-Ich, einer Weiblichkeitskultur
des Kindes, das ständig auf der Suche nach Vorbildern ist, ohne sie
internalisieren zu können und zu wollen, und einer Frau mit zuviel
'Charakter', einer erstarrten Ichidentität, die über keine re-
alitätsgerechten Anpassungsmöglichkeiten verfügt. Wie die jeweilige
Mangelstruktur, die auch als Mangel des Begehrens gelesen werden
kann, gefaßt wird, soll gezeigt werden.
Die Auswahl der Figuren dieser Studie ergibt sich zum einen daraus,
daß es sich um die Protagonistinnen der Stücke handelt, zum anderen
aus der Komplexizität und Differenziertheit der Biographien, die diese
vier poetischen Erfindungen auszeichnen. Ziel der Studie ist, anhand
der ausgewählten Frauenfiguren der *Deutschen Stücke* die Vielfältig-
keit kulturhistorischer Zuschreibungen, die den sozialen Geschlechter-
stereotypen zugrunde liegen, sichtbar zu machen.

1.2   SOZIALPHILOSOPHISCHER ASPEKT DER STUDIEN

Innerhalb des sozialphilosophischen Bezugsrahmens von Weiblich-
keitstypologien darf als Ausgangspunkt der neueren Erforschung von
Weiblichkeitsbildern in den modernen Gesellschaften die 1976 von
Karin Hausen formulierte These gelten, die am Anfang des 19. Jahrhunderts "in wenigen Jahren entworfene" polaristische Geschlechtsphilosophie leiste "die theoretische Fundierung durch die Aufspaltung
und zugleich Harmonisierung der von der Aufklärung als Ideal entwor-
fenen vernünftigen Persönlichkeit in die unterschiedlich qualifizierte
männliche und weibliche Persönlichkeit"[13].
Aussagen zur Hierachie der Geschlechter sind in der abendländischen
Kultur seit Plato und Paulus zwar ähnlich im Ergebnis, aber verschie-

---

[12]   Vgl. Hans W. Loewald: Das Dahinschwinden des Ödipuskomplexes, in:
Ders.: Psychoanalytische Aufsätze aus den Jahren 1951-1979. Stuttgart
1986, S. 377-400, S. 377 ff..

[13]   Karin Hausen: Die Polarisierung der Geschlechtscharaktere, in: Heidi Rosenbaum (Hg.): Seminar: Familie und Gesellschaftsstruktur. Frankfurt/M.
1978, S. 161-191, S. 166.

den in den historisch bestimmten Begründungen. Die in der Neuzeit entwickelte Vorstellung einer 'weiblichen Sonderanthropologie'[14] arbeitet mit zwei Argumenten: Erstens sei die weibliche Unterlegenheit 'natürlich' - diese naturwissenschaftlich gefaßte These ist Resultat der sich entwickelnden Medizin um 1800 und ein Novum -, das führe zweitens auf moralischer Ebene dazu, daß sich die vernünfige Frau in Anbetracht dieses Umstandes freiwillig unterordne. Dieser Begründungswandel bedeutet für das Geschlechterverhältnis eine wichtige Veränderung hinsichtlich der Attribuierung von Emotionalität. Während es in der Epoche der Enzyklopädisten noch als schicklich gilt, daß Männer aus Freundschaft weinen, wird nun völlige Hingabefähigkeit weiblich konnotiert und diese Hingabefähigkeit verbunden mit einer 'All-Fähigkeit', die wiederum männlichen Definitionen Tür und Tor öffnet.

In den *Deutschen Stücken* werden drei bzw. vier Varianten erkennbar, wie Frauen sich dieser Theorie der freiwilligen Selbstunterwerfung gegenüber verhalten. In dem grundlegenden Artikel zur "Herausbildung des bürgerlichen Frauenbildes an der Wende vom 18. zum 19. Jahrhundert" mit dem treffend klugen Titel "Das schöne Eigentum"[15] betont Barbara Duden im Jahr 1977, daß die 'Entstehungszeit' der modernen subordinationistischen Mann-Frau-Relation zwischen 'vernünftigen Persönlichkeiten' in den Epochen von der Aufklärung bis zur Romantik zu finden ist. Bei den Rekursen auf Theorien des endenden 18. Jahrhunderts spielt weniger das wachsende Geschichtsbewußtsein der Frauenforschung die entscheidende Rolle. Die Rekurse sind vielmehr Ausdruck der Tatsache, daß der sozialhistorische und politische Prozeß der Entwicklung der bürgerlich-liberalen Gesellschaft bis in unser Jahrhundert unter prinzipiell ähnlichen Bedingungen vonstatten geht.

Eine für die fiktiven historischen Frauenfiguren der *Deutschen Stücke* relevante zeitgenössische Version der polaristischen Geschlechtsphilosophie bildet Georg Simmels Beitrag "Die Philosophie der Ge-

---

14   Vgl. die profunden soziologischen Untersuchungen in Claudia Honegger: Die Ordnung der Geschlechter. Die Wissenschaft vom Menschen und das Weib. Frankfurt/M./New York 1991.

15   Barbara Duden: Das schöne Eigentum. Zur Herausbildung des bürgerlichen Frauenbildes an der Wende vom 18. zum 19. Jahrhundert, in: Kursbuch Nr. 47. Berlin 1977, S. 125-140.

schlechter", in dem er zwar die Bestimmungen polarer Geschlechtscharaktere aufzunehmen, aber zugleich der Subordination des weiblichen Geschlechts unter das männliche entgegenzuwirken versucht.
Simmels Konzeption zufolge ist die Subjektivität des Mannes stets
von der Vermittlung durch Objekte abhängig, der Mann ist das
"Relativitätswesen"[16], das durch die praktische und theoretische Aneignung der Welt den Dualismus von Subjekt und Objekt überwindet.
Die Subjektivität der Frau dagegen ist nicht in gleicher Weise konstituiert: "Das Verhältnis zu den Dingen, das in irgendeiner Weise zu haben allgemeine Notwendigkeit ist, gewinnt die Frau, sozusagen ohne
das Sein, in dem sie ruht, zu verlassen - durch eine unmittelbarere, in-
stinktivere, gewissermaßen naivere Berührung, ja Identität."[17] "Für
den Mann ist die Geschlechtlichkeit sozusagen ein Tun, für die Frau
ein Sein"[18], "ihre Welt <die der Frau> gravitiert nach dem dieser
Welt eigenen Zentrum."[19]
In der soziologischen Perspektive determiniert der sich als Absolutes
setzende Mann die Verhältnisse, in der metaphysischen Perspektive
der Geschlechtlichkeit jedoch wird die Frau von Simmel absolut gesetzt. Eine "übergeschlechtlich fundamentale" Weiblichkeit erscheint
als Voraussetzung des Geschlechtergegensatzes - wohl die Fähigkeit
der Frau zur Mutterschaft, "jenes immer empfundene, tiefe In-sich-
und Bei-sich-Sein der Frauen, jenes Leben aus einer einheitlicheren
Wurzel heraus als sie dem Manne zukommt <...> daß sie, in dem
Tiefenmaß ihres Versenktseins in sich selbst, mit dem Grunde des
Lebens überhaupt eins sind."[20] Simmels Theorie betont die Besonderheit der Frau, die zu ihrem gesellschaftlichen Ausschluß führt, und
begründet sie in einem biologisch bestimmten, "absolut" genannten
Wesen der Frau.

---

16 Georg Simmel: Die Philosophie der Geschlechter. Das Relative und das Ab-
    solute im Geschlechter-Problem, in: Ders.: Philosophische Kultur. Leipzig
    (1911) 1919, S. 58-94. S. 63.
17 Ebd. S. 69.
18 Ebd. S. 63.
19 Ebd. S. 68.
20 Ebd. S. 83.

In Thomas Manns letzter Novelle[21] begegnet uns eine Frauenfigur, Rosalie von Tümmler, die den von Simmel beschriebenen quasi naturhaften, ahistorischen, 'weltlosen', aber lebensvollen weiblichen Kulturcharakter, dessen Präsenz immer noch als allgegenwärtig angenommen werden muß, in aller Deutlichkeit evoziert. Reinhard Baumgarts Interpretation der weiblichen Heldin folgt der Spur, die Simmels Theorie der Geschlechter gelegt hat, wenn er männliche Protagonisten in Thomas Manns Erzählwerk der weiblichen Titelfigur Rosalie von Tümmler gegenüberstellt: Die Helden im "Zauberberg", im "Doktor Faustus" und auch im "Tod in Venedig" "sind historische Repräsentanten. Rosalie von Tümmler dagegen repräsentiert nichts historisch Bestimmtes und folglich alles nur Mögliche. Sie soll, anders läßt sich ihre Geschichte nicht verstehen, offenbar für den Menschen schlechthin stehen. Was an Aschenbach und Leverkühn, ja selbst an Felix Krull historisch konkret gemacht wurde, der Wille zur Illusion, zur Lebenslüge als Flucht aus einer späten, zukunftslosen Gesellschaft, das möchte der fast Achtzigjährige offenbar verklären ins Überzeitliche, verewigen als Naturgesetz, als unaufhebbare Dialektik zwischen Leib und Seele."[22] Die Wirksamkeit der Theorie der 'Geschlechterpolarität' als Gegensatz von Geschäftigkeit und Stillhalten zeigt sich am Anfang des 20. Jahrhunderts in literarischen Bildern von Weiblichkeit einerseits in der Bindung der Frau an die 'gesellschaftsfreie' private Sphäre und andererseits in ihrer Bestimmtheit durch die Sexualität. Diese auf die Spitze getriebene Verbannung der Frau aus jeder Zivilisation und Kultur, ihre einem biologistischen Lebensbegriff geschuldete Geschichtslosigkeit kennzeichnet die Traditionslinie moderner Weiblichkeitsbilder.

Anhand der Stücke des zeitgenössischen Autors Tankred Dorst und seiner Mitarbeiterin Ursula Ehler wird in dieser Studie die sozialphilosphische 'Polarisierungthese' aufgegriffen, fortgeführt und erweitert. Parallel zur Kritik der neueren Frauenbewegung an gesellschaftlichen Bildern von Weiblichkeit Anfang der siebziger Jahre legen Dorst/Ehler das Weiblichkeitskonstrukt 'schönes Eigentum' in den *Deutschen*

---

21   Thomas Mann: Die Betrogene, 1953.

22   Reinhard Baumgart: Betrogene Betrüger. Zu Thomas Manns letzter Erzählung und ihrer Vorgeschichte, in: Thomas Mann, hg. von Heinz Ludwig Arnold, edition text und kritik. Frankfurt/M. 1982, S. 123-131, S. 130.

Stücken sozusagen literarisch frei. Die Konsequenzen der Freilegung bleiben offen in den Stücken, Reminiszenzen an idealisierende Weiblichkeitsbilder erfahren allerdings kaum Unterstützung.

Obwohl Kritik am subordinatorischen Geschlechterverhältnis und "die grundlegenden Positionen, Forderungen und Argumentationen zugunsten der Gleichberechtigung"[23] schon seit 1800 formuliert sind, mutet man den Frauen weiterhin zu, den idealisierenden Weiblichkeitsanspruch für ihre Realität zu halten und sich der Herstellung des schönen Scheins statt der Lösung von Konflikten zu widmen, so daß es scheint, als "wollte die Geschichte in dieser Sache nicht so recht voranschreiten".[24] Das Auffinden und die Deutung bis heute häufig "verdeckter Attribuierungen hinsichtlich der Variable Geschlecht"[25] ist eine zentrale Implikation von Frauenforschung. Die Kategorie 'Geschlecht' beinhaltet auf der Grundlage der geschlechtlichen Arbeitsteilung der modernen westlichen Demokratien sowohl soziale und kulturelle Kodierungen der Geschlechterdifferenz als Geschlechtscharaktere als auch den 'Produktionsort' dieser übereinstimmenden Charaktere, so daß der Verbindung von äußeren und inneren Zuschreibungen zentrale Bedeutung zukommt. Die Attribuierung folgt häufig unentdeckten, verborgenen Geschlechtertypologien, und es liegt in der Absicht dieser Studie, daß durch literarhistorisch gewon-

---

23 Vgl. Theodor Gottlieb von Hippel: Über die bürgerliche Verbesserung der Weiber (1772) und Amalie Holst: Über die Bestimmung des Weibes zur höheren Geistesbildung (1802), zit. in: Gerd Stein (Hg.): Femme fatale - Vamp - Blaustrumpf. Sexualität und Herrschaft. Kultfiguren und Sozialcharaktere des 19. und 20. Jahrhunderts Bd. 3. Frankfurt/M. 1984, S. 18, S. 167 ff., S. 173 ff.

24 Stein 1984, S. 18.

25 Claudia Böger: Die Thematisierung der Geschlechterdifferenz in der pädagogischen Semantik mit Blick auf die Konstituierung weiblicher Identität. Dissertation Universität Bayreuth 1993, Manuskript, S. 170. - Ein Beispiel kann die Attribuierung der Variable Geschlecht bei der deutenden Beschreibung des gleichen Verhaltens von einem männlichen und einen weiblichen Menschen illustrieren: "Dem beobachteten Verhalten eines Schülers, einer Schülerin wird ein Attribut zugeschrieben. Allerdings hängt es von der Lehrperson und deren Wahrnehmung ab, wie das beobachtete Verhalten interpretiert wird. Bei demselben Verhalten kann das Spektrum beispielsweise von der Zuschreibung 'undiszipliniert' (männlich, G.H.) bis hin zu 'kommunikationsbedürftig' (weiblich, G.H.) reichen." (Böger 1993, S. 157 f.; vgl. ebd. das Kapitel "Attribuierung und Geschlecht", S. 152-171.) Während der männlichen Person eine unabhängigkeitsorientierte Regelverletzung attribuiert wird, wird der weiblichen Person eine beziehungsorientierte Grundstruktur zugeschrieben.

nene Erkenntnisse Frauen und Mädchen "bei dem Prozeß unterstützt werden, sich selbst aus dem Zirkel herauszulösen, der sich durch die Selbst- und Fremdattribuierung eines Verhaltens als 'hilflos' und 'typisch weiblich' bestimmt wird."[26] Die den Figuren beigegebenen Attributionen, Selbst- wie Fremdattributionen, und ihre Auswirkungen im Handlungsablauf der Stücke bieten dafür wertvolle Hinweise.

1.3 AUFBAU DER WEIBLICHKEITSSTUDIEN

Die Kultur- und Literaturgeschichte ist reich an unterschiedlichen Bildern "imaginierter Weiblichkeit"[27], die vornehmlich von Männern hergestellt werden. Der Terminus 'Bild von Weiblichkeit' bzw. 'Frauenbild' wurde in der neueren Forschung zunächst für die von männlichen Autoren imaginierten Konstruktionen, Bilder und Theorien von Weiblichkeit verwandt.[28] Die Wirkungen dieser Produktionen betreffen, wie Silvia Bovenschen in ihrer umfassenden Studie von Frauenbildern seit dem 18. Jahrhundert zeigt, nicht nur den Mainstream der männlichen Vorstellungen über Frauen, sondern entscheidend auch und gerade die Selbstbilder der Frauen, so daß die imaginierten Bilder von Weiblichkeit an die Stelle von Bildern treten, die aus weiblicher Realitätserfahrung entstehen könnten. "Die Morphogenese der imaginierten Weiblichkeit schiebt sich im Rückblick an die Stelle der weiblichen Geschichte. Die Grenzen zwischen Fremddefinition und eigener Interpretation sind nicht mehr auszumachen. Der Reichtum der imaginierten Bilder kompensiert scheinbar die Stummheit der Frauen."[29]

Nach der ideologiekritisch pointierten Phase, der die Studie von Bovenschen angehört, wird in der gegenwärtigen Literaturwissenschaft die Frauenbildforschung der umfassenden Geschlechtergeschichte zugeordnet, der Untersuchung der Diversität der Beziehungsmuster und

---

[26] Böger 1993, S. 171.

[27] Silvia Bovenschen: Die imaginierte Weiblichkeit. Exemplarische Untersuchungen zu kulturgeschichtlichen und literarischen Präsentationsformen des Weiblichen. Frankfurt/M. 1979.

[28] Vgl. Irmgard Roebling: Vorwort, in: Dies. (Hg.): Lulu, Lilith, Mona Lisa. Frauenbilder um die Jahrhundertwende. Pfaffenweiler 1988, S. I f.; dort stellt Roebling den Terminus 'Frauenbild', der das Phantasma Frau in Texten von Männern beschreibt, dem Terminus 'Weiblichkeitsentwurf' gegenüber, der für die Frauendarstellung in Texten von Frauen gelten soll.

[29] Bovenschen 1979, S. 40f.

Identitätsformen der Geschlechter.[30] Einen repräsentativen Überblick gibt die Studie "Bilder und immer wieder Bilder" von Inge Stephan.[31] Stephan integriert unterschiedliche Verfahren der Frauenforschung: 1. das ideologiekritische Verfahren[32], das die Produktion von Frauenbildern versteht als Reaktion auf gesellschaftliche Konstellationen und als Ausdruck ideologischer Muster; 2. das sozialpsychologische Verfahren[33], das mit der These arbeitet, Frauenbilder sind als Wunsch- und Angstproduktionen der Produzenten zu verstehen; 3. das sozialgeschichtliche Verfahren[34], das realistisch-mimetische Momente untersucht, die facettenhaft in Frauenbildern erscheinen; 4. das mythengeschichtliche Verfahren[35], das speziell die patriarchalisch gepflegte und verwaltete Mythentradition historisch-kritischer Forschung unterzieht. Unter Berücksichtigung der Ergebnisse der genannten Forschungsverfahren orientiert sich die Untersuchung von Weiblichkeitsbildern in den *Deutschen Stücken* am literarischen Material und verfolgt insofern das Verfahren einer Literaturgeschichtsschreibung am Text.[36] Die Textauslegung schließt an Inge Stephans Unterscheidung zwischen den Termini 'Frauenfigur' und 'Frauenbild' an: Während der Terminus 'Frauenfigur' bzw. 'Frauengestalt' die konkrete Figur im Text bezeichnet, benennt der Terminus 'Frauenbild', bzw. 'Bild von Weiblichkeit', bzw. 'Weiblichkeitsbild' die Diversität weiblicher Identitäts- und Existenzformen sowie die historische Variationsbreite der Beziehungsmuster, der die Produktion und die personale Konkretisie-

---

30 Vgl. Irmgard Roebling: Die Rolle der Sexualität in der Neuen Frauenbewegung und der feministischen Literaturwissenschaft. Versuch einer Bestandsaufnahme, in: Freiburger literaturpsychologische Gespräche Bd. 12. Würzburg 1993, S. 21-51., S. 42.; - Zur weiterführenden Information über die in jüngster Zeit entstandenen Forschungsarbeiten zu vielfältigen literarischen Frauenbildern vgl.: Frauen in der Literaturwissenschaft, Heft 1-43, c/o Universität Hamburg, Literaturwissenschaftliches Seminar. Von-Melle-Park 6, 20146 Hamburg.

31 Inge Stephan: "Bilder und immer wieder Bilder ...", in: Inge Stephan und Sigrid Weigel: Die verborgene Frau. Hamburg 1988, S. 15-34.

32 Vgl. die Studie von Silvia Bovenschen 1979.

33 Vgl. Arbeiten von Ulrike Prokop a.a.O. und Irmgard Roebling a.a.O.

34 Vgl. Arbeiten von Inge Stephan a.a.O. und Irmgard Roebling a.a.O.

35 Vgl. Stephans kritische Auseinandersetzung mit matristischen Ansätzen von Heide Göttner-Abendroth: Die Göttin und ihr Heros. München 1980.

36 Vgl. Klaus Briegleb und Sigrid Weigel (Hg.): Gegenwartsliteratur seit 1968. München und Wien 1992, S. 14.

rung von Frauenfiguren in literarischen Texten folgen - in Zustimmung oder im Widerspruch.[37]
Wie verlaufen paradigmatisch die Geschichten von Aufbruch und Stillstellung der zentralen Frauenfiguren Dorothea Merz und Anna Falk und der parenthetisch behandelten Figuren Klara Falk und Elsa Bergk, und welche kulturellen Weiblichkeitsbilder werden explizit und implizit thematisiert, so lauten die Leitfragen der Studie. Über die Interpretation der jeweiligen Geschichte hinaus werden im Beziehungsgeflecht von historischen Bedingtheiten und individuellen Verhaltensmustern generelle kulturhistorische Strukturen sichtbar gemacht. Die Untersuchungen der Frauenfiguren sind gegliedert in die drei Abschnitte "Exposition", "Entfaltung der Lebensprinzipien" und "Endsituation", die sich am Handlungsverlauf der Stücke orientieren. In einem ersten Schritt werden auf der Grundlage der dramatischen bzw. narrativen Exposition, der ersten Auftritte im Drama bzw. der Eingangskapitel der erzählenden Texte, die geschlechterrelevanten Erscheinungsweisen und Eigenarten der Frauenfiguren aufgezeigt. Im zweiten Arbeitsschritt werden unter dem Titel "Entfaltung der Lebensprinzipien" die Verhaltensgrundsätze, die den Lebensentwürfen der Frauenfiguren zugrunde liegen, herausgearbeitet und kulturhistorisch unter Berücksichtigung literarischer Typen von Weiblichkeit (wie die 'Gelehrte', die 'Unverstandene', die 'Femme fatale' u.a.) gewürdigt. Im dritten Arbeitsschritt wird untersucht, wie die Problematik von Aufbruch und Stillstellung der Frauenfiguren in den Endsituationen der Stücke zu ihrer "sinnvollen Lösung oder - ebenso sinnvollen - endgültigen Verhärtung"[38] gelangt.
Auf dem Hintergrund des abendländischen Wechselverhältnisses von Text und Bild mit der Interdependenz von Literatur und bildender Kunst werden Bezüge zu modernen und mythischen Figurationen von 'Weiblichkeit' aufgegriffen, um Darstellungstraditionen von Entfaltung wie Verstörung im Bild 'Frau' sichtbar zu machen. Die in Kunst- und Literaturgeschichte präsenten mythisch-legendären "Urbilder"[39] haben präfigurativen Charakter, sie bevölkern die kollektive Phantasie,

37 Vgl. Stephan 1988, S. 26 f.
38 Eberhard Lämmert: Bauformen des Erzählens. Stuttgart 1968, S. 153.
39 Vgl. Peter von Matt: Liebesverrat. Die Treulosen in der Literatur. München 1989.

aus der die Literatur gestaltet. Ihre andauernde Faszination besteht nach Klaus Heinrich nicht in den gezeigten Konfliktlösungen, sondern in der Präsentation der Konfliktspannungen, die unerledigt bleiben: "in den Mythen wird nicht verdrängt, sondern werden uns die Verdrängungsprozesse selbst vorgeführt, und wir können daraus lernen, die Geschichte der Gattung Mensch besser zu verstehen".[40] Es ist sicherlich im Sinne Dorst/Ehlers, die "sehr realistische und veristische"[41] Seite von Mythen zu betonen und die Mythen in die Nähe der Märchen zu rücken. Das angedeutete Mißverhältnis der Gattungen beleuchtet eine Aufzeichnung Canettis: "Es bedrückt mich, daß Mythen bombastisch Mythen und Märchen infantil Märchen heißen. Man müßte den Mut haben, für diese wunderbaren Dinge andere Namen zu erfinden."[42]

Das folgende Kapitel untersucht die *Deutschen Stücke* im Kontext ihrer Entstehungszeit in den 70er Jahren der Bundesrepublik Deutschland und erläutert die Gesamtkonzeption der Stücke. Das Schlußkapitel dient der historischen und sozialphilosophischen Akzentuierung der literarischen Bilder von Weiblichkeit in den *Deutschen Stücken*.

---

[40] Klaus Heinrich: Das Floß der Medusa, in: Renate Schlesier (Hg.): Faszination des Mythos. Studien zu antiken und modernen Interpretationen. Basel und Frankfurt/M. 1985, S.335-398, S. 336.

[41] Ebd. S. 336.

[42] Elias Canetti: Nachträge aus Hampstead. München 1994, S. 192.

2 DIE DEUTSCHEN STÜCKE

2.1 KRISEN-SKIZZEN

2.1.1 Konzeption der Deutschen Stücke

Die *Deutschen Stücke* umfassen sechs Texte, denen unterschiedliche Gattungsbezeichnungen beigefügt sind: *Dorothea Merz*, ein fragmentarischer Roman, *Klaras Mutter*, Erzählung, *Heinrich oder die Schmerzen der Phantasie*, ein Stück, *Die Villa*, ein Stück, *Mosch*, ein Film, *Auf dem Chimborazo*, ein Stück. Alle Texte, mit Ausnahme des Theaterstücks *Die Villa*, uraufgeführt 1980, werden in mindestens zwei Medien veröffentlicht: *Auf dem Chimborazo* als 1975 Theaterstück und 1977 Fernsehspiel; *Dorothea Merz* 1976 als Buch und Fernsehfilm; *Klaras Mutter* 1977 als Film in eigener Regie und 1978 als Buch; *Mosch* 1980 als Film in eigener Regie und als Buch; *Heinrich oder die Schmerzen der Phantasie* 1985 als Theaterstück nach dem 1984 veröffentlichtem Buch *Die Reise nach Stettin*. 1985 erscheinen die *Deutschen Stücke* als der erste Band der Werkausgabe. Das ambitionierte künstlerische Projekt thematisiert den Zusammenhang privater und allgemeiner Geschichte über einen Zeitraum von 50 Jahren, von der Weimarer Republik bis in die 70er Jahre der BRD, mit dem Paradigma der "fragmentierten Identität"[43]. In lockerer Folge werden unterschiedliche Genres verwandt, von Prosatexten, Erzählung und Roman über Theaterstücke bis zu Fernsehszenarien und Filmen, häufig entstehen Formenvariationen eines Werks. Den Ausgangspunkt des Zyklus bildet die bürgerliche Fabrikantenfamilie Merz im Dorf Grünitz[44], und alle Stücke erzählen Geschichten von Personen, die dem Dorf oder der Familie verbunden sind.

---

[43] Vgl. Dieter Ohlmeier: Editorial, in: Fragmente. Schriftenreihe zur Psychoanalyse, Heft 1, Kassel 1981, S. 5 ; - Die Beziehung Dorsts zum Fragment in der Romantik wird durch die werkimmanente Verbindung zu Ludwig Tieck in dem Dorstschen Text "Der gestiefelte Kater oder Wie man das Spiel spielt", 1964, erkennbar.

[44] Grünitz ist ein fiktiver Name; gestaltet wird das Dorf nach dem Heimatort von Dorst, Oberlind bei Sonneberg/Thüringer Wald.

1987 wurde in Osnabrück unter dem Dorothea Merz entlehnten Titel: *Das Weltkind in der Mitten*[45] eine Bearbeitung aller Stücke aufgeführt. Daß Dorothea Merz dort als zentrale Figur der gesamten Textfolge fungiert, unterstützt die Konzeption dieser Arbeit, die sich auf Dorothea Merz und drei Parallelfiguren konzentriert. Die Untersuchung setzt zugleich den Forschungsschwerpunkt auf die Analyse der spezifischen Imaginationen von Weiblichkeit, die die Literatur zu den Stücken bisher unberücksichtigt ließ.

In Abwandlung eines Bandtitels von Carl Zuckmayer "Die Deutschen Dramen"[46] nennen Dorst/Ehler die vollendeten sechs Geschichten - anfangs war noch eine siebte geplant, Der Tod des Hauslehrers[47] - die in der Form von Theaterstück, Dialogroman, Erzählung, Film und Drehbuch zum Film erscheinen, *Deutsche Stücke*. Damit ist zum einen die dramaturgische Tradition des Stationendramas[48] erkennbar, in dem sich Elemente von Realismus mit historisch detailgetreuer Milieuschilderung und Dialektsprache verbinden mit Zügen von Märchen und Groteske; zum anderen knüpfen Dorst/Ehler sichtbar an die Multimedialität Zuckmayerischer Produktionen an, die schon die verschiedenen Umsetzungsformen in Film, Hörspiel und Schauspiel für ein Werk beinhalten.

Diese Verbindung zu dramatischen Texten von Zuckmayer ist ein Indiz für die durchgehend dramatische Struktur der *Deutschen Stücke*. Da Dorst/Ehler inzwischen auch zu Theaterstücken als von ihnen privilegierter Form zurückgekehrt sind, ist es zum einen sinnvoll, die sogenannten Prosaformen als bilderreiche Textbücher zu den im Filmme-

---

[45] Das Weltkind in der Mitten. Szenen aus Deutsche Stücke. Bearbeitung von Gerhard Hess und Henning Fangauf. Städtische Bühnen Osnabrück 1987; im fragmentarischen Roman Dorothea Merz wird dieses Zitat aus einem Goethe-Gedicht (Zwischen Lavater und Basedow 1774) auf Dorothea Merz bezogen: "Prophete rechts, Prophete links, Das Weltkind in der Mitten."(D, 219)

[46] Carl Zuckmayer: Die Deutschen Dramen, 1947 (enth.: Schinderhannes, Der Hauptmann von Köpenick, Des Teufels General), vgl. Günther Erken (Hg.): Tankred Dorst. Suhrkamp Taschenbuch Materialien. Frankfurt/M. 1989, S. 149.

[47] Tankred Dorst: Eine deutsche Geschichte, in: Westdeutscher Rundfunk: Fernsehspiele. Januar-Juni 1976, S. 142 f.; - vgl. "Auf Dorothea kann man natürlich besser hausen", S. II f.

[48] Georg Hensel: Mythen, Märchen, Gegenwart, in: Tankred Dorst: Wie im Leben wie im Traum und andere Stücke. Mitarbeit Ursula Ehler. Werkausgabe 5. Frankfurt 1990, S. 435-444, S. 439.

dium veröffentlichten Stationendramen zu lesen. In dem fragmentarischen Roman *Dorothea Merz* und in der Erzählung *Klaras Mutter* bieten Dorst/Ehler eine Fülle von Materialien, die am ehesten mit der Kategorie Episode oder dem filmtechnischen Ausdruck Sequenz[49] beschrieben werden können. Autor/Autorin fügen in Bilderbogenmanier szenische Momentaufnahmen, Tagebuchnotizen, Bücherlisten, sogar Bilder, wie Illustrationen und Fotos, aneinander; ihre Episodentechnik zeigt zum anderen Ähnlichkeiten mit der personalen Erzählweise, die quasi objektive szenische Darstellungen und Einblicke in das Bewußtseins einzelner Romangestalten anbieten kann. Die drei Theaterstücke, häufig als 'Deutschland-Trilogie'[50] bezeichnet, werden von Dorst/Ehler betont gattungsneutral 'Stücke' genannt, stehen eher in der Tradition der Komödie, der Posse, als der der Tragödie: "Nur werden in der Tragödie Kräfte und Mächte, Anlagen und Tugenden dargestellt, die in erster Linie die starken oder positiven Seiten des Menschen betreffen. In der Komödie dagegen werden vor allem die Mängel und Schwächen des Menschen aufgesucht, vereinseitigt, verzerrt und gerade in der Übertreibung zur komischen Wirkung gebracht."[51] Die markanten Unterscheidungen von Tragödie und Komödie gelten in der Moderne nicht mehr, die Verkehrung von Lachen und Weinen ist allgemeiner Ausdruck des zeitgenössischen Bewußtseins der Relativität von vorgeblich Wichtigem oder Unwichtigem geworden. Die Groteske bedarf eines Zeitalters ohne himmlische Gerechtigkeitserwartung, allerdings auch eines ohne Dämonisierung der Welt ohne Sinn, dem das von Dürrenmatt als Mechanismus der "Übertreibung"[52] beschriebene literarische Verfahren entspricht. Die Figurendarstellung ist gekennzeichnet durch Überzeichnung, Parodie und Ironie, die zum Sarkasmus neigt.

---

[49] Vgl. Günther Erken: Nachwort, in: Tankred Dorst: Deutsche Stücke. Werkausgabe 1. Frankfurt/M. 1985, S. 601-612, S. 609.

[50] Vgl. "Durch Mitleid wissen...". Judith Kuckart und Jörg Aufenanger im Gespräch mit Tankred Dorst, anläßlich des Abschlusses der dramatischen Merz-Trilogie, in: Theater Heute 8/85. Seelze 1985, S. 37-41; - vgl. Georg Hensel: "Süchtig nach wirklichen Menschen". Laudatio auf Tankred Dorst, in: Deutsche Akademie für Sprache und Dichtung: Jahrbuch 1990. Darmstadt 1991, S. 114-120.

[51] Helmut Prang: Geschichte des Lustspiels. Stuttgart 1968, S. 2.

[52] Friedrich Dürrenmatt: Theaterprobleme, in: Ders.: Theater. Essays, Gedichte und Reden. Zürich 1980, S. 31-72, S. 51.

2.1.2 Stand der Forschung

Der 1987 konstatierte "Mangel an Forschungsliteratur"[53] ist bis heute nicht behoben, obwohl die Arbeit von Vestli selbst die damals "nur mißlich zu nennende Forschungssituation"[54] eindeutig verbessern konnte. Die werkbiographische Einordnung, die Synopse der Figuren, Themen und Textverweise der *Deutschen Stücke*, die Recherchen zu zahlreichen Quellennachweisen, zu den "überhaupt noch nicht aufgedeckten historischen, literarischen und philosophischen Bezüge"[55], begünstigen jedes weitere Forschungsvorhaben. Ihre umfänglich formulierte Themenstellung - "Die Problematik von Schein und Sein", das "problematische Verhältnis zwischen Schein und Sein, der Konflikt, in den Personen geraten, wenn sie die Diskrepanz zwischen ihren Illusionen, ihren Utopien oder Träumen und der entgegengesetzten Wirklichkeit spüren"[56], oder der "Konflikt zwischen Realität und Vorstellungswelt"[57] soll mit Hilfe der Termini "Rollenverhalten"[58] und "Rolle und Existenz"[59] gefaßt werden, verwandelt sich aber unter der Hand zum globalen "Gegenüber von Mensch und Zeit"[60] - erweist sich in der praktischen Durchführung als eher zarter roter Faden für ihre Arbeit der Sichtung der Entstehungsbedingnugen, der stofflichen Zuordnung und der sorgfältigen Quellenermittlung. Während Vestli also vor allem stoffliches Material in Form der historischen Dokumente als Füllung der 'Rollen' sammelt, wird die vorliegende Untersuchung die gender-relevanten Strukturen einiger weiblicher 'Rollen' beobachten und auswerten.

Die Sichtung und ausgewählte Sammlung der zahlreichen Gespräche und Aufsätze zu Tankred Dorsts und Ursula Ehlers Produktion der *Deutschen Stücke* und zur Werkbibliographie generell ist Günther Er-

---

[53] Elin Nesje Vestli: Tankred Dorst: Deutsche Stücke. Die Problematik von Schein und Sein. Germanistische Hauptfacharbeit Universität Oslo 1987, Manuskript, S. 229.

[54] Ebd. S. 229.

[55] Ebd. S. 230.

[56] Ebd. S. 9.

[57] Ebd. S. 31.

[58] Ebd. S. 31 ff.

[59] Ebd. S. 195 ff.

[60] Ebd. S. 232.

kens Arbeit am Materialband zu danken, der seit 1989 als unver-
zichtbare Orientierungshilfe vorliegt. Erken hat zuvor schon in seinem
Nachwort[61] zu den *Deutschen Stücken* erste grundlegende Interpretationen angeboten.

Der Katalog der Tankred-Dorst-Ausstellung im Münchner Gasteig von
1991 mit Bildern und Dokumenten gibt einen soliden Überblick über
Dorsts künstlerischen Entwicklungsprozeß, mit deutlicher Berücksich-
tigung der *Deutschen Stücke* unter dem Titel "Deutsche Chronik"[62].
Ebenfalls aus dem Jahr 1991 stammt eine Veröffentlichung aus der
Reihe "Fußnoten", anläßlich der Übernahme der Bamberger Poetik-
Professur durch Tankred Dorst, die die *Deutschen Stücke* unter dem
Titel "Deutschland privat. Eine Familiengeschichte in Stücken"[63] be-
handelt. Die "Fußnoten" betonen besonders den multimedialen
Aspekt der Werke und folgen der Forderung nach stärkerer Berück-
sichtigung der medialen Erzählweise von 1979: "Fernsehfilme sind in
eine ästhetisch produktive Rolle hineingerückt, der die ignorierende
Abwertung durch Literaturkritik und Literaturwissenschaft nicht gerecht wird,"[64] mit dem Appell an literaturwissenschaftliches Arbeiten
gattungsübergreifender Art.[65]
Ausführliche wissenschaftliche Aufmerksamkeit wurde bisher nur den
Stücken *Toller* und *Merlin* zuteil. Schattenhofers Studie von 1985 arbeitet mit dem Begriff des "Modellstücks"[66], um das Strukturprinzip

---

[61] Erken 1985.

[62] Peter Bekes: Tankred Dorst. Bilder und Dokumente. Katalog zur Ausstellung. München 1991, S. 47-58.

[63] Auskünfte von und über Tankred Dorst. Hg. von Markus Desaga u.a., Fußnoten aus dem Arbeitsbereich der neueren deutschen literaturwissenschaft
an der Universität Bamberg Nr. 22. Hg. von Wulf Segebrecht. Bamberg
1991.

[64] Karl Prümm: Das Buch nach dem Film. Multimediales Schreiben bei Tankred
Dorst, in: Erken, 1989, S. 291-299, S. 291 (Teile eines Aufsatzes von
1979).

[65] Vgl. Auskünfte von und über Tankred Dorst, 1991, S. 19; - wissenschaftliche Untersuchungen der Deutschen Stücke durch Medienkundler hält die
Verfasserin ebenfalls für wünschenswert; - vgl. den Beitrag von Heike
Hurst: Die Bilder des Stückeschreibers, in: Erken 1989, S. 300-306, auf
den in Kapitel 4 bezug genommen wird.

[66] Monika Schattenhofer: Eine Modellwirklichkeit. Literarisches Theater der
50er und 60er Jahre. Tankred Dorst schreibt "Toller". Frankfurt/M. 1985.

von *Toller*[67] zu beschreiben. "Folgt man Dorsts Sammlung von Ein-
fällen < ... >, so wird die Dramaturgie des Modellstücks auf die Realität übertragen. Daraus resultiert eine Theaterwirklichkeit, die bestimmt ist durch ein lächerlich-verhängnisvolles, groteskes Geschehen, gesteigert durch eine Engführung des Dialogs als verfehltes
Sprechen. Beides eignet sich dazu, die nach Typen schematisierten
Verhaltensmuster zu unterstreichen. < ... > Es handelt sich dabei -
stichwortartig - um kontrastierende Pointierung durch Kürzung des
Textes, Streichung von Figuren, wodurch eine Fragmentisierung der
Szenenfolge bewirkt wird, und durch Medialisierung. Das wirklich-
keitsgetreue Modell gewinnt mediale Distanz und thematische Offenheit."[68]
Diese "Minimalisierung des Problems der literarischen Vermittlung mit
Hilfe eines beliebigen Mediums statt eines verbindlichen Formprin-
zips"[69] betont Dorst im Hinblick auf die Arbeit an *Rotmord*: "Es gibt
Stoffe, oder es gibt ein Thema oder eine Geschichte, die mich interessiert und die ich gern machen möchte. Daraus wird dann entweder
ein Theaterstück oder ein Film oder ein Fernsehspiel. Das hängt von
der Geschichte ab. Das Medium ist das zweite, das ergibt sich dann
aus dem ersten."[70] Monika Schattenhofer entdeckt zuerst in Dorsts
Vorbemerkung zu dem Theaterstück *Eiszeit*[71] einen "Ausdruck für die
literarische Sicherheit des Autors"[72]. Schattenhofer hebt dabei ab auf
die Entwicklung Dorsts, ausdrücklich von poetisch "erfundenen" Figuren zu sprechen statt von "realistisch" vorgefundenen Figuren.[73] In

---

[67] Erstdruck 1968; Vorabdrucke seit 1966; zu weiteren Veröffentlichungen s.
      Erken 1989, S. 408.
[68] Schattenhofer 1985, S. 148.
[69] Ebd. S. 196.
[70] "Dinge, die man im Theater leider nicht machen kann". Tankred Dorst und
      Peter Zadek unterhalten sich über "Rotmord", in: Horst Laube (Hg.): Werk-
      buch über Tankred Dorst. Frankfurt/M. 1974, S. 159-167, S.166; vgl. Be-
      merkungen von Dorst und Ehler zur Form von Texten im Gespräch "Auf
      Dorothea kann man natürlich besser hausen", S. XIX.
[71] "Das Stück nimmt die Situation Hamsuns in seinem letzten Lebensjahr zum
      Anlaß für eine erfundene Handlung mit erfundenen Personen". Tankred
      Dorst: Eiszeit, in: Ders.: Stücke 2. 1979, S. 263-345, S. 264.
[72] Schattenhofer 1985, S. 206.
[73] "Bei Dorsts 'Eiszeit' stellte sich diese Formel <die reale Person ist 'Anlaß
      für eine erfundene Handlung mit erfundenen Personen> dazu als recht

der folgenden "theatralischen Minimalform"[74] von *Auf dem Chimbo-razo* entdeckt Schattenhofer ein weiteres Indiz dafür, "wie sich die Schreibhaltung des Autors festigt."[75] Dorst versteht sich immer weniger als "Materiallieferant"[76] und immer mehr als "Theaterautor"[77], dem speziell die "lebens- und zeitgeschichtliche Stoffindung"[78] der *Deutschen Stücke* literarische Sicherheit verleiht.

Die germanistischen Untersuchungen über *Merlin* (1981)[79] betonen einhellig die spezifisch Dorst/Ehlersche Technik, nach den "realistischen" ersten Teilen der *Deutschen Stücke* eine eigenwillige poetische Verbindung von Phantasie, Imagination und Realismus geschaffen zu haben. "'Merlin', der Zauberer, erlöste Dorst von Zwängen der realistischen Stücke"[80], in den folgenden Stücken wird "der Realismus durchbrochen von irrealen Bildern".[81] Das gilt auch für das nach *Merlin* fertiggestellte Stück Heinrich oder die Schmerzen der Phantasie: "In den Texten von Tankred Dorst werden die Dinglichkeit der Szenen und die - im buchstäblichen Sinne - Einbildungen der dramatischen Figuren fast übergangslos nebeneinandergeordnet. In *Heinrich oder die Schmerzen der Phantasie* funktioniert diese Technik."[82] "Tankred Dorst sind Szenen eingefallen, wie sie aus der Dramenliteratur der letzten 20 Jahre sonst kaum erinnerlich sind: phantasmagorische Entwürfe und Imaginationen, die an Gemälde von Hieronymus Bosch oder an Filme von Fellini und Kurosawa denken lassen".[83]

---

sinnvoll heraus. Klagen der Erben Hamsuns gegen den Autor Dorst führten zu keinem Erfolg." Schattenhofer 1985, S. 212, Anmerkung 22.

[74] Ebd. S. 209.

[75] Ebd. S. 209.

[76] "Dinge, die man im Theater leider nicht machen kann." 1974, S. 166.

[77] Ebd. S. 208.

[78] Ebd. S. 210.

[79] Tankred Dorst: Merlin oder das wüste Land, Mitarbeit Ursula Ehler, Uraufführung 24-10-1981, Düsseldorf; Text: Tankred Dorst: Merlin oder das wüste Land. Mitarbeit Ursula Ehler. Werkausgabe 2. Frankfurt/M. 1985.

[80] Hensel 1990, S. 435.

[81] Ebd. S. 441.

[82] Helmut Krapp: Tankred Dorst oder die leise Radikalität, in: Erken, 1989, S. 384-397, S. 393.

[83] Peter von Becker: Zeitgenosse an König Artus' Hof. Ein Nachwort zu Tankred Dorsts "Merlin", in: Tankred Dorst: Merlin oder das wüste Land.

Tankred Dorst und Ursula Ehler entwerfen "ein imaginäres Bild der Gegenwart".[84]

2.1.3 "Prinzip allmählicher Enthüllung"

Die anläßlich der Veröffentlichung von *Merlin* formulierte These von sich widersprechenden bzw. aufeinanderfolgenden Techniken Realismus und Phantasie läßt sich für die *Deutschen Stücke* aufheben in dem übergreifenden künstlerischen "Prinzip der allmählichen Enthüllung"[85]. Entsprechend dem dramatischen Aufbau des sogenannten Enthüllungsdramas sind die die Personen prägenden und ihre Taten bedingenden Geschehnisse der geschilderten Handlung vielfach vorausgesetzt. In den z.t. konventionell linear erzählten Geschichten der *Deutschen Stücke* besticht die scharfe Diagnostik krisenhafter Momente[86]. Der Text unterbricht intentional und systematisch die lineare Kausalität des dramatischen wie des erzählenden 'Realismus', er wird zum Ausdruck moderner zwischenmenschlicher Kommunikation, die sich in einem Zustand nahzu permanenter Krise befindet.[87] Dorst/Ehlers Technik, historische, kulturelle und sprachliche Verbindungen aufzulösen und in anderer Zusammensetzung neu erfahrbar zu machen, bezeichnet der Dramaturg Hans-Joachim Ruckhäberle als Stilmittel der "Deformation"[88], das geeignet ist, vermeintlich gesicherte Standpunkte der Leser bzw. Zuschauer beharrlich in Frage zu stellen. Während der Textlektüre begegnen wir einer Fülle von intertextuellen Bezügen. Nicht nur nehmen Autor/Autorin traditionelle Topoi und Figurenkonstellationen auf, deren Herkunft sie zudem ausdrücklich betonen, sie arbeiten auch innerhalb der sechs Stücke mit

---

Mitarbeit Ursula Ehler. Werkausgabe 2. Frankfurt/M. 1985, S. 305-311, S. 309f.

[84] Ebd. S. 312.

[85] Auskünfte von und über Dorst 1991, S. 12.

[86] Vgl. Erkens Formulierung der "kalten Analyse", mit der Heinrich den "'Idealismus' seiner Mutter nur als Reflex ihres Milieus" erkennt. Erken 1985, S. 606.

[07] Vgl. Steve Giles: The Anxiety of Influence - Tankred Dorst`s `Deutsche Stücke`, in: W.G. Sebald (Hg.): A Radical Stage. Theatre in Germany in the 1970s and 1980s. Oxford/New York/Hamburg 1988, S. 64-76, S. 70.

[88] Hans-Joachim Ruckhäberle: "Die Erde ist ein wüstes Land". Gedanken zur Konzeption der Tankred-Dorst-Ausstellung, in: Bekes, 1991, S. 89-90, S. 89.

bewußt markierten Wiederholungen, Verschiebungen, Anspielungen. Diese Beweglichkeit der Texte untereinander führt dazu, daß die kulturellen Figuren und Figurationen in den Stücke neu präsent sind und die Texte des Zyklus sich beständig ergänzen, widersprechen, kommentieren. Durch die Auflösung linearer Kausalität führt die Sequenztechnik in den *Deutschen Stücken* zu einem komplexen erzählerischen bzw. dramaturgischen Zusammenhang: "die Geschichte erscheint wie in einem zerbrochenen Spiegel, ihre unterschiedlichen bis widerspruchsvollen Aspekte werden gleichzeitig reflektiert," so daß von einer subtil enthüllenden "Dramaturgie der Spiegelungen, Parenthesen und Brechungen"[89] gesprochen werden kann.

Poetologisch steht der Ausdruck 'Realismus' für die Kritik an Illusionen mittels der 'Realität', es handelt sich also im Kern um ein Desillusionierungsprogramm. Der nüchternen Zeitdiagnose von Dorst/Ehler entspricht, daß sie keine speziell poetische Sprache erfinden und Leser oder Zuschauer den Eindruck haben, ihr wirkliches Leben im Text fortzusetzen. Zwischen dem erlebten und erdichteten Leben besteht nur der Unterschied, den die Intensität und Abgeschlossenheit eines Kunstwerks mit sich bringt. Daß die ästhetische Form des Kunstwerks die kritische Intention des Realismus konzeptionell überlagert[90], ist ein Problem, das bei der filmischen Umsetzung der *Deutschen Stücke* durch Beauvais virulent wird.

Die Verfilmung von Dorsts Stücken besitzt zunächst nicht die angestrebte kritisch-diagnostische Klarheit, die einfühlsame Arbeitsweise des Regisseurs Beauvais erweist sich als kontraproduktiv. Die Erinnerung an die Verfilmung des Stücks "Das weite Land" von Arthur Schnitzler, mit Ruth Leuwerik und O.W. Fischer, mag Beauvais' Anbindung an die künstlerisch behutsam harmonisierende Tradition der 'goldenen Zeit' der Wirtschaftswunderjahre beispielhaft kenntlich machen. Das geduldige Gewährenlassen des Mittelmäßigen von Seiten des Regisseurs, oder eine "perfide Courths-Mahler-Harmonie"[91] füh-

---

89 Erken 1985, S. 609.

90 Vgl. Helmut Brackert und Marianne Schuller: Theodor Fontane, Effi Briest, in: Helmut Brackert und Jörg Stückrath (Hg.): Literaturwissenschaft. Hamburg 1981, S. 153-172.

91 Elisabeth Bauschmid: Perfide Courths-Mahler-Harmonie, in: Süddeutsche Zeitung. München 28-5-1976; - Beauvais ist auch Regisseur einiger

ren zu einer künstlerisch unbefriedigenden Verschwisterung von Autor und Regisseur; als Folge erscheinen die nächsten *Deutschen Stücke* in Dorsts eigener Regie, *Klaras Mutter* (1977) und *Mosch* (1978): Seine Vorstellung von der Brüchigkeit der Realitäten und der Imaginationen bedarf besonderer filmischer Mittel.

Dorst selbst schließt in seinen Regiearbeiten an die dramatische Tradition an, die von eigener Tieck-Adaption über Büchner zu Shakespeare reicht, wenn er von Werken spricht, die "in ihrem drastischen, zuweilen phantastischen Realismus Shakespearischer und damit Büchnerscher Diktion sehr nahe"[92] sein sollen. Dabei setzen Dorst/Ehler weiterhin auf eine behutsame Methode der Darstellung; dem Angerührt-Sein des Künstlers,- "'Mich rührt die vergebliche Anstrengung von Menschen'"[93] -, entspricht eine Poetik der Rührung, "Rührung nicht als sentimentale Anteilnahme, sondern als humane Stellungnahme".[94] Diese Stellungnahme Dorst/Ehlers ist jedoch geprägt von knapper Prägnanz und nüchterner Verweistechnik, einer Zeige-Kunst in nuce gleichsam, die den Lesern oder Zuschauern große Freiheit läßt. Autor/Autorin schaffen präzise Skizzen[95], die in ihrer Distanziertheit Gefühle berühren, Herzen bewegen.[96]

Courths-Mahler Filme. - Bauschmid verbindet unter diesem Stichwort Wohlfühlen bei den Zuschauern mit Gemeinheit bei den Herstellern; - Beauvais verfilmt von den Deutschen Stücken nur Auf dem Chimborazo und Dorothea Merz; zu den Bedingungen der Zusammenarbeit von Beauvais und Dorst/Ehler und den Gründen, warum Dorst/Ehler Klaras Mutter und Mosch in eigener Regie verfilmen, s. das vorbereitende Gespräch "Auf Dorothea kann man natürlich besser hausen".

92   Tankred Dorst: Phantasie über ein verlorengegangenes Theaterstück von Georg Büchner (Dankrede zum Büchnerpreis 1990), in: Deutsche Akademie für Sprache und Dichtung: Jahrbuch 1990. Darmstadt 1991, S. 121-130, S. 122.

93   Dorst-Zitat in: Erken 1985, S. 611.

94   Erken 1985, S. 612.

95   Zu Form der 'Skizze': "jene Beschränkung, erst einmal nur zu erzählen, vorzuführen, ist eine besondere Dorstsche Eigenheit. Seine Erzählungen und Filme lassen dem Publikum die Freiheit der Interpretation, weil der Autor es sich - trotz der wiederholten Kritik, er würde selbstvergessen-persönlich, realitätsfern, gerade noch Familienpolitik in Ost und West bewältigen - zur Pflicht gemacht hat, nur zu skizzieren. " Bernd C. Sucher: Ein Film: das ist eine Erzählung mit neuen Zeichen. Ergebnisse eines Gesprächs mit dem Buch- und Filmautor Tankred Dorst, in: Der Deutschunterricht 33.4. Stuttgart 1981, S. 76- 82, S. 81.

96   Vgl. die Termiologie des Fechtens: touchieren = nur leicht berühren; eine kontrollierte Beziehung von Bewegung und Berührung.

Zum Thema Realismus und Phantasie spricht Tankred Dorst 1990 im Zusammenhang mit Bemerkungen seiner Mutter, dem Vorbild für Dorothea Merz: "Sie <Dorsts Mutter> hatte mehr und mehr ihre eigene Welt. Da dachte ich: was wir für Realität halten, ist ja nur Übereinkunft. Das hat mich berührt und beschäftigt: daß unser Begriff von Realität so eingeschränkt ist, eigentlich durch Übereinkunft. Das interessiert mich auch für das Theater besonders. Theater könnte den Begriff Realität auf schöne Weise erweitern.<..> Da, denke ich, ist ein großer, ungeheuerer Raum für Phantasie, die gleichzeitig, die auch Realität ist."[97]
Die *Deutschen Stücke* zeigen die Unzulänglichkeit persönlicher Weltsicht, die Begrenztheit menschlichen Vermögens angesichts der 'Realität' der Zeit oder des "Alles" - in den Worten des *Dorothea Merz* vorangestellten Mottos aus der zweiten Duineser Elegie Rilkes.[98] Entgegen Rilkes Tendenz zu ästhetischer Entweltlichung sind Dorst/Ehlers *Deutsche Stücke* nachdrücklich historisch situierte welthaltige Skizzen menschlicher Realitäten, geprägt von diagnostischem Blick und enthüllender Sprachprägnanz.

2.2 KULTURHISTORISCHES UMFELD

2.2.1 Autobiographie und Provinz

Anhand der Befunde repräsentativer Kulturhistoriker werden drei zeittypische Zuordnungsmuster aufgegriffen, um in diesem Umfeld den spezifischen Ort der *Deutschen Stücke* zu bezeichnen.
1. In kulturhistorischer Perspektive können die 70er Jahre in dem vereinfachenden Schema von Gesellschaftskritik versus Innerlichkeit betrachtet werden. In der Filmbranche folgen auf die linksliberalen Filmemacher des Oberhausener "Manifests", die eine auf Reformen abzielende Gesellschaftskritik üben, subjektivistisch orientierte Regisseure, die sich Verfilmungen literarischer Werke widmen, aus denen

---

[97] "Das kann doch nur Shakespeare erfunden haben." Gespräch mit Tankred Dorst von Peter Rüedi. Die Weltwoche, Zürich 15-03-1990.

[98] "Denn es scheint, daß uns alles/ verheimlicht. Siehe, die Bäume sind, die Häuser,/ die wir bewohnen, bestehn noch. Wir nur/ ziehn allem vorbei, wie ein luftiger Austausch./ Und alles ist einig, uns zu verschweigen, halb als/ Schande vielleicht und halb als unsägliche Hoffnung." (D, 9), in: Die zweite Duineser Elegie von Rainer Maria Rilke, in: Duineser Elegien (1912-1922); zu intratextuellen Verweisen s. Kapitel 3.3.2.

sich "kurz: Ichbezogenes herausholen ließ."[99] Dichtung soll "sich aus
Historie und Gesellschaft in den Bereich jener authentischen Ichhaf-
tigkeit zurückziehen, wo sie sich ganz ihren innerpersönlichsten
Träumen, Wünschen und Sehnsüchten hingeben könne. Und so tauchen in diesem Umkreis immer wieder Formeln wie 'Platz für Privates', 'Wieder Ich sagen'<...> 'Subjektivität' auf, die auf das bürger-
lich-traditionelle Konzept jenes Schriftstellers hinausliefen, der im
Grunde 'immer ein Einzelgänger' gewesen sei, wie Marcel Reich-Ra-
nicki 1979 in seinen *Anmerkungen zur Literatur der siebziger Jahre* im
Merkur schrieb."[100]
Unter den Überschriften "Verstärktes Pochen auf subjektive Identität", "'The Personal is the Political': Veränderte Wahrnehmungsfor-
men im Gefolge des Trendwechsels von 1973/74"[101] und "Kunst
zwischen Neoromantik, Postmoderne und Dekonstruktion"[102] wird
Dorst der Tendenz zugeordnet, "die zu einer neuen Innerlichkeit ten-
dierte"[103]; Hauptvertreter dieser Tendenz entdeckt der Literaturhisto-
riker Hermand in Peter Handke und Botho Strauß, während sich bei
Dorst ähnliche Versuche beobachten lassen, "aus dem Zustand der
allgemeinen Entfremdung, der Rollenfixierungen und des Selbstver-
lusts auszubrechen," die jedoch meist in "Frust oder gar Selbstzerstörung münden".[104] Da für Dorsts Nennung in der Reihe der
"Innerlichkeitsdichter" nähere Erläuterungen fehlen, zeigt sich in der
unvollständigen Berücksichtigung der Dorstschen Arbeit zunächst nur
die Dominanz der polarisierenden Zuordnungsmuster.
2. Aufgrund ausgewählter Recherchen kommt der Literaturkritiker
Baumgart zu verwandten Ergebnissen hinsichtlich der "windstillen
Zeit"[105]: "Das Erzählen autobiographischen Stoffes" ist "Konvention

---

99   Jost Hermand: Die Kultur der Bundesrepublik Deutschland 1965-85. Mün-
     chen 1988, S. 490.
100 Ebd. S. 499.
101 Ebd. S. 471
102 Ebd. S. 483.
103 Ebd. S. 502.
104 Ebd. S. 502 f.
105 "Auf Dorothea kann man natürlich besser hausen", S. XXII.

geworden"[106], schreibt er über die deutschsprachige Literatur der 70er Jahre. "In jeder neuen Buchsaison erscheinen nun immer neue Väter, Mütter, Tanten, Töchter, Parisreisen, Ehekrisen, Studenten- und Drogenjahre, also immer neue und doch sich ähnliche Lebenslauf- fragmente als Vorwürfe oder Vorwände für Romane. Nur noch das jeweils Nächstliegende, die eigene Lebensvergangenheit, scheint den Autoren als Stoff greifbar und geheuer, so daß durch die Literatur ein intimes Raunen und Plauschen zieht und unter Lesern sich ein betrof- fenes, sympathisches Kopfnicken ausbreitet, als hätte sich unsere li- terarische Öffentlichkeit verwandelt in eine Selbsterfahrungs- gruppe."[107]

Baumgart unterscheidet die beschriebenen selbsterfahrungsverdächti- gen "Verständigungstexte" von literarischen Texten anhand der inne- ren Spannung zwischen Autor und Werk, die sich in einem Kunstwerk als problematische Differenz zwischen dem schreibenden und dem geschriebenen Ich ausdrücke.[108] "Mitte der siebziger Jahre deutet sich eine Tendenzwende auch im autobiographischen Schreiben an. Plötzlich erscheinen, statt erster, vehementer Artikulationsversuche, lauter Meisterwerke: Max Frischs 'Montauk', Christa Wolfs 'Kindheitsmuster', Thomas Bernhards in Serie abrollende Erinnerungen an die Salzburger Jugend. Erzähler, die ihre Erfahrungen längst über- setzt hatten in Fiktionen, greifen wieder zurück auf ihren Lebensroh- stoff."[109]

Dorst/Ehlers autobiographische bzw. biographische Bearbeitung des Dorstschen Lebensstoffs wird erst 1985 abgeschlossen, doch ihr Be- ginn fällt in die von Baumgart klassifizierte Phase des autobiographi- schen Erzählens. Es handelt sich um "Dorsts autobiographische Reihe"[110]. Wie die ausgewiesenen Autoren Frisch, Wolf und Bernhard

---

[106] Baumgart: Das Leben - kein Traum?, in: Ders.: Glücksgeist und Jammer- seele. Über Leben und Schreiben, Vernunft und Literatur. München 1986, S. 198-228, S. 201 f.

[107] Ebd. S. 202.

[108] Ebd. S. 219.

[109] Ebd. S. 212.

[110] Hans-Rüdiger Schwab: Vexierbilder des Ich oder "...das ist die normale Ge- schichte der Menschheit". Zu Tankred Dorsts "Politischen Stücken" 1968- 1977, in: Tankred Dorst: Politische Stücke. Werkausgabe 4. Frankfurt 1987, S. 417-430, S. 424.

allgemein an die eigene Lebensgeschichte anknüpfen, nehmen Dorst/Ehler, zeitgleich mit Peter Härtlings Roman "Eine Frau"[111], speziell Erinnerungen an das Schicksal der Mutter zum Ausgangspunkt, um den Dorstschen Erfahrungen auf die Spur zu kommen. Die *Deutschen Stücke* sind von einem Autor und einer Autorin, also aus einer Doppelperspektive geschrieben. Vom Jahr 1972 an arbeitet Tankred Dorst mit seiner Frau Ursula Ehler zusammen, die seitdem bei allen Werken für "Mitarbeit" verantwortlich zeichnet. In Gesprächen haben Autor/Autorin ihre Zusammenarbeit als "ständige gegenseitige Anregung", "Korrektur" und "Widerspruch"[112] beschrieben. "Die Arbeit besteht eigentlich darin, daß wir uns über Leute, über Menschen unterhalten".[113] Es geht immer um einen Anteil von Ehler an Stücken, die Dorst entscheidend bestimmt. Ehlers Anteil ist dokumentiert, jedoch nicht als eigenes Partikel herauszulösen. Tankred Dorst und Ursula Ehler machen durch die unterschiedlich benannte Urheberschaft, 'Arbeit' und 'Mitarbeit', die Art ihrer Textproduktion öffentlich. Ursula Ehler sagt über sich, sie habe "einen Autor vorgefunden, und ich war ja keiner. Ich bin sozusagen eine merkwürdige Existenz. Das ist manchmal sehr schwer.... SZ: Haben Sie denn mal daran gedacht, selber zu schreiben? Ehler: Ich hatte ursprünglich nicht die Absicht, Schriftstellerin zu werden. Ich habe Bildhauerei studiert. Dann habe ich etwas übersetzt und ein Drehbuch geschrieben. Bisher haben mich die gemeinsamen Projekte so interessiert, daß ich völlig damit beschäftigt war. Und soviel Kraft und auch Zeit habe ich nicht und solche Zähne, daß ich sage: Ich beiße mir da diese Ecke frei ...."[114] Zu dem autobiographischen Projekt der *Deutschen Stücke* wird Dorst nach eigenen Angaben von Ehler ausdrücklich ermuntert, während für sie gilt: "Die autobiographische Wurzel all dieser Dinge betrifft mich ja nicht, ich habe sie ja als fremde Figuren noch einmal erfinden kön-

---

[111] Peter Härtling: Eine Frau. 1974; Protagonistin ist Katharina Wüllner, geboren 1902 bei Dresden. Der Zeitrahmen von 1902 bis 1970 strukturiert das Buch; es handelt sich um eine biographische Annäherung an die Geschichte der eigenen Mutter.

[112] "Durch Mitleid wissen..." 1985, S. 41.

[113] "Auf Dorothea kann man natürlich besser hausen", S. XVIII f.

[114] "Ich bin eine merkwürdige Existenz". Interview mit Ursula Ehler, der Mitarbeiterin Tankred Dorsts, von C. Bernd Sucher, in: Süddeutsche Zeitung München, 22-09-1991.

nen. Ich habe übrigens immer befürchtet, daß die Figur der Dorothea Merz zu positiv erscheint. Auch wenn man mit ihr sympathisiert, - sie ist kritisch gesehen."[115] Die Analyse der Texte der *Deutschen Stücke* macht sich den aus persönlicher Befangenheit resultierenden, subtil dekuvrierenden Blick des Autors ebenso zunutze wie die neugierig nüchternen, anteilnehmenden Beobachtungen der Autorin.

3. Ein Schriftsteller - oder eine Schriftstellerin - ist nicht schlichter Chronist, er gibt die Ereignisse als Person wieder, also über lange Wege des Unbewußten. Er hält sich diese Ereignisse zunächst vom Leibe, aber sie bleiben lebendig und tauchen in den verschiedensten Zeichen wieder auf. Die erinnernde Wahrnehmung ist eine eigene Erkenntnis, eine neue Bewußtwerdung, die dem inneren Mikrokosmos des Schriftstellers folgt. Welcher biographische Schatz jedoch sukzessive gehoben werden kann, dafür sind wiederum die jeweiligen historischen Lebensbedingungen verantwortlich.

"Ich habe gerade angefangen, etwas zu schreiben, eine private, bürgerliche Geschichte, die Geschichte einer jungen Frau, die einen Mann heiratet, der krank wird und sich durch Krankheit mehr und mehr entzieht. Dann stirbt er. Das Ganze spielt kurz vor 1933. Ganz privat ist diese Geschichte natürlich nicht - schon beim ersten Nachdenken darüber nicht."[116] Diese Bemerkung Dorsts aus der Anfangsphase der *Deutschen Stücke* läßt sich präzisieren: "sie < Autor/Autorin > wollten die Krankheitsgeschichte erzählen, die der deutschen 'Wiederauferstehung' voranging."[117] Das individuell Gezeigte ist gesellschaftlich gemeint, es entsteht ein Beitrag zur Erinnerung der BRD an ihre Herkunft, ihre Geschichte. Indem Dorst ungeniert autobiographisch die Tragödie der Epoche protokolliert, gelingt ihm, unter der Mitarbeit von Ehler, eine große Nähe zu Personen und Situationen, so daß man sich im ganz vertrauten Alltag wähnt. Für die merkwürdige Technik Dorst/Ehlers, im Bekannten Bedrohliches lauern und auftauchen zu lassen, hat Krapp den Ausdruck des 'Erinnerungsmals' gewählt: "Es gibt Bilder, deren wir uns erinnern, ohne zu wissen, wie sie

---

[115] "Auf Dorothea kann man natürlich besser hausen", S. VI.

[116] Jede Figur hat ihre eigene Wahrheit. Aus Gesprächen zwischen Tankred Dorst, dem Herausgeber Horst Laube und dem Regisseur Peter Palitzsch, Januar 1974, in: Laube 1974, S. 60-77, 1974, S. 75.

[117] Michael Krüger: Deutsche Auflösung, in: Süddeutsche Zeitung. München, 10-07-1976.

in unser Gedächtnis gekommen sind".[118] "In den Texten der 'endlosen Geschichte', die Dorst über Deutschland schreibt - aber nicht nur in diesen - ragen dauernd Momente der plötzlichen Identifikation mit etwas längst Vergessenen heraus. <...> *Dorothea Merz*, *Klaras Mutter*, *Auf dem Chimborazo*, *Die Villa* sind voll vom Gleichen. Weite Felder in den Texten von Dorst werden von solchen *Erinnerungsmalen* beherrscht: in ihnen erscheint die elementare Gestalt von etwas Fremdem wie etwas rätselhaft Vertrautes. Nah - doch nicht geheuer."[119]
Dorothea Merzens Bemerkung:

> Und da habe ich eben diese Furcht, daß ich in meiner Erinnerung das *Falsche* behalte. <...> Da sitze ich in vierzig Jahren als alte Schachtel und habe mir nur das falsche gemerkt, o Gott! (D, 123)[120]

zeigt beispielhaft das harmlose Gewand ungeheurer Mitteilungen: in Dorotheas beiläufiger Selbstbeschreibung klingt Dorst/Ehlers fundamentaler Skeptizismus an, der besagt, daß alle menschliche Erinnerung befangen bleibt in Zufälligkeit, subjektiver Beliebigkeit und daß persönliche Erfahrungen nur als fragmentarische und fragwürdige, unzuverlässige 'Erinnerungsmale' lesbar sind.
Unter der Voraussetzung, daß es schwerer ist, "die Normalität des Dritten Reiches zu begreifen als seine verbrecherische Natur"[121], liegt die Bedeutung der Stücke von Dorst/Ehler auch darin, daß sie innerhalb vergangener Lebensnormalität Anzeichen "der Landschaft des Schreckens"[122] darstellen. Aufgrund ihrer regionalen Bindung an die thüringisch-fränkische Provinz gehören die *Deutschen Stücke* zu einer Traditionslinie, die Craig 1982 in der deutschen Nachkriegsliteratur ausmacht: "Die regionale Annäherung an das Problem war wirkungsvoll."[123] Die Schriftstellergeneration, die nach 1945 in ihren Romanen die Vergangenheit des eigenen Landes darstellt, zerstört den

---

[118] Krapp 1989, S. 387.
[119] Ebd. S. 386 f.
[120] "das falsche", s. Text der Deutschen Stücke.
[121] Wolf Jobst Siedler: Das Unbegreifliche begreifen, in: Helmut Schmidt u.a.: Kindheit und Jugend unter Hitler. Berlin 1992, S. 7-18, S. 13.
[122] Ebd. 1992, S. 13.
[123] Gordon A. Craig: Über die Deutschen. München 1982, S. 243.

"Nimbus von Mysterium und Schicksal"[124], indem sie ihn konsequent durch Banalität entmythologisiert. "Günther Grass schrieb nicht über den Nationalsozialismus als deutsches Phänomen, sondern darüber, wie er sich in Danzig darbot."[125] Günther Grass wählt Danzig, Heinrich Böll Köln, Siegfried Lenz ein schleswig-holsteinisches Dorf und Walter Kempowski Rostock als Ort des erzählten Geschehens, "ihre fiktiven Darstellungen <besaßen> eine Wahrscheinlichkeit, die in Verbindung mit der künstlerischen Vorstellungskraft, das entscheidende Detail herauszustellen, dem Leser das Wesen des Nationalsozialismus näher brachte als die meisten gelehrten Rekonstruktionen."[126] Der Dämonisierung des Hitlerregimes, wie z.b. in Thomas Manns "Doktor Faustus", wird die Entmystifizierung seitens der jüngeren Autoren als gelungenere Alternative gegenübergestellt, die den Tribut an die "perverse Anziehung"[127] des Nationalsozialismus zu verweigern vermag. Für die *Deutschen Stücke* insgesamt gilt die Bemerkung Hensels über die drei Dramen (*Auf dem Chimborazo, Die Villa, Heinrich oder die Schmerzen der Phantasie*): "Dorsts Trilogie ist schon heute ein kostbarer Besitz des Theaters: realistische Bilder aus der deutschen Vergangenheit, die man kennen muß, wenn man sich seiner Gegenwart versichern will."[128]
Dorst/Ehlers Texte liegen quer zum oben genannten kulturhistorischen Schema Gesellschaftskritik versus Innerlichkeit: Autor/Autorin wenden sich zwar individuellen Erlebnissen zu, erinnern in der besonderen Familiengeschichte aber zugleich an das Verhältnis von Individuum und Kollektiv, das allgemeine Geschichte erst verständlich macht.
Dorst/Ehlers Engagement für ein politisches Theater entspricht in den *Deutschen Stücken* sicherlich nicht den strikten, auf direkte gesellschaftliche Veränderung zielenden Forderungen aus den 60er Jahren, aber es ist nachweislich komplexer und subtiler.[129] Mit distanzierter Prägnanz, vergleichbar dem Verfahren der Anatomie, werden histori-

---

124 Ebd. S. 243.
125 Ebd. S. 243.
126 Ebd. S. 243.
127 Ebd. S. 243.
128 Hensel 1991, S. 119.
129 Vgl. Giles, 1988, S. 76.

sche Milieu-Analysen erstellt, die den Aufbau kultureller Identitätsbilder, auch weiblicher Art, literarisch sichtbar machen.

2.2.2 Faszination und Schrecken der Geschichte

Neben der Darstellung politischer Gewalt im Privaten und Provinziellen ist ein zweiter wesentlicher Bezugsrahmen der *Deutschen Stücke* die Auseinandersetzung mit der Interpretation von Geschichte generell. Ein historisches 'Null-Punkt-Denken' ist Dorst/Ehler suspekt, sowohl 1945 als auch 1968 und 1989[130] erweist sich das jeweilige "Bewußtsein eines radikalen Neuanfangs"[131] als Illusion. Neben den deutlichen Bruchstellen, den historischen Wendemarken 1933 und 1948 z.b., an denen die Stücke *Dorothea Merz*, *Klaras Mutter* und *Die Villa* angesiedelt sind, stellen Autor/Autorin die Kontinuitäten deutscher Geschichte mitsamt den Schwierigkeiten dar, die der Integration der furchtbaren Zeit des Nationalsozialismus entgegenstehen. Sie enthüllen den "negativen Ursprung"[132] der modernen deutschen Nation nach 1945, die sich nicht konstituiert über ethische Aspekte, nicht über Rasse, Sprache, Geographie oder Religion, sondern durch eine gemeinsame Erinnerung, die immer auch Vergessen einschließt.[133]

Das Personal der *Deutschen Stücke* entstammt dem historischen Fundus deutscher Geschichte, vorwiegend den zwanziger Jahren, und der historische Stoff wird Modifikationen und Verzerrungen ausgesetzt, die durch ein Prinzip von "Faszination *und* Abwehr"[134] gegenüber den historisch situierten Personen bestimmt sind. Sigrid Weigels Kommentar zu Dorsts Theaterstück über D'Annunzio[135] basiert auf dem Spannungsverhältnis von Zauber und Schrecken, das verfemten

---

[130] "Aber natürlich ist das, was jetzt vorgeht, im weiteren Sinne mein Thema: auch in dem des Bedürfnisses nach Unschuld, das in dieser ganzen Ost-West-Geschichte aufbricht. Der Mensch möchte gern unschuldig sein <...> das interessiert mich schon sehr." Bemerkung von Dorst in: "Das kann doch nur Shakespeare erfunden haben." 1990.

[131] Vgl. Briegleb/Weigel, S. 10.

[132] Sigrid Weigel. Bilder des kulturellen Gedächtnisses. Dülmen 1994, S. 183.

[133] Vgl. ebd. S. 182 ff.

[134] Briegleb/Weigel 1992, S. 199.

[135] Tankred Dorst: Der verbotene Garten. Fragmente über D'Annunzio. Mitarbeit Ursula Ehler. München 1983.

45

historischen Figuren anhaftet. Die Mischung aus Grauen und Entzücken, die ein faszinierender Eindruck ausübt, verursacht im Betroffenen Bezauberung und Abwehr, Hingabe und Widerstand. Dorst/Ehlers gestalten die komplexen Verstrickungen von nahen Zeitgenossen in historische Ereignisse, ohne an Anklagen interessiert zu sein. Für Dorst/Ehler wünschen handelnde Menschen der Faszination ebenso stark zu erliegen wie sie sich davor zu schützen suchen. Mit den biographisch fundiert und detailgenau gezeichneten Figuren der *Deutschen Stücke* befinden sich Dorst/Ehler im Dialog mit Theoriedebatten der 70er Jahre, die sich um die Aneignung fortschrittlicher Geschichtstraditionen bemühen. In den *Deutschen Stücken* widmen sich die Autoren speziell den lebensreformerisch geprägten utopischen Wunschvorstellungen aus den Anfangsjahrzehnten des 20. Jahrhunderts. Dorothea Merz und Anna Falk verkörpern auf unterschiedliche Weise Formen der Naivitätssehnsucht der Weimarer Zeit. In der jeweils angestrebten Idylle, dem Suchbild einer idealen Gegenwelt zu den bestehenden Verhältnissen, zeigt sich ihre naive Sehnsucht nach einer verlorengegangenen harmonischen Lebensweise.[136]

Herr Paul, Dorst/Ehlers Ergänzung zu den *Deutschen Stücken* von 1993, kann als Metapher für den Widerstand gegen die Eingreifprogramme aktueller 'Wender' und 'Gewendeter' gelesen werden: Die grotesken Hauptfiguren des Stücks sind Elendsgestalten, die sich gegen normative zivilisatorische Ansprüche zur Wehr setzen. Gegen die "hündische Gelehrigkeit" (P, 35) setzt die Titelfigur auf Bewegungslosigkeit und die Gaben einer Schwachsinnigen: "Warum kommst du denn immer zu mir? Weil ich deinen Schwachsinn verehre, ich verehre in dir den idealen Menschen." (P, 35). Das Motto des Theaterstücks, ein Ausschnitt aus dem Märchen "Das schwere Kind" der Brüder Grimm, zeigt das Unvermögen und die Ohnmacht der vorgeblich auf Fürsorge und Fortschritt bedachten Helfer gegenüber einem winzigen Kind, das am Wege liegen bleibt.

Innerhalb ihres Geschichtsbilds hat die Redeweise von 'Utopien' bei Dorst/Ehler einen besonderen Platz. Dorst selber spricht im Zusam-

---

[136] Vgl. Hella Jäger: Naivität. Eine kritisch-utopische Kategorie in der bürgerlichen Literatur und Ästhetik des 18. Jahrhunderts. Kronberg/Ts. 1975, S. 3 f.

menhang mit den *Deutschen Stücken* davon, das sei "mein Thema: eine auf tragische und groteske Weise gescheiterte Utopie".[137] Dorst/Ehler sehen ihre Produktionen explizit im Umfeld utopischer Vorstellungen, kollektiver wie individueller Provenienz, und als kritische Auseinandersetzung mit jeder Art von Zukunftsvisionen. Christa Wolfs Erzählung von 1981, "Kein Ort. Nirgends"[138] ist ein Indiz sowohl für die andauernde Präsenz utopischer Redeweisen als auch für die schwindende Akzeptanz utopischer Modelle um 1980 in Ost- und West-Deutschland: "Schon der Titel, eine nichtteleologische Übersetzung des Wortes 'Utopie', stellt sie < die Personen der Erzählung> unter das Zeichen unversöhnlicher und untröstlicher Fremdheit."[139] Die Autoren gestalten konkrete Lebenssituationen und naheliegende Wünsche der Individuen, sie akzentuieren als Literaturproduzierende die Seite der Subjektivität und der persönlichen Erfahrung gegenüber abstrakten, umfassenden Theorien. Ein "utopisch-theoretisches Konstrukt"[140] kann und darf aber wohl in Opposition gesetzt werden zu dieser Sichtweise aus gleichsam unmittelbarer, persönlicher Welterfahrung, in der beinahe jedes Wünschen flugs zur 'Utopie' wird. Utopien jedoch meinen Pläne einer allgemeinen Umgestaltung der Welt, von irrational-chiliastischen über liberal-humanitäre und konservative bis zu sozialistischen Entwürfen[141] mit Blick auf eine gesellschaftliche Neuordnung. Auch wenn man die Pläne für eine Neugestaltung als Chimären versteht - wie Dorst/Ehler offenbar - , belegen die künstlerischen und politischen Zeugnisse doch die Realität kreativer und destruktiver Kräfte innerhalb sozialer, utopisch orientierter Bewegungen. Dorst/Ehlers poetische Modifikationen der historischen Topoi und Modelle folgen dem oben genannten Prinzip vom Zauber und Schrecken der Geschichte, das abseits von begrifflicher Klärung überraschende Einblicke in die Mentalitätsgeschichte erlaubt. Die Dar-

---

137 "Das kann doch nur Shakespeare erfunden haben." 1990.

138 Christa Wolf: Kein Ort. Nirgends. Darmstadt 1981.

139 Marianne Schuller: Schreiben und Erinnerung. Zu Christa Wolfs "Kindheitsmuster" und "Kein Ort. Nirgends", in: Jutta Kolkenbrock-Netz u.a. (Hg.): Wege der Literaturwissenschaft. Bonn 1985, S. 405-413, S. 411 f.

140 Briegleb/Weigel 1992, S. 392.

141 Vgl. Karl Mannheim: Ideologie und Utopie. (1929) Frankfurt/M. 1969.

stellung von Desillusionierungsprozessen konzentriert sich auf das dramaturgisch gestaltbare Verhalten der Figuren im Prozeß des Illusionsverlusts, das 'Wie' dominiert das 'Was' der von Dorst als 'Utopieverlust' bezeichneten dramaturgischen Vorgänge. Im Mittelpunkt der *Deutschen Stücke* stehen generell nicht die 'illusionären' Inhalte und ihre möglichen Legitimationen, sondern Art und Weise des Zusammentreffens kultureller Umstände bzw. stereotyper Verhaltensformen.

Eine symptomatische Aufsatzsammlung aus dem Jahre 1974, "Deutsches utopisches Denken im 20. Jahrhundert"[142], kann verdeutlichen, in welchem konkreten Kontext sich das Geschichtsprojekt der *Deutschen Stücke* befindet. Im Vorwort des Sammelbandes wird unbekümmert von "besten Utopien des 20. Jahrhunderts" gesprochen, die "eher im Sinne einer regulativen Idee als einer endgültig fixierten Norm gemeint"[143] sind. Der Artikel "Von der Notwendigkeit utopischen Denkens"[144] ist ein repräsentatives Dokument hochgesteckter Erwartungen: Gemäß Hermand zielt Utopie nicht nur auf nichts Geringeres als "Geschichtswende"[145], sie vermag auch tatsächlich "grundsätzliche Veränderung" und "qualitative Steigerung"[146] gesellschaftlicher Verhältnisse zu bewirken. In den Texten des Sammelbandes erkennt man den Wunsch nach der Gewißheit einer besseren Zukunft, so daß utopisches Denken, das "nicht nur progressives, sondern zugleich dialektisches Denken"[147] ist, gleichsam als Garantie einer hoffnungsvollen Zukunft gilt. Die verdienstvollen Untersuchungen unterschiedlicher kultureller Elemente der Weimarer Zeit, z.B. des Expressionismus, des Bauhauses und einiger utopischer Romane[148], sind z.t. getragen von unkritischer Fortschrittsgläubigkeit. Während dieser Phase der abstrakten Suche von Intellektuellen

---

[142] Reinhold Grimm und Jost Hermand (Hg.): Deutsches utopisches Denken im 20. Jahrhundert. Stuttgart 1974.

[143] Ebd. S. 8.

[144] Jost Hermand: Von der Notwendigkeit utopischen Denkens, in: Grimm/Hermand, 1974, S. 10-29.

[145] Ebd. S. 12.

[146] Ebd. S. 24.

[147] Grimm/Hermand, 1974, S. 9.

[148] Vgl. Grimm/Hermand, 1974, S. 8, und den Band insgesamt.

nach universalen utopischen "Leitkonzeptionen"[149], die geschichtlichen Fortschritt verbürgen sollen, erarbeiten Dorst/Ehler in den *Deutschen Stücken* eine hellsichtige, tragisch-groteske Szenerie der vorgeblich hoffnungsfrohen utopie-verhafteten Weimarer Jahre. Im östlichen Teil Nachkriegsdeutschlands wird über den Philosophen Bloch[150], dessen Theorien der Utopie die Vorstellungen westdeutscher Germanisten der 70er Jahre stark beeinflussen, 1956 das parteiideologische Anathema verhängt[151]. Die "Perhorreszierung der Kategorie des Utopischen war zugleich ein Indiz der Angst, zu bemerken, daß man den utopischen Staat in jenem atlantisch-sonnenstaatlichen Sinn erzwungen hatte, den der Marxismus just hatte aufheben wollen."[152] Bloch selber bleibt zeitlebens ein eher poetischer denn dogmatischer Utopiker: "Märchen und Gedicht, Literatur und Kunst, Ketzertum und Utopismus als ebensoviele Indizien dafür, daß Weltgeschichte bloß Vorgeschichte blieb, daß die Genesis noch aussteht. Niemand noch war bisher in der Heimat, mithin bei sich selbst heimisch. Zu suchen bleiben die Indizien als Vorschein."[153] Dorst/Ehlers Werke wollen poetisch die Erinnerung an den Verlust der 'Genesis', des Paradieses, wach halten, was sowohl als politisch aufklärerischer Impuls als auch als metaphysisch-existentielle Dimension zu verstehen ist. "Tankred Dorst erzählt gelegentlich von Max Klingers Radierung *Die Vertreibung aus dem Paradies.* <...> Dieses Inbild, eine dauernde Drohung genau so bezeichnend wie etwas lang Vertrautes, gehört zu den Erinnerungsmalen, auf die Dorsts Poetik angelegt ist. Der Verlust des Paradieses und der Unschuld hat aus der Erde das wüste Land gemacht, jene von Ideologien, Fiktionen und Utopien geschundene Innenwelt, für die Dorst in seinen Texten Bilder über Bilder erfindet."[154]

---

[149] Grimm/Hermand, 1974, S. 9.

[150] Vgl. Hans Mayer: Ernst Bloch, Utopie, Literatur, in: Grimm/Hermand, 1974, S. 82-95.

[151] Vgl. Friedrich Dieckmann: Der P.E.N., die Hochregale und die Utopie, in: Freibeuter 45. Berlin 1990, S. 23-31, S. 23.

[152] Ebd. S. 24.

[153] Mayer 1974, S. 92.

[154] Krapp 1989, S. 392 f.

In Dorst/Ehlers Stücken ist es das Schicksal der Menschen, mit ihren eigensinnigen Wünschen, Träumen und Hoffnungen[155] in die Irre zu gehen. Die *Deutschen Stücke* handeln von Tankred Dorsts und Ursula Ehlers kontinuierlichem Thema, von der konstitutiven Unzulänglichkeit menschlicher Einbildungen und der daraus resultierenden seelischen Not, dargestellt in Liebesgeschichten, Theaterleidenschaften oder aber der ganz gewöhnlichen Anpassung ans Leben - das unvermeidliche endlose Irren der Wahrheitssuchenden.[156] Illusion ist definiert als Vorstellung, "die falsch ist gemäß einem Kriterium, das 'Wirklichkeit' oder 'Wahrheit' heißt."[157] "Traut man dem Menschen die Fähigkeit zu wahrer Erkenntnis oder zur Gewinnung nicht-illusorischen Glücks zu, so wird I. mißbilligt <...> Traut man dem Menschen jene Fähigkeiten nicht zu, so wird die I. als eine im Dienste des 'Lebenswillens' stehende Funktion anerkannt und (oft emphatisch) gepriesen."[158] Die Vorstellungen der Frauenfiguren der *Deutschen Stücke*, Dorothea Merz, Anna Falk mit ihrer Tochter Klara und Elsa Bergk, erweisen sich als schmerzliche Illusionen und als Quellen des Irrtums. Dorst/Ehlers analytisches Interesse gilt der unabweisbaren Wirksamkeit kulturell verfügbarer Illusionsmuster und den heillosen Verstrickungen, in die jede Person existentiell gerät, da sie der Faszination und dem Schrecken geschichtlicher Ereignisse ausgeliefert ist.

2.2.3 Neuere Frauenbewegung

Der dritte kulturhistorische Bezugsrahmen der *Deutschen Stücke* ist die Entwicklung der neuere Frauenbewegung in der BRD. Die gezeigten Dominanten des Privat-Provinziellen sowie des Persönlichen in den *Deutschen Stücken* bilden den Hintergrund für die Entfaltung exemplarischer Weiblichkeitsbilder: '*Wie* ist das Private politisch?' könnte in Abwandlung eines wichtigen Slogans der neueren Frauenbewegung ('Das Private ist politisch') das Thema der *Deutschen Stücke* genannt werden. Die spektakuläre subjektiv empfundene Aufbruchstimmung

---

[155] Gerhard Mensching: Nachwort, in: Tankred Dorst Stücke 1. Frankfurt/M. 1978, S. 403-407, S. 405.

[156] Vgl. Motto von Auf dem Chimborazo: "Ihr irrt, indem ihr lebt; <...> bis der gefundne Tod euch frei vom Irren macht." Andreas Gryphius (C, 555)

[157] Historisches Wörterbuch der Philosophie Bd.4, 1976, Sp. 214.

[158] Ebd. Sp. 215.

50

der neueren Frauenbewegung wird in dem Titel "Aufbrüche" sichtbar, den Sigrid Weigel zur Kennzeichnung weiblicher Schreibweisen in den siebziger Jahren[159] wählt. Wenn die Philosophiewissenschaftlerin Annemarie Pieper der "Einführung in die feministische Ethik" den Titel "Aufstand des stillgelegten Geschlechts"[160] gibt, verweist sie mit der Metapher Aufstand auf die objektiven politischen Strukturveränderungen, die den feministischen Forderungen implizit sind. Die neuere Emanzipationsbewegung der Frauen in den 70er Jahren thematisiert kritisch den Zusammenhang von biographisch-privaten und gesellschaftlich-politischen Momenten und führt die öffentliche soziale und kulturpolitische Auseinandersetzung mit stereotypen Weiblichkeitsbildern wie der Mutter und der Hure, der Heiligen und der Hexe, der Muse und des Blaustrumpfs. Eben diese Stereotypen werden in den *Deutschen Stücken* thematisiert. Handelt es sich bei dieser Auseinandersetzung Dorst/Ehlers mit belasteten tradierten Bildern um eine "politisch verfehlte Ehrenrettung" oder um ein "Weiterschreiben an tabuisiertem Material", wie Hermann Schlösser das Problem analog anhand Dorsts Theaterstück *Eiszeit* formuliert?[161] Eindeutig steht die Enthüllung der tabuisierten, verborgenen und vergessenen Aspekte von tradierten Weiblichkeitsbildern im Mittelpunkt der Texte, sie sparen das Kontradiktorische der Klischees nicht aus. Sie beleuchten vielmehr die "komplizierte kulturelle Verfassung der Weiblichkeit"[162] zu einem Zeitpunkt, zu dem in Teilen der neueren Frauenbewegung selbst eine Art von undifferenziertem, nahezu magischem 'Weiblichen' Hochkonjunktur hat. Die Frau als Verbündete der Natur, als Spezialistin für Wärme und Geborgenheit soll in einer bedrohlichen Zivilisation die Ressourcen der 'Welt der Frau' zur Verfügung stellen und Heilung gewähren. Mit den Worten "Das Ewig-Weibliche ist eine Lüge"[163] wendet sich Simone de Beau-

---

[159] Sigrid Weigel: Die Stimme der Medusa. Schreibweisen in der Gegenwartsliteratur von Frauen. Dülmen 1987, S. 56-73.
[160] Annemarie Pieper: Aufstand des stillgelegten Geschlechts. Einführung in die feministische Ethik. Freiburg/Basel/Wien 1993.
[161] Briegleb/Weigel 1992, S. 393.
[162] Gisela von Wysocki: Weiblichkeit und Modernität. Über Virginia Woolf. Frankfurt/M. und Paris 1982, S. 9.
[163] Gisela Brinker-Gabler (Hg.): Zur Psychologie der Frau. Frankfurt/M. 1978, S. 7.

voir in der Zeitschrift *Emma* 1978 gegen Vertreterinnen, die eine Rückkehr zur 'Weiblichkeit' fordern. "Weiblichkeit wird von den Vertreterinnen dieser Richtung nicht mehr als Hindernis auf dem Weg zur Frauenemanzipation verstanden, sondern im Gegenteil als Heilsprinzip, als Zopf, mit dem die Frauen sich aus dem 'Sumpf der männlichen Zivilisation' herausziehen und eine alternative Gesellschaftsform entwickeln können."[164] Dorst/Ehlers zentrale Figur der *Deutschen Stücke* verkörpert den Stoff 'Weiblichkeit', von dem man/frau sich genesend ernähren zu können hofft in idealtypischer Weise. Sie ist ein Exemplar der Spezies der bürgerlichen Hausfrau und Mutter, deren rührend-katastrophisches Agieren Dorst/Ehler geduldig sezierender Wahrnehmung aussetzen.

Zugleich beteiligen sich Dorst/Ehler mit der Gestaltung der Frauenfiguren der *Deutschen Stücke* an einem zentralen historischen Projekt der neueren Frauenbewegung, nämlich an der Begegnung mit und der Untersuchung von unterbrochenen Traditionen der feministischen Emanzipationsbewegung, d.h. Forschungen mit und über Zeitzeuginnen des Nationalsozialismus. Unter dem provokativen Titel "Unschuldsrituale in der deutschen Frauenforschung zum Nationalsozialismus" faßt Meike Baader ihre Beobachtungen zusammen, die sie anhand der Forschungsarbeiten und Tagungen von Wissenschaftlerinnen zum Thema Frauen im Nationalsozialismus gemacht hat.[165] Symtomatisch für die andauernde, kontrovers geführte Diskussion sind Margarete Mitscherlichs These von der "friedfertigen Frau"[166] und Christina Thürmer-Rohrs Konzept der "Mittäterschaft"[167] der Frauen.

Im künstlerischen Bereich entspricht den wissenschaftlichen 'Unschuldsritualen' die idealisierende Darstellung von Frauenfiguren zur Zeit des Nationalsozialismus. Stark idealisierende Züge tauchen auf in den Reminiszenzen an weibliche Unschuldsfiguren in Edgar

---

[164] Ebd. S. 7.

[165] Meike Baader: Unschuldsrituale in der deutschen Frauenforschung zum Nationalsozialismus, in: Babylon. Beiträge zur jüdischen Gegenwart, Heft 9/1991 Frankfurt, S. 140-145; vgl. Lerke Gravenhorst und Carmen Tatschmurat (Hg.): Töchter-Fragen. NS-Frauengeschichte (Sammelband zur Tagung feministischer Sozialwissenschaftlerinnen zum Thema "Beteiligung und Widerstand", Januar 1990). Freiburg 1990.

[166] Margarete Mitscherlich: Die friedfertige Frau. Frankfurt/M. 1987.

[167] Christina Thürmer-Rohr: Aus Täuschung wird Enttäuschung. Zur Mittäterschaft von Frauen, in: Dies.: Vagabundinnen. Berlin 1987, S. 38-56.

Reitz Filmepos "Heimat"[168]. Die Mutterfigur heißt "Maria", und sie wird in allen politischen und persönlichen Unbilden als ein gefühlsstarker guter Mensch gezeigt. Die scharfe Kritik der amerikanischen Historikerin Claudia Koonz betont die fatalen politischen Implikationen derartig unkritischer Überhöhungen von Weiblichkeit: "In *Heimat - eine Chronik in elf Teilen* von Edgar Reitz (erklärtermaßen im Kontrast zu *Holocaust* gedreht) ist es Maria, die das Leben aufrechterhält, während die Männer gleichermaßen hilflos wie harmlos erscheinen."[169] Koonz erkennt "das gängige Bild: die Frau als Unschuldige qua Gnade der weiblichen Geburt".[170] Frauengestalten wie die "Maria" von Edgar Reitz und die gleichzeitig entstandenen Filmfiguren der "Maria" in Werner Fassbinders "Die Ehe der Maria Braun" und der Mutter in Helma Sanders-Brahms' "Deutschland, bleiche Mutter" werden von Koonz dem Bild von der aufrechten, starken deutschen Frau zugeordnet, die sich am Rand der geschichtlichen Ereignisse befindet. "Diese Filme verewigen einen Mythos: Das NS-Regime war das Werk mächtiger, politisch agierender Männer, während die bürgerlichen Tugenden von starken, apolitischen Frauen hochgehalten wurden. Diese Klischees vertragen sich aufs Beste mit dem Konzept der getrennten sozialen und moralischen Welten beider Geschlechter, wie es die Nazis selbst propagierten."[171]

In den *Deutschen Stücken* wird die verhängnisvolle Selbst- und Fremdattribuierung der Mutterfigur der Dorothea Merz als unpolitische, gutmeinende, treusorgende Frau dargestellt und präzis und schonungslos kritisiert, speziell anhand der Entfaltung ihrer vorgeblich anständigen Verhaltensweisen.

Neben der Kritik am Mythos von dem unpolitischen besseren Menschen 'Frau' zeigen die *Deutschen Stücke* in den Figuren der Anna Falk und Klara Falk Beispielbiographien für die durch den Nationalso-

---

[168] Edgar Reitz: Heimat, Fernsehserie und Kinofilm. Produktion 1981-1984; - "Heimat" will deutsche Geschichte im 20. Jahrhundert von unten her auf unverwechselbare Weise erzählen (vgl. Pressetext); ihr Milieu ist im Gegensatz zu den Deutschen Stücken kein bürgerliches.

[169] Claudia Koonz: Mütter im Vaterland. Frauen im Dritten Reich. (Aus dem Amerikanischen von Cornelia Holfelder von der Tann.) Freiburg 1991, S. 18.

[170] Edb. S. 18.

[171] Ebd. S. 18 f.

zialismus sowohl pervertierten als auch verschütteten lebensreformerisch geprägten Traditionen. Anna Falk und ihre Tochter Klara sind
Vertreterinnen der Gruppierungen der Weimarer Zeit, die als Vorläufer
der alternativen Bewegungen zu verstehen sind, die sich am Ende der
60 Jahre in der BRD entwickeln. Hier entsteht zeitgleich mit den Figuren in *Klaras Mutter* die alternative Partei der "Grünen" aus unterschiedlichen außerparlamentarischen Bewegungen, von denen die
neuere Frauenbewegung eine der tragfähigsten ist.

Das Sujet 'Frauenalltag' der *Deutschen Stücke* ist auch das Untersu-
chungsthema einer bedeutenden sozialphilosophischen Studie vom
Ende der 70er Jahre über 'weibliches Wünschen'. Unter dem Titel
"Weiblicher Lebenszusammenhang. Von der Beschränktheit der Strategien und der Unangemessenheit der Wünsche"[172] werden kulturhistorische Fragestellungen nach den Funktionen der eher privaten Ima-
ginationssphären der Frauen verfolgt. Prokop bezeichnet mit dem
Terminus 'weiblicher Lebenszusammenhang' sowohl "die Tätigkeiten
und Beziehungen der Frauen im Bereich der individuellen
'Reproduktion' (auch die berufstätige Frau bezieht sich hierauf), also
in Haushalt, Familie, Erziehung und Geselligkeit", als auch
"ambivalente Strukturen im weiblichen Bewußtsein (Angst und Unzu-
friedenheit, Imagination)."[173] Die Untersuchung des weiblichen Lebenszusammenhangs führt Prokop zu drei wichtigen Strukturen: 1.
der Repräsentation natürlicher Sittlichkeit, 2. dem Utopismus und 3.
den Ritualen der Imagination in Verbindung mit der Ästhetisierung von
Protest. Diese sozialwissenschaftlichen Beobachtungen koinzidieren
mit den literaturwissenschaftlichen Beobachtungen an den weiblichen
Figuren der *Deutschen Stücke*, Dorothea Merz, Anna Falk und Elsa
Bergk.
1. Die Darstellung der ersten Struktur, die Dekuvrierung der vorgeblich natürlichen Sittlichkeit der Frau, steht im Zentrum der Untersuchung der Figur der Dorothea Merz.
2. Die zweite Struktur, die 'utopischen' Momente weiblichen Wünschens, gestalten Dorst/Ehler in vielfacher Weise in den *Deutschen*

---

[172] Ulrike Prokop: Weiblicher Lebenszusammenhang. Von der Beschränktheit
der Strategien und der Unangemessenheit der Wünsche. Frankfurt/M.
1976.
[173] Ebd. S. 44.

54

Stücken. Die rigorosen Überzeugungen der Anna Falk entsprechen tugendhaften utopischen Entwürfen, die auf die Veränderung durch "empirische Sittlichkeit"[174] bauen. Ihr Gestaltungswille für eine menschenwürdige Welt der Zukunft basiert auf gleichsam naturhaft gedachter moralischer Kraft, der in der persönlichen Lebensführung höchste Verbindlichkeit gemäß der Überzeugung entspricht: intellektuelle Anstrengung, emotionale Disziplin und kompromissloses Handeln.

Eher utopistisch zu nennen ist das schwärmerische Pathos, das in Teilen allen Frauenfiguren der *Deutschen Stücke* zu eigen ist, und das im Unterschied zu produktivem utopischen Wünschen als *konsumierendes* Wünschen bezeichnet werden kann. Den Terminus 'Utopiekonsum' übernehme ich von Karl Riha, der den Utopiebegriff im Zusammenhang einer Untersuchung von Trivialliteratur psychologisiert und relativiert, um die spezifische Dimension lebenspraktischer utopistischer Projektionen zu erfassen.[175] Riha bestimmt als utopistische Vorstellungen diejenigen, die durch das Ansprechen eines größeren Welt- und Schicksalszusammenhangs, der sich in idealisiernder, problemlösender Funktion behauptet, einen quasi physikalischen Ausgleich von Verzweiflung und Glück herstellen. Es handelt sich um die im weiblichen Arbeitsalltag vertraute tagträumerische Verarbeitung von Wirklichkeit, um ein "halluzinatorisches Einbeziehen von Utopien"[176] in den Erlebnisbereich. Die "mobilen Projektionen"[177] unterscheiden sich von den produktiven Aspekten einer sowohl planvollen als auch aktiven Entwicklung von Zukunftsentwürfen, die Utopien auszeichnen, insofern, als ihre Entstehung als beiläufige und passive erlebt und auf verändernde Umgestaltung der Welt verzichtet wird. Gleichwohl sind enorme psychische Energien und Anstrengungen erforderlich, um die Fluchten in die utopistische Projektion zu organisieren und aufrechtzuerhalten.

[174] Ebd. S. 171.
[175] Karl Riha: Abschied und Wiedersehen. Utopisches und Utopistisches beim Schlager, in: Hiltrud Gnüg (Hg.): Literarische Utopie-Entwürfe. Frankfurt/M. 1982, S. 311-324.
[176] Ebd. S. 320.
[177] Ebd. S. 314.

3. Die dritte literarische Hauptfigur der *Deutschen Stücke*, Elsa Bergk, repräsentiert als Mme-Bovary-Figur die dritte Struktur der Prokopschen Analyse weiblichen Lebenszusammenhangs, das spezifisch bürgerliche Kulturmuster ästhetisierenden Protestverhaltens. In der Figur der Elsa Bergk wird die "Ambivalenz des weiblichen Sozialcharakters" durch die beständige "Konfrontation von romantisierender Illusion und alltäglicher Wirklichkeit" und die "Fixierung auf Zeichen"[178] wiedergegeben.

2.3 DIE DEUTSCHEN STÜCKE, EIN ENTWICKLUNGSROMAN

2.3.1 Heinrich, der Held eines Entwicklungsromans

Eine 'Familiengeschichte' werden die *Deutschen Stücke* überwiegend genannt: Dorst spricht in der Planungsphase von einer "Familiengeschichte"[179], auch von einer "bürgerlichen Familiengeschichte"[180], die Rezensenten folgen mit den Formulierungen "Familienstücke"[181], "Chronik im Spiegel von Familiengeschichten"[182], "Familienchronik"[183] und "Familienzyklus"[184]. Diese eher stoffbezogenen Bezeichnungen können ergänzt werden durch die gattungsbezogene Kategorie des Entwicklungsromans. Argumente für die Zuordnung sind die zentrale Stellung der Figur Heinrich, dessen äußerer und innerer Werdegang von den Anfängen bis zu einem gewissen Endpunkt oder 'Reifegrad' dargestellt wird, und der deutlich autobiographische Charakter des Werkes.[185] Nicht nur gruppieren sich -

---

178 Ebd. S. 179 ff.

179 "Deshalb schreibt man auch so ungern, ich jedenfalls." Tankred Dorst im Gespräch mit Rudolf Vogel, (Bayerischer Rundfunk, 23-11-1973), in: Laube, 1974, S. 206-221, S. 220.

180 Ebd.

181 Georg Hensel: Tage und Tagträume aus jener Zeit, in: Theater Heute 8/85. Seelze 1985, S. 34-36, S. 36.

182 Erken 1985, S. 601.

183 Bekes 1991, S. 50.

184 Ebd. S. 57.

185 Im Rahmen der Themenstellung dieser Arbeit kann die Option 'Entwicklungsroman' bzw. die die Einflüsse der Umwelt betonende Sonderform des Bildungsromans nur angedeutet werden; speziell die ironische Brechung der 'charismatischen' Heinrich-Figur, die durch Dorsts launig-

fast[186] - alle veröffentlichten 'Stücke' der *Deutschen Stücke* um Heinrich Merz, auch die geplanten, nicht ausgeführten Teile belegen durch die Präsenz Heinrichs die Konzentration auf äußere Stationen seiner Biographie und inneren Erfahrungen der Figur.[187] Wenn Dorst/Ehler vom Zusammenhang von Personen und Konstellationen als ihrem Gestaltungmodus sprechen[188], kann hinsichtlich der Figur Heinrich festgestellt werden: was auch geschieht, wer kommt oder geht: Die Figur Heinrich ist immer dabei. Es handelt sich bei allen *Deutschen Stücken* um Beiträge zu Heinrich Merz' Geschichte; deshalb soll der Deutlichkeit halber auch von seiner Entwicklungsgeschichte gesprochen werden. Obwohl den einzelnen 'Stücken' durchaus Abgeschlossenheit zukommt, ist für ein angemessenes Verständnis der jeweils dargestellten Frauenfiguren wichtig zu beachten, daß der Schreibimpetus von Autor und Autorin aus dem Interesse an Heinrichs Fortkommen entsteht und die den Frauenfiguren zugeordneten Geschichten Stationen und Erfahrungen auf seinem Weg bezeichnen. Eine Bemerkung des Autors auf das Projekt der *Deutschen Stücke* stützt die These: "eigentlich ist es ein Roman, ein Romanstoff"[189]. Der Name "Heinrich" für den Helden wird eingeführt als Zitat, und die gesamten *Deutschen Stück*e können als Entwicklungsroman-Zitat innerhalb des Dorst/Ehlerschen Schreibkonzepts verstanden werden. Mit dem Zyklus der *Deutschen Stücke* haben Dorst und Ehler den Typus 'Entwicklungsroman' aufgegriffen, um den Werdegang des durch

---

spöttische Bemerkung im vorbereitenden Gespräch betont wird (s. S. XII), wäre ein interessantes Forschungsprojekt.

[186] Verschiebungen von Anteilen männlicher Personen auf weibliche Figuren, z.B. die Gestaltung von Aspekten des Großvaters Merz in der neu erfundenen Anna Falk, eine Art von Auslagerung des lebensreformerischen Familienerbes - vgl. Dorsts Bemerkung über seinen Großvater, den "Naturapostel", dessen gesammelte Sinnsprüche Dorst las, "als ich ein Kind war, im Dämmerlicht des großen Bodenraums, wo es nach Kamille roch", in: Dorst, Selbstvorstellung als neues Mitglied, 1978, S. 115 - oder die Spiegelungen Heinrichs in der von Mutter und Freundin unterdrückten Klara Falk, wären das Thema einer gesonderten Analyse.

[187] Vgl. "Auf Dorothea kann man natürlich besser hausen", S. II ff.

[188] Ebd. S. XVII ff.

[189] Dorst stellt sich die geplante Familiengeschichte als "dickes Buch" mit unterschiedlichen Gattungsformen vor, in: "Deshalb schreibt man auch so ungern, ich jedenfalls." 1974, S. 220; - Diese Vorstellung ist 1985 mit dem Band der Deutschen Stücke Wirklichkeit geworden; das 1993 erschienene Theaterstück Herr Paul gehört ebenfalls zu dem Romanstoff.

den Namen Heinrich[190] deutlich gekennzeichneten literarischen Proto-
typus eines deutschen jungen Mannes auf dem Wege zum angemessenen Platz in der Gesellschaft darzustellen. Dem offenkundigen Anknüpfen an die Tradition entspricht ein ebenso deutliches Zer-
reißen und Ergänzen der Erzähltradition sowohl in inhaltlicher wie
formaler Hinsicht. Die drei klassischen Phasen der ebenso klassischen männlichen
Hauptfigur sind grob vorhanden: überkommene soziale Ordnung,
Reise in einen sozial unstabilen Raum, Eintritt in eine nicht mit der ersten identischen soziale Ordnung. Die grobe Einteilung muß gleich differenziert werden: Heinrich Merz überdehnt nach der Kindheitsphase
in der Provinz, beschrieben in *Dorothea Merz*, die zweite Phase so,
daß von der dritten Phase nur cum grano salis gesprochen werden
kann. In *Heinrich oder die Schmerzen der Phantasie* wird seine Reise
nach Stettin und Berlin beschrieben und auch seine Heimkehr als
Verwandelter. Das zeitlich nächste Stück, *Die Villa*, führt ihn in eine
reale Grenzsituation, wo er als Grenzgänger vor der Entscheidung für
eine der beiden Seiten steht. In *Mosch* trägt er den Namen Arno und
muß ein Abenteuer beruflicher Provenienz bestehen, und im letzten
Teil, *Auf dem Chimborazo*, hat er sich ohne stabile Ordnung mit dem
Leben arrangiert. Die Figur der Klara bildet in Aspekten sowohl den
Gegensatz als auch die Parallele zu seiner eigenen Entwicklung, so
daß die Erzählung *Klaras Mutter* die Mutter-Kind-Beziehung beleuchtet.

Heinrich Merz bekommt den Namen ausdrücklich nach Kellers Roman
(D, 88), den die Eltern gemeinsam gelesen haben. Der fiktive Ort Grü-
nitz verführt zu Lesarten wie 'Heinrich aus Grünitz', 'Heinrich, dem
Grünitzer', 'Heinrich, dem Grünen'. Wenn Dorst von dem "großen
Gewebe von Geschichten und Personen"[191] der *Deutschen Stücke*
spricht, so darf der fiktive Ort Grünitz als Grundstruktur des Gewebes
bezeichnet werden und dieser Ort wiederum als Chiffre für die Figur
Heinrich gelten.

---

[190] Der Name "Heinrich" soll den jüngeren Merz-Sohn kenntlich machen als
Nachfolger von literarischen Figuren wie Heinrich im "Faust" (W. Goethe),
"Heinrich von Ofterdingen" (Novalis), "Der Grüne Heinrich" (G. Keller), vgl.
"Auf Dorothea kann man natürlich besser hausen", S. XVI.

[191] Ebd. S. IV.

58

Einige Hinweise mögen verdeutlichen, wie sich Dorst/Ehler speziell die Vorlage von Kellers Bildungsroman[192] nutzbar machen und wie Leser dem Verweisspiel folgen können. Die inhaltliche Parallele der beiden Werke, des Romans von Keller und der *Deutschen Stücke*, zeigt sich in dem Gesamtkonzept, wie es für Keller formuliert wird: "Der 'Grüne Heinrich', sein aus autobiographischer Lebensbeichte zum kritisch-dekuvrierenden Zeitbild objektivierter Roman, schildert in der ersten Fassung von 1854/55 die Entwicklungsgeschichte einer großen Entzauberung, d.h. eine fortgesetzte Kette von Lebensenttäuschungen und Desillusionierungen bis zum 'zypressendunklen Schluß' von Verzweiflung und Tod."[193] Ebenso läßt sich eine Ebene des Programms der *Deutschen Stücke* beschreiben, abgesehen von der Spezies der Bäume: dem Handlungsort, dem Frankenwald, entsprechend, endet der Ausflug *Auf dem Chimborazo* eher 'fichtenfinster'. Das Resümee der zweiten Fassung des Kellerschen Romans, die populärer wurde und wohl die Namenspatenschaft für Heinrich Merz bedingt, lautet: "Individuelles Glück und soziale Verantwortung, diese Kategorien bilden sich heraus als die tragenden Leitmotive."[194] Diese Leitmotive werden in der Schlußkomödie der *Deutschen Stücke* grotesk variiert, denn der Held endet als sarkastisches und wenig nützliches Mitglied der Gesellschaft.

Heinrich Merz verliert wie die Figur von Keller etwa als Fünfjähriger seinen Vater, beide wachsen heran in einer Mutterwelt. Auf den frühen Tod des Vaters, die Schwierigkeiten mit der Mutter und das allgemeine Unglück im Haus der Krankheit während seiner Kinderjahre antwortet Heinrich Merz, indem er schreibt. Beide Romanhelden sind also Künstler bzw. mühen sich, es zu werden. Kellers Heinrich ist Maler, Dorst/Ehlers Heinrich wird als letzte Tätigkeit das Schreiben zugebilligt. Heinrich Merz nennt es zunächst: "Ich sammle Wörter,

---

192 Dadurch sind Bezüge zu anderen Bildungsromanen nicht ausgeschlossen; Dorst erwähnt den "Zauberberg" von Thomas Mann z.B. in: Tankred Dorst: Selbstvorstellung als neues Mitglied, in: Deutsche Akademie für Sprache und Dichtung: Jahrbuch 1978, 1. Lieferung. Heidelberg 1978, S. 115-118, S. 116.

193 Hans-Joachim Schrimpf: Das Poetische sucht das Reale. Probleme des literarischen Realismus im 19. Jahrhundert: Zum Beispiel Gottfried Keller, in: Jutta Kolkenbrock-Netz u.a.(Hg.): Wege der Literaturwissenschaft. Bonn 1985, S. 145-162, S. 149.

194 Ebd. S. 153.

weiter nichts." (V, 395) Später spricht er von sich ironisch als
Künstler: " - ich bin ein Künstler! Ich habe ja so einzigartige Ideen!
Was für Ideen eigentlich?" (C, 595)[195]
Was bleibt vom Schema des 'Initiationsromans'? Die Bildung Heinrich
Merz' in sechs Stücken hat Abschied genommen von der Idee einer -
auch nur relativ - gelingenden Erziehung, des Wissens- und
Erkenntniszuwachses seines Helden, seines sicheren Zugangs zur
nützlichen Mitgliedschaft in der bürgerlichen Gesellschaft. Der Held
erhält keine bürgerliche Stellung, aber das erscheint als Gewinn. Daß
er, statt sich sozial zu etablieren oder aufzusteigen, eher den sozialen
Absturz fürchten muß, ermöglicht ihm ein kritisches Bewußtsein von
seiner Situation. Wenn Dorst/Ehler die Stücke z.T. als surreale Farcen
ablaufen lassen und Heinrich in der Figur des Witzbolds seine Entwicklung beendet, entspricht das dem oben genannten Deformationsverfahren, das den illusionären Charakter eines einheitlichen Ich darzustellen vermag, mit einem "von der Dissoziation des Ich ausgehen-
den Prinzip der Figurenzeichnung".[196]
Dorst selbst hat darauf aufmerksam gemacht, daß er in Heinrich Merz
Übereinstimmungen mit einem Ahnherrn der Bildungsromanhelden
sieht, und zwar mit der Parzival-Figur[197]: "Heinrich, das ist auch der
Parzival aus dem 'Merlin', der aufbricht in die Welt, der losrennt und
nichts versteht und allmählich lernt, was Leben und Tod ist und was
andere Menschen sind, was Gesellschaft ist. Und einige Motive aus
dem Parzival finden sich in 'Heinrich' wieder, wie Zitate, auch dieses:
'durch Mitleid wissen'. Als ein Paradigma für den Menschen."[198]
Der Dorstsche Lebensroman der *Deutschen Stücke* nutzt die autobiographische formale Vorlage des Entwicklungsromans "Der grüne Heinrich" unter Berücksichtigung der literarischen Moderne. Das bedeutet
zum einen die genannte zuckmayerische mulitimediale Produktionsweise und zum anderen die als Deformationsverfahren oder auch

[195] v. Becker spricht von Dorsts "Spürsinn und Neugier für den selbstgeschaffenen, die eigene Bürgerlichkeit übersteigenden Lebens-Mythos des Künstlers" im Umkreis der Deutschen Stücke, in: v.Becker, 1985, S. 307.

[196] Schwab 1987, S. 421.

[197] Tankred Dorst: Merlin oder Das wüste Land. Mitarbeit Ursula Ehler. Uraufführung Düsseldorf 1981; Tankred Dorst: Parzival. Mit Robert Wilson und
Ursula Ehler. Uraufführung Hamburg 1987.

[198] "Durch Mitleid wissen..." 1985, S. 41.

als 'Montagetechnik' Döblinscher Art bezeichnete Form des 'Stückwerks'. In der Entwicklung Heinrichs wird zwar noch erinnert an die überlieferte Vorstellung, in einem Roman lasse sich das Lebensideal einer Zeit in der Entwicklung eines Menschen beispielhaft darstellen, wie Dorsts eigener Hinweis auf die Figur des Parzival bezeugt. Zugleich wird in Heinrichs Entwicklungsgeschichte die moderne Disparatheit von 'Konstellationen' erkennbar, z.B. die soziologisch beschreibbaren dörflichen Strukturen und psychologisch faßbaren, durch Krankheit bestimmten Zustände daheim, deren Einflüsse auf die Entwicklung Heinrichs einzig in der Form von ungleichartigen 'Stücken' gezeigt werden können und nicht in eine vorgeblich konsistente Gesamtentwicklung der Figur integiert werden sollen.

2.3.2 Typus 'Bildungsheld' und Antitypus

In den *Deutschen Stücken* verbinden sich zwei geschlechtsspezifische literarische Typen, der Typus Bildungsromanheld, männlich, und sein Antitypus, weiblich. Bettina Klingler formuliert die grundlegende Differenz des weiblichen Typus vom männlichen anhand einer Romanfigur von Thomas Mann, Tony Buddenbrook: "Überzeugt davon, aus ihrem Leben gelernt zu haben, enthüllt sich Tony dennoch auf Schritt und Tritt als Antitypus des Bildungshelden."[199] Auch schmerzliche Erfahrungen der Diskrepanz zwischen ihren Ansprüchen und Vorstellungen und der Wirklichkeit initiieren keinen Entwicklungsprozeß der Person, sondern "es verdichten sich bei Tony persönliche Biographie und das Absterben eines Familienstammes zum Merkmal einer in ihrer Dekadenz und Sterilität offenbar gewordenen Gesellschaft."[200] Die weibliche Figur bietet somit Material für sozialhistorische Milieuschilderungen im allgemeinen und geschlechterspezifische Verhaltensdarstellungen im besonderen, ohne selbst einen Veränderungsprozeß zu vollziehen. "Sie wächst nicht und verändert sich nicht."[201] Wenn der Held des Bildungsromans gekennzeichnet ist durch Lernprozesse, ist der Antitypus bestimmt durch das Gegenteil: die weibliche Hauptfigur

---

[199] Bettina Klingler: Emma Bovary und ihre Schwestern. Die unverstandene Frau: Variationen eines literarischen Typus von Balzac bis Thomas Mann. Rheinbach-Merzbach 1986, S. 198.

[200] Ebd. S. 185.

[201] Erich Heller: Thomas Mann: Buddenbrooks, in: Deutsche Romane von Grimmelshausen bis Musil. Frankfurt/M. 1966, S. 230-269, S. 247.

der *Deutschen Stücke*, Dorothea Merz, wird wie Tony Buddenbrook beschrieben als "eine Frau, die nichts lernt"[202], die sich müht und anstrengt, aber nichts durchschaut. Bei der weiteren Differenzierung von weiblichem Antitypus und männlichem Typus ist der Gegensatz von Statik und Dynamik hinsichtlich der Charakterdarstellung nützlich. Der Held Heinrich befindet sich in einer dynamischen Auseinandersetzung mit der Welt, er ist eine Figur, die "die Erfahrung macht, daß die Welt anders ist, der also anfängt, schmerzhaft erwachsen zu werden"[203], während die untersuchten Frauenfiguren überwiegend statisch aufgefaßt sind, so daß ihnen kein Erwachsen-Werden zukommt. Die von Edwin Muir entwickelte Strukturlehre der erzählenden Dichtung mit ihrer Unterscheidung zwischen "novel of character", "dramatic novel" bzw. "novel of action" und "chronical novel"[204] und Stanzels Zusammenfassung dieser Lehre in das Gegenüber von Charakter und Handlung bietet für die genderorientierte Betrachtungsweise interessante Ansätze.

Die angelsächsische Kategorie der 'Charaktererzählung' erkennt eine gewisse Passivität der Hauptfigur gegenüber den äußeren Gegebenheiten, während die 'Handlungserzählung' die Aktivität des Helden betont. Bei der Darstellungskonzeption der "novel of character" geht es darum, den "bereits allseitig ausgeformten Hauptcharakteren Gelegenheit zu schaffen, ihr Wesen handelnd zu enthüllen. < ... > sie zeigen geringe Neigung, sich im Laufe des Geschehens zu ändern, zu entwickeln."[205]

Daß in der 'Charakternovelle' die Handlungen einer eher statisch als dynamisch gefaßten Hauptfigur die Erzählung konstituieren, verdeutlicht: nicht Tätigkeiten, äußere Bewegungen sind das Kriterium für Statik oder Dynamik einer Figur, entscheidend ist vielmehr der Blick auf die erwartete innere Entwicklung der Person. Beim weiblichen Antitypus decken die äußeren Umstände im Handlungsverlauf Eigenarten auf, deren Bedingtheit durch eben diese Umstände privater und

[202] "Dorothea - eine Frau, die nichts lernt". Ein Gespräch mit dem Autor Tankred Dorst, geführt von Thomas Thieringer, in: Süddeutsche Zeitung. München 25-05-1976.

[203] Notiz von Dorst, in: Erken 1989, S. 196.

[204] Vgl. Franz K. Stanzel: Typische Formen des Romans. Göttingen 1969., S. 63 ff.

[205] Ebd. S. 64.

öffentlicher Art vorausgesetzt wird, da in den weiblichen Figuren keinerlei innere Dynamik angelegt ist. Die Protagonistin überschreitet
keine gesetzten Grenzen, sie macht keine Lernerfahrungen, die zu
selbstbewußter Orientierung führen könnten. Während der Bildungs-
held mehrfach aufbricht und verändert aus Erfahrungen hervorgeht,
wird der weibliche Antitypus in den *Deutschen Stücken* nach nur einem Aufbruchsversuch in die Stagnation geführt. Daß jede Person, ob
männlich oder weiblich, gemäß Dorst/Ehlers Deformationsverfahren
eher als Schauplatz denn als Manager des persönlichen Geschehens
zu sehen ist, berührt das Geschlechterproblem nicht. Geschlechterre-
levant ist der Grad, nach dem der Person Einflußnahme auf die eigene
Lebensgestaltung, wie winzig sie auch sei, zugemessen wird.

Im Zentrum der einzelnen Teile der *Deutschen Stücke* steht jeweils
die Entfaltung kulturgeschichtlich bestimmter Eigenarten einer Figu-
rengruppe oder einer Charaktergestalt, und die Handlung findet auch
für diese Gruppe oder diese Gestalt eine markante Schlußlösung,
während die Aktionen des Helden Heinrich in allen *Deutschen Stücken*
fortgeführt werden, bis der Endpunkt seiner 'Bildung' erreicht ist.

Sozialphilosophisch gesehen kommt der 'Frau' in den um 1800 formulierten grundlegenden Theorien als Verfügungsbereich nicht die eigene Geschichte, sondern nur ein Anteil an männlicher Geschichte zu.
Ursula Pia Jauch konstatiert: Der "Herrschaftsbereich des imaginierten Weiblichen - nicht der realen Frau - im bürgerlichen Konzept ist
das unterdrückte Sentiment des Mannes"[206]. Die traditionellen kulturellen Zuschreibungen des weiblichen Antitypus in den Figuren der
Dorothea Merz und der Elsa Bergk enthalten Momente, die der Entwicklung zu einer selbstbewußten Person entgegenstehen und der
bestimmten inhaltlichen Negation des männlichen Typus gleichkommen. Anna Falk zeigt das Scheitern eines weiblichen 'Bildungshelden';
daß sie sich weitgehend Weiblichkeitsattribuierungen entzieht, wird
ihr sozial nicht erlaubt. Dargestellt werden die gesellschaftlichen
Schranken für selbstbestimmte Weiblichkeit auch als Momente
schicksalhafter Verstrickung. Die Figur der Klara Falk ist eine besondere, neue Erfindung von Dorst/Ehler; sie erreicht eine Art von eigener
Entwicklung im Verzicht auf dieselbe. Die Verbindung der Tradition

---

[206] Ursula Pia Jauch: Immauel Kant zur Geschlechterdifferenz. Wien 1988, S.
99.

des weiblichem Antitypus mit der Tradition des klassischen männlichen Bildungshelden bildet den Hintergrund, auf dem die Weiblichkeitsbilder in den *Deutschen Stücken* gestaltet werden.

3 DOROTHEA MERZ

Ich habe den einzig Richtigen gefunden, fürs ganze Leben. Das ist ein
sehr großes Glück. (D, 139)

In den "Buddenbrooks" warnt Konsul Buddenbrook seine heranwach-
sende Tochter Tony in einem Brief davor, ihren Vorstellungen und Gefühlen zu folgen: "Wir sind nicht lose, unabhängige und für sich be-
stehende Einzelwesen, sondern wie Glieder in einer Kette < ... > und
Du müßtest nicht meine Tochter sein, nicht die Enkelin Deines in Gott
ruhenden Großvaters und überhaupt nicht ein würdiges Glied unserer
Familie, wenn Du ernstlich im Sinne hättest, Du allein, mit Trotz und
Flattersinn Deine eigenen, unordentlichen Pfade zu gehen."[207]
Tony Buddenbrook[208] ist eine Figur, die gebunden bleibt an väterlich
gesetzte Maßstäbe und an eigene Wunschvorstellungen. Sie hat sich
aus einem Amalgam von väterlicher Firma und persönlicher Würde
eine Familienidealität aufgebaut, die nach der oben gezeigten Stillstellung ihres gefühlsgeleiteten Ausbruchsversuchs - eine Verbindung
mit dem Medizinstudenten Morten Schwarzkopf aus der Familie eines
für ihre Kreise gesellschaftlich unangemessenen Lotsenkommandeurs
- alle weiteren Katastrophen unbeschadet überdauert. Die ideale Familie ist mit der realen Familie nur dem Namen nach identisch: Während die wirkliche Familie tatsächlich ausstirbt, hält Tony Buddenbrook unbeirrt an der Idee von ihrer Familie fest. Alle ihre Ideen
"obliegen fast ausschließlich einer Beschäftigung, welche nach Schopenhauer das Komische hervorbringt: der Registrierung eines Gegen-
standes unter einem ihm völlig ungemäßen Begriff. Hätte sie überhaupt keine Idee davon, was ihr und ihrer Familie zustößt, so wäre sie
nur bedauernswert. Sie ist komisch - und eine von Thomas Manns besten komischen Gestalten -, weil sie hoffnungslos ungemäße Ideen
hat."[209]

---

207 Thomas Mann: Buddenbrooks. Frankfurt/M. 1967, S. 128.

208 Im Roman ist sie im Jahr 1835 ein achtjähriges Mädchen; wirksam ist der
Typus bis heute.

209 Heller 1966, S. 246; - Klingler nennt in ihrer Untersuchung des Typus der
"unverstandenen Frau" das Kapitel über Tony Buddenbrook "Eine ironische
Variante", Klingler 1986, S. 185-198.

Die "kraftvolle Illusion von der immerwährenden Würde ihrer Familie"[210] läßt sie in einer geschichtslosen Gegenwart verharren. "Tonys
unzerstörbares Prinzip ist die Idee 'Buddenbrook' <...> Dank diesem
Prinzip, das so segensreich blind ist gegen den tatsächlichen Stand
der Dinge, bleibt Tony in der rührenden Albernheit ihres Wesens unberührt von der Zeit und den Todesfällen. Würdevoll inmitten aller Un-
würdigkeiten <...> ist sie der fröhliche Narr, der die Tragödie zum
Narren hält."[211] Sie wird als kleines Mädchen eingeführt mit einer eigenwilligen Theorie über Blitz und Donner, und ihr Vater "verteidigt
die autonomen Rechte der kindlichen Phantasie".[212]
Diese Verbindung von Förderung der Phantasie und Forderung, bedin-
gungslos den Geschäftsinteressen zu folgen, bildet den Kern der
weiblichen Erziehung im Bürgertum. Tony kann, wie von Heller treffend gezeigt, als Narr, als "Parodie des 'Lebens', eines im Leeren
wollenden Willens, unempfindlich gegen die Zweifelsucht der Erkenntnis"[213] beschrieben werden; ihr fröhliches Bild eines weiblichen
Sozialcharakters unterschlägt jedoch die Befreiungsversuche und die
damit verbundenen Verletzungen des eigenen lebendigen Fühlens
durch die "sanfte Gewalt, mit der Tonys Eingliederung in das merkantile Familienbewußtsein der Buddenbrooks betrieben wird."[214] Die
segensreiche Blindheit ist das Resultat grausamer Blendung.
Dorothea Merz, die zentrale Frauenfigur der *Deutschen Stücke*, ist
auch eine literarische Tochter aus gutem Haus. Das Titelbild der Erst-
ausgabe von *Dorothea Merz*[215] zeigt sie mit bedeckten Augen: Sie
läßt sich blind von ihrem Mann führen; den Kopf hat sie eigenwillig
erhoben, und darin lassen sich hinter der Hand, die die Augen bedeckt
hält, eine Fülle von "ungemäßen" Ideen vermuten.
Die spezifisch töchterlich-weiblich konnotierte Spannung zwischen
Gefühl und Konvention, Phantasie und Geschäft, hat sich nach 1900

---

[210] Heller 1966, S. S. 247.

[211] Ebd. S. 248.

[212] Ebd. S. 241.

[213] Ebd. S. 248.

[214] Klingler 1986, S. 190.

[215] Das Titelbild ist dem Film Dorothea Merz entnommen, in dem Sabine Sinjen
die Figur spielt. Die wunderbare Darstellung der Schauspielerin Sinjen hat
mich für Dorothea und ihre 'Schwestern' sehr eingenommen.

wenig verändert. Dorothea Merz verläßt zwar gerne ihre Herkunftsfamilie, um den Mann ihrer Wahl zu heiraten, sie geht aber nur mit väterlicher Erlaubnis, nachdem eine Auskunftei die Solvenz des zukünftigen Ehemanns bescheinigt hat. Ihre Aufgabe sieht sie nun darin, die
neue Familie ideell zu besetzen. Im Unterschied zur Epoche Tony
Buddenbrooks fungieren die Vorväter nicht mehr als fraglose Garanten
einer Familienidentität, nachdem sich im Verlauf des 19. Jahrhunderts
das Konzept der romantischen Liebe mit der einzig persönlich legitimierten Partnerwahl durchgesetzt hat. Nun muß in jeder Generation
auch die Familie neu gegründet werden.[216] Aus den Ingredenzien
Lektüre (Walden[217], "Ein Leben in den Wäldern" (D 17)), Sentimentalität ("... in den Wäldern soll es meintwegen sein, da bin ich am liebsten mit Rudolf", (D, 20)) und einer eigenwilligen Vorstellung von
Menschenfreundlichkeit (gespeist aus den philanthropische Neigungen
(vgl. D, 26) und dem patriarchalischen Eigensinn (D, 22) des Schwiegervaters) kreiert Dorothea Merz das Fundament einer imaginären
Familienidentität, die die Entzweiung in der Familie über die Krankheiten von Mann und Kind, den frühen Tod des Ehemannes, den Verlust
der Fabrik, sogar den Verlust der Landschaft, "der Wälder", überdauert. Das Leben als Fabrikantengattin in einem Dorf unterscheidet sich
zwar völlig von den Verhältnissen, die ihr Lieblingsdichter in den amerikanischen Wäldern schildert: dort führte ein sozial engagierter
Schriftsteller, der Autor Thoreau selbst, ein begrenztes ge-
sellschaftskritisches Experiment durch, über ein Jahr. Einsamkeit und
Blockhütte sind für Dorothea Merz Metaphern ihrer romantischen
Sehnsucht, die die kultivierte thüringische Landschaft mit Wäldern
und Feldern sowohl befriedigt als auch neu befördert. Sie liebt es,
barfuß sogar übers Stoppelfeld zu gehen und kleine Wanderungen in
die Umgebung zu machen, wo sie ihre schöne Villa von den angren-
zenden Bergen aus anschauen kann. Idee und Realität verhalten sich
nun so ungemäß zueinander wie bei Tony Buddenbrook, so daß eine

---

[216] "Die Zusatzerklärung bezieht sich nicht mehr auf die Vergangenheit, sondern auf die Zukunft, und dies deshalb, weil die Familie nicht mehr durch
die Generationen kontinuiert, sondern jeweils neu gegründet werden muß."
Niklas Luhmann: Liebe als Passion. Zur Codierung von Intimität. Frankfurt
1982, S. 187.

[217] Henry D. Thoreau: (Walden or Life in the Woods. Boston 1854.) Walden
oder das Leben in den Wäldern. Zürich 1979.

komische Figur entsteht, die aber nicht mehr nur fasziniert durch "die entwaffnende Naivität ihres Selbstbewußtseins"[218], sondern auch irritiert durch die bizarren Formen, die ihre forcierte Arglosigkeit annimmt.

3.1 EXPOSITION VON DOROTHEA MERZ

3.1.1 Abenteurerin in den Wäldern

Dorothea Merz erscheint in der Eingangsszene als kultivierte junge Frau, sie liest ein Buch, und als erwartungsvolle Abenteurerin, sie setzt sich dem Fahrtwind aus:

> Dorothea.
> Sie liest, wird aber immer wieder abgelenkt, sieht aus dem Fenster, das sie heruntergeschoben hat. Der warme Wind weht ihr durchs Haar. (D, 13)

Sie ist auf der Reise in einen neuen Lebensabschnitt. Nach der Hochzeitsfeier bei ihrer Familie im Rheinland fährt sie allein nach Grünitz am Wald, einem kleinen Dorf im Thüringer Wald, wo ihr Mann, Rudolf Merz, kurz vorher die Leitung der Maschinenfabrik von seinem Vater übernommen hat. Sie sind sich in Weimar begegnet. Dorothea Plinke - ihr Bruder Hermann heißt Dr. Dr. Plinke (D, 89) Dorothea wird nie mit ihrem Geburtsnamen genannt - war ein junges Mädchen unter Pensionatsfreundinnen,

> da fiel ihr ein ernster junger Mann auf. Im Garten-Haus sah sie ihn wieder und dachte: Schade, ich bin sicher zu jung, er beachtet mich gar nicht. Drei Tage später kam ein Brief. Sie heirateten. (D, 23)

SCHUH-EPISODE (D, 13-15) - SELBSTSTILISIERUNG

In der Eingangsszene nutzen Dorst/Ehler eine Reihe von Anspielungen, wenn sie Dorothea Merz ohne Schuh bei ihrem Mann ankommen lassen: "- Siehst du, ich komme ganz ohne Schuh zu dir, lacht Dorothea." (D, 14) Zum einen klingt das in Sachsen verbreitete Sprichwort: "Der Braut soll man keine Schuhe schenken, sonst läuft sie oi nem wieder fort" an, zum anderen führt Dorothea Merz für sich den Topos "Die barfüßige Braut" (D, 14) ein. Dorothea verwendet das

---

[218] Klingler 1986, S. 198.

Ohne-Schuh-Motiv häufig - immer wieder läuft sie barfuß, spricht sie vom Barfuß-Laufen, und die 18. Station trägt den Titel "Barfuß Gehen" (D, 63-64). Während der Zugfahrt läßt sie einen Schuh aus dem Abteilfenster fallen, oder wirft sie ihn absichtlich hinaus, als sie aus dem Fenster gelehnt den linken Schuh auszieht und am Riemen hin und her schaukeln läßt? (D, 13 f.)

> Später hat sich Dorothea oft an diesen Moment erinnert: wie sie den Schuh hinauswarf, oder fallen ließ, Nein, sie hat ihn hinausgeworfen, in voller Absicht. Das hat ja seine Bedeutung, es bedeutet, hier will ich für immer bleiben, oder was bedeutet es? Weit hinaus, ja, aus purem Übermut, weil sie nun das Leben beginnen wollte, das sie sich vorstellte, das einfache, schöne Leben. (D, 14)

Sie vergegenwärtigt sich die reale Situation, indem sie nach der "Bedeutung" des Geschehens fragt. Eine Art von bleibendem Erinnerungszeichen möchte sie gewinnen für ihren Schritt ins frei gewählte Eheleben, einen Ausdruck ihrer Begeisterung, und sie präsentiert eine kleine Anekdote, in der sie sich auf die Darstellung einiger weniger Grundstrukturen eines idealisierten Selbstbildes beschränkt. Rudolf Merz weist auf den Unterschied von stilisierter Episode und realem Ereignis hin:

> - Du darfst es nicht so oft erzählen, du hast sonst nur noch deine hübsche Geschichte in Erinnerung und vergißt, wie es wirklich war. -
> Wie es war! Das erzähle ich ja gerade!
> Rudolf lächelte. (D, 15)

In der "hübschen Geschichte", die in Dorotheas Erinnerung den Platz der wirklichen Begebenheit einnimmt (D, 14 f.), verkörpert sich die bloße Vorstellung und gewinnt der flüchtige Eindruck dauerhafte Gestalt. Dorotheas Erinnerungsgeschichte stilisiert, idealisiert und entrealisiert das verwirrende Geschehen und offenbart ihre Neigung zu 'bedeutenden' Situationen, die tatsächlich "die bloße Veranschaulichung von Gemütsbewegungen"[219] meinen. Es handelt sich um "überhöhte Momentbilder"[220], die Affekte darzustellen bzw. wieder hervorzurufen vermögen, deren Suggestionskraft nicht über den jeweils beschworenen Kontext hinausreicht. Dorothea beabsichtigt mit

---

[219] Miller 1972, S. 114.
[220] Ebd. S. 111.

der Fixierung des bedeutsamen Ereignisses, an der Herstellung einer verbürgten Familien-Ordnung mitzuwirken und sich darin einen bedeutenden Platz zu sichern; das Zitat "Die barfüßige Braut" kann jedoch in der unübersichtlichen und erschreckenden Lebenswirklichkeit der Familienmitglieder keine verbindliche Ordnung stiften, es wird trivial. Zwei Verhaltensweisen von Dorothea Merz werden sichtbar. Zum einen verbirgt sie sich in einem Klischee, dem überindividuellen, festgefügten Ausdruck "Die barfüßige Braut", zum anderen schafft sie sich durch die "hübsche Geschichte" ein stilisiertes Ausdrucksbild ihrer Gefühle. Beide Ausdrucksformen sind gekennzeichnet durch "Überhöhung oder Ästhetisierung des Vorgefundenen."[221] Entgegen ihrer Behauptung, aus "Übermut" ein Leben nach "eigenen Vorstellungen" beginnen zu wollen, betreibt sie in ihrem Verhalten die Stillstellung des vorgeblichen Aufbruchs. Indem sie ihre wirklichen Empfindungen durch vorgeprägte Stilisierungen entrealisiert, begibt sie sich der Möglichkeit, ihre Aufbruchsaffekte tatsächlich zu nutzen.

Das Ohne-Schuh-Motiv taucht in *Auf dem Chimborazo* bei der möglichen Schwiegertochter in komischer Form wieder auf. (C, 558 ff., 578) Dorotheas Sohn Tilmann hat seine Freundin Irene mitgebracht, die zu Beginn des Ausflugs gehandicapt ist durch einen kaputten Schuh. Das überhöhte Bild, das Dorotheas Befreiung und die nachdrückliche Entscheidung für das einfache, naturverbundene Leben in den Wäldern aufbewahren soll, wird durch die Schuhgeschichte der zweiten Braut Irene parodiert. "Dann können Sie ja gar nicht mehr laufen!" (C, 558) bemerkt Frau Merz zu Irenes Handicap und liefert so selbst einen ironischen Kommentar zu ihrer mit großer Bedeutung versehenen Geste als junge Braut. Bei der möglichen Schwiegertochter benennt Dorothea Merz nüchtern die Einschränkung der Bewegungsfreiheit und setzt Irenes soziale Ausgrenzung durch, während sie ihre eigene Bewegungsunfähigkeit in der Eingangsszene mit Hilfe ihres Mannes kompensiert: "hängt sich Dorothea bei Rudolf ein und geht mit dem linken Fuß auf den Zehenspitzen". (D, 14) Sichtbar werden Aspekte einer sich selbst reduzierenden Persönlichkeit, die dieser Reduzierung Ausdrucksformen von verspielter Schwäche, Hilfsbedürftigkeit und Grazie verleiht, die dem verbreiteten Weibchenklischee entsprechen.

---

[221] Ebd. S. 111.

Die erotisch gestimmte Sehnsucht im Topos "barfüßige Braut" wird in der Eingangsszene durch die Figur des Studenten Regus dargestellt[222]. Schon Frau Merzens erste Reaktion verrät, daß sie sein Verhalten, er sieht sie im Zug durchs Abteilfenster an, als zudringlich erlebt, daß er ihre Abwehr mobilisiert: "Der unverschämte Kerl!"(D, 13). Die nächste persönliche Begegnung zeigt ihre Verstrickung in die Verführung deutlicher: "Das ist mir aber jetzt peinlich!" meint sie, als er sie auf die Schuh-Geschichte anspricht. Inzwischen hat sich der erste Eindruck von erotischer Ausstrahlung und Verführung bestätigt, den der begabte Student, dessen Biologiestudium Rudolf unterstützt, auf sie macht. Als sie bei einer Kulturveranstaltung, einem Wagner-Abend, die Haltung der würdigen Mäzenatin einzunehmen versucht, "Sie denkt unwillkürlich: wir unterstützen ihn und kommt sich würdig und ein bißchen alt vor" (D, 53), entdeckt sie heimliche zärtliche Berührungen zwischen Regus und ihrer Freundin, der Arztfrau Bella Schedewy. Die starke Irritation überfällt sie als unkontrollierter Lachanfall, sie gewinnt nur mühsam ihre Beherrschung zurück. Ihrem Mann wagt sie sich nicht anzuvertrauen, sie versucht, die Vorstellung zu verdrängen: "Ich denke einfach nicht mehr daran." (D, 58). Die harmlos klingende Selbstdarstellung, "Ich finde das himmlisch, barfuß gehn," (D, 63) hat erotische, für sie bedrohliche Implikationen, die sie bewußt wegschiebt.

Indem Dorothea Merz ihre sozialen und sinnlich-erotischen Empfindungen und Bedürfnisse entweder in stilisierten Ausdrucksformen sowohl zeigt als auch verbirgt, oder aus ihrem Bewußtsein drängt, wird in der Widersprüchlichkeit der Affektdarstellungen die emotionale Unsicherheit der Figur sichtbar.

WEG VON "ZU HAUSE" (D, 15) - ENTSCHLOSSENHEIT

Aus dem Elternhaus ist Dorothea Merz freudig zum Ehemann geflohen.

Dorothea:
- da gehen die zu Hause doch alle zur Vogelsmühle! Zu Kaffee und Kuchen! und ich brauch nicht mehr mit! Ist das nicht himmlisch? Ich brauch da nie mehr mit!
Rudolf:

---

[222] Im Kapitel "Die Nudistin", 4.1.2, wird die erotische Konnotation des Topos wieder aufgegriffen.

- Dafür mußt Du bei mir mit.
Dorothea:
- Bei dir *will* ich ja! Ach, und wie ich will! Du Lieber! Aber in meiner
Familie ... ich hab mich in meiner Familie immer einsam gefühlt ...
Meine Schwester hat sich übrigens schon angemeldet zum kontrollie-
ren. Sie kontrolliert doch immer.(D, 15)

Durch den Hinweis auf Dorotheas "Einsamkeit" und die
"kontrollierende" Schwester gelingt es Dorst/Ehler, beiläufig und präzise Dorotheas merkantile Herkunftsfamilie zu charakterisieren. Deutlich wird die im strebsamen Kaufleutemilieu übliche Verquickung von
materiellem Reichtum und affektiver Vernachlässigung, die als innige
Verbindung von rigiden Sozialnormen und Gefühlskälte den Kern des
Familiensystems bildet, dem Dorothea entkommen will.

Dorotheas Mutter, Frau Plinke, wird nur einmal erwähnt im ganzen
Roman, sie ist "ihre seufzende Mutter", die neben dem "strengen Vater, der die Taschenuhr auf den Tisch gelegt hatte" (D, 88) sitzt während eines unvermeidlichen Familientreffens zur Taufe des zweiten
Kindes. "Natürlich kamen sie, um zu schnüffeln, zu inspizieren und
um allenfalls gute Miene zum bösen Spiel zu machen." (D, 88)

Zur Schwiegermutter entsteht kein Kontakt, Dorothea Merz sucht
aber eine enge Verbindung zum Schwiegervater, dem sie bald versi-
chert: "Du würdest dich mit meinem Vater wunderbar verstehen!" (
D, 26) Obwohl sie zunächst die Verschiedenheit von Elternhaus und
Schwiegerfamilie betont, idealisiert sie die unterschiedlichen väterlichen Ansichten und Vorschriften von Vater und Schwiegervater im
abstrakten "wunderbaren Verstehen".

Prokop beobachtet drei zentrale Strukturen in den widersprüchlichen
Existenzen der bürgerlichen Ehefrauen der Weimarer Zeit: "das Gefühl, nicht zu leben, die Unfähigkeit zu mehr als formellen Beziehungen, das Leiden am Wertrelativismus."[223] Aus den Mangelerfahrun-
gen innerhalb ihrer Herkunftsfamilie erwächst Dorotheas Entscheidung, aufzubrechen aus den leblosen, formalisierten Strukturen der
"so materiell eingestellten Familie" (D, 27) in der Stadt. Sie sucht in
den durchschaubaren dörflichen Hierarchien und den, vom Charme
des Autodidakten geprägten, schlichten Lebensweisheiten des
Schwiegervaters Merz ein quasi naturhaftes stabiles Wertsystem,
"Ein Leben in den Wäldern" (D, 17) oder in ihren Worten, "etwas an-

---

[223] Prokop 1979, S. 201.

deres": In der Merzfamilie "ist alles so anders, ... so viel freier" (D, 27), und in ihrer Ehe ist Genießen "doch ganz etwas anderes". (D, 16) Formelhaft beschwört sie eine abstrakte Alternative zum bekannten Alltagsleben, die sie mit emphatisch verweisenden Partikeln, 'so', 'alles', 'doch', 'ganz', 'viel', und dem unspezifisch gebrauchten Wort 'frei' andeutet. Sie setzt Hoffnung in die Besonderheit, Einzigartigkeit ihrer Beziehung, die individuelle Definitionen von dem, was Müssen, und dem, was Genießen heißt, möglich zu machen verspricht. Die voluntaristische Entschlossenheit des "Bei dir *will* ich ja!" (D, 15) bildet in Verbindung mit dem behaupteten "ganz-anders-sein" die Basis des ersehnten Neubeginns.

DER MANN AM GARTENTOR - IMAGINATION

Die schon genannte Titelbild-Szene (D, 11) folgt dem Gespräch der jungen Eheleute. Das Titelbild zeigt Dorothea, die sich die rechte Hand vor die Augen hält, geführt von Rudolf, der ihren linken Arm stützt, ihre linke Hand faßt seine linke Hand, die noch das Fernglas trägt. Sie hält sich die Augen zu, macht sich blind, vertraut seiner Führung und ihrer Imagination. Am Zielpunkt, der sogenannten Merzbank, liest Rudolf ihr die Inschrift, einen selbstverfaßten poetischen Text, vor. An diese persönliche Widmung schließt Dorothea ihr, von Walden übernommenes, Grundsatzprogramm an: "'Ein Leben in den Wäldern'". (D, 17) Beim Anblick des ganzen Tals antwortet sie auf seine geographischen Erläuterungen mit einer Einbildung:

> - Ach, und da unten vor dem weißen Gartentor, da steht jemand, da steht ein Mann und der lächelt so ... das bist ja du!
> Sie dreht sich nach ihm um und sieht ihn an. (D, 18)

Sie hat ihre Vision und schaut danach erst den wirklichen Mann an, der hinter ihr steht.
In dieser Szene zeigen Dorst/Ehler sehr knapp und differenziert weibliches Verhalten im Spannungsfeld von Realität und Imagination. Zunächst entsteht der Eindruck, die blind geführte Frau müsse dann, wenn sie sich auf die Realitätswahrnehmung ihres Mannes bezieht, auf die eigene verzichten. Durch die Abhängigkeit von der Wahrnehmung des Mannes hat die Frau die Realitätskontrolle an ihn delegiert. Sie hat die Möglichkeit, das zu übernehmen, was er ihr aufgrund seiner Vorkenntnisse biographischer oder geographischer Art mitteilt.

Das beeinträchtigt jedoch nicht die Initiative von Frau Merz, die die Realitätshinweise ihres Mannes mit der realistischen Darbietung einer eingebildeten Szene vom liebevollen Ehemann am Gartentor beantwortet. Damit nutzt sie die Imagination für ihre Sicht der Zweisamkeit. "In der Imagination verfügt man über die Freiheit des anderen, verschmilzt sie mit den eigenen Wünschen, übergreift die doppelte Kontingenz auf der Metaebene, die dem eigenen und dem anderen Ego das zuweist, was das eigene Ego für beide projiziert."[224] Sie erwartet beides von ihrem Ehemann, einen in der Realität verläßlichen und sie durchs Leben führenden Partner und einen ihr zärtlich zugewandten aufmerksamen Mann, deshalb unterstützt sie ihn auch auf beiden Ebenen. "Ich war ja gerade stolz darauf, daß du es so ernst nimmst." (D, 17) sagt Frau Merz auf die Frage ihres Mannes, ob sie Verständnis aufbringen könne für seine strenge Auffassung von Verantwortung und persönlichem Engagement im Dienst der Fabrik. Das den Frauen zugemutete Geschick, mittels Imagination eine pragmatische Verbindung von Gefühl und materiell-realem Vorteil herzustellen, machen Dorst/Ehler in aller Kürze sehr differenziert sichtbar.

Die ersten Szenen zeigen eine junge Frau mit ausgeprägter Vorstellungskraft, starkem Willen und Neigung zur Selbststilisierung als "barfüßige Braut", eine phantasiereiche Enthusiastin. Sie erweist sich als so abenteuerlich, wie es einem gut behüteten Mädchen der Mittelschicht im Jahr 1924 entspricht: bereit für das Abenteuer der bürgerlichen Ehe.

3.1.2 Widerspenstigkeit des "holden Weibs"

Nach der Darstellung selbstbezüglicher Attitüden der Frauenfigur Dorothea Merz im Eingangskapitel wird in der Szene "Ein Tischgespräch" (D, 32-38) das 'holde Weib'[225] Dorothea dem extremen Spannungsverhältnis von Verehrung und Verachtung ausgesetzt, von Glorifizierung und Demütigung, analog zu Adornos Diktum: "Die Glorifizierung des weiblichen Charakters schließt die Demütigung aller ein, die ihn tragen."[226]

---

[224] Luhmann 1982, S. 62.

[225] Textgrundlage: 4 Ein Tischgespräch (D, S.32-38); Eine Abendgesellschaft (Film)

[226] Theodor W. Adorno: Minima Moralia. Frankfurt/M. 1969, S. 121.

Die gesellschaftliche Einführung von Dorothea Merz findet im Rahmen einer Einladung zum Abendessen anläßlich der Hauseinweihung der Jungvermählten statt. Der Text setzt ein mit einem Widmungsgedicht an das "edle Paar", in dem der Freund des Hausherrn den Gastgebern mit den Wendungen "Ritter", "unser junger Held" und "ein holdes Weib, gar elfenschön" (D, 32) Glück im neuen Haus wünscht. Während alle Anwesenden das Gedicht "mäßig komisch" (D, 32) finden, erweist sich die angesprochene junge Hausherrin als widerspenstig gegenüber der Bezeichnung 'Weib'. Diese Widerspenstigkeit stellen Dorst/Ehler in drei Phasen dar, in denen sprachliche, medizinisch-naturwissenschaftliche und psychologische Dimensionen thematisiert werden.

Schon der erste Satz zeigt die junge Gastgeberin mit dem Gestus der Empörung:

> In Gedichten kommt immer das Wort "Weib" vor, und da hört man es auch ganz gerne. Wenn mich aber jemand als Weib ansprüche, ... das ist doch ein scheußliches Wort! (D, 32)

Auf eine komische, gleichwohl konventionelle Huldigungsgeste antwortet die Geehrte mit existentieller Betroffenheit. Die üblichen Aufgaben der Gastgeberin implizieren, die Gäste kulinarisch mit Speisen und Getränken zu versorgen und hinsichtlich des Gesprächsverlaufs thematische Stichworte anzureichen. Sie fällt als Gastgeberin aus dem Rahmen, indem sie sich selbst durch die Darstellung ihrer Empfindung zum Thema macht.

Auf die Ambivalenz von latenter Idealisierung, 'hold', und Verachtung, 'Weib', reagiert sie alarmiert. Die in der Wendung "holdes Weib" versteckte soziale Abwertung versetzt sie in Aufruhr, der im Gedicht unspezifisch-altertümelnd verwandte Ausdruck trifft in ihre diffuse Erfahrung von Verachtung qua Geschlecht, der sie sich persönlich widersetzt und die sie allgemein anprangert. Das antiquierte Wort 'hold' hat etymologiehistorisch im Verhältnis zwischen Lehnsherrn und Gefolgschaft einerseits die Bedeutung von 'herablassend, gnädig' und andererseits die von 'treu, ergeben'[227]. Der sprachliche Verweis auf ehemals wechselseitig anerkannte Funktionen von Schutz und Huldigung wird von Dorothea Merz nicht in seiner ironi-

---

[227] Friedrich Kluge: Etymologisches Wörterbuch der deutschen Sprache, bearb. von Walther Mitzka. Berlin 1963, S. 314.

scher Brechung aufgenommen. Sie mißt die Huldigungsgeste an ihrer Alltagserfahrung, "Wenn mich aber jemand als Weib ansprächte", und kommt zu dem Schluß, "das ist doch ein scheußliches Wort". Gegen die latente Misogynie im Wort 'Weib', der sie mit dem bekräfigenden Wörtchen 'doch' allgemeine Gültigkeit zuschreibt, richtet sich ihre Widerspenstigkeit.

Auf diese erste sprachliche Empörung folgt eine abrupte, unkontrollierte, heftige dramatische Geste, die das Gespräch unterbricht:

> Dorothea, plötzlich hysterisch, die Hände vor dem Gesicht:
> - Ach nein ... nein ...
> Rudolf legt den Arm um sie:
> - Liebe Dorothea!
> Bella hat während Schedewys Erzählung Dorothea kühl und aufmerksam beobachtet.
> Schedewy:
> - Ich bitte um Entschuldigung.
> Wollschedel:
> - Diese Art von Kunstbetrachtung ist vielleicht doch etwas speziell.
> Dorothea beruhigt sich langsam:
> - Es geht schon ... Ich bin sicher ganz kindisch.
> Bella lehnt sich an Dorotheas Schulter:
> - Sie kennen meinen bösen Mann nicht.
> Schedewy lächelt mit angedeuteter Verbeugung. (D, 34 f.)

Dorothea Merz reagiert hysterisch auf eine persönliche Kriegserinnerung des Arztes Schedewy: Er spricht mit Leidenschaft von konkreten Erfahrungen als Mediziner beim Umgang mit Leichen von Soldaten.

> - Ich hatte im Kriege mehrmals Gelegenheit, an jungen Körpern eine Autopsie vorzunehmen. Einmal im Winter, es war sehr kalt in dem Raum, und ich erinnere mich an den Geruch, der dem Körper entströmte, als ich ihn geöffnet hatte. Ein warmer, ja, glauben Sie mir, wunderbarer Duft, etwa wie von Pilzen. Von einer bestimmten Pilzart. Sie wissen ja, die menschliche Körperwärme beträgt etwa 37 Grad. Bei Fieberkranken ist sie etwas höher. Es war ein Soldat. Hier ist mir die die Schönheit des menschlichen Körpers aufgegangen. (D, 34)

Dorothea Merzens Abwehr gegenüber Schedewys medizinisch verklausulierter Werbung, einem unverhohlenen Annäherungsversuch, entspricht dem Bild der Frau, die auf naturwissenschaftlich-medizinisches Reden über konkrete Körperlichkeit mit Peinlichkeit und Abscheu reagiert. Der berichtende Mann ist geübt darin, durch die ihm zustehende Redeweise der unmittelbaren Abhängigkeit von sexuellen Wünschen zu entkommen; die Frau zappelt, wie Dorothea Merz hier, hilflos im Netz ihrer unartikulierbaren Begierden und Befürchtungen.

Nach Michel Foucault ist die gezeigte Hysterisierung 'der Frau' eine der zentralen Strategien der neuzeitlichen 'Sexualisierung' als Teil der okzidentalen Rationalisierungsentwicklung.[228] "Die Ablösung der traditionellen, ländlichen naturmächtigen Hexe durch das besessene Opfer im 17. Jahrhundert hat diese Entwicklung eingeleitet. Nun ist die Hysterikerin als nervöse Frau das gebrochene Spiegelbild der nicht länger erdnahen oder gar Großen Mutter. <...> Die ganze Körperlichkeit der Frau verschwindet in mysteriösen Dünsten und Säften. Sie verliert die Macht über die eigene innere Natur zur selben Zeit wie diejenige über die äußere."[229] Während männliche Wissenschafter die Erklärung der Naturprozesse übernehmen, übernehmen männliche Ärzte die Verwaltung der Körper, auch und gerade der weiblichen. "Aus der quasi naturwüchsig-gewalttätigen Beherrschung der Frau wird eine systematische."[230] Frau Merz weiß sich nicht sprachlich zu artikulieren, die Wahrheit weiblicher Empfindung bleibt eingesperrt in körperliche Zeichen, denen gegen die Abstraktion des beherrschenden naturwissenschaftlichen Sprechens kaum mehr subversive Gültigkeit zukommt. Frau Merz kann dem Ausdruck des weiblichen Körpers durch ihren hysterischen Anfall einen kleinen Moment Aufmerksamkeit verschaffen, der Preis ist ihre Entmündigung zum Kind. "Ich bin sicher ganz kindisch." (D, 35) Eine Frauenfigur ist dargestellt, die unter dem Diktat des unerlaubten weiblichen Begehrens zu gestischen Ausdrucksformen des Widerspruchs greift.

Die dritte Dimension der Widerspenstigkeit wird sichtbar in der Interaktion zwischen Dorothea Merz und Theodor Wollschedel (signifikante Beziehung der Namen Dorothea und Theodor). In dieser Szene gestalten Dorst/Ehler erstmals den zentralen Aspekt der Figur Dorothea Merz, ihre Unschuldssehnsucht. Als das Tischgespräch Zerstörungsexzesse, die im ersten Weltkrieg stattfanden, behandelt, entdeckt der Bildhauer eine zerbrochene Porzellanfigur. Im Film ist es

---

[228] Michel Foucault: Sexualität und Wahrheit I. Frankfurt/M. 1977; zit. in Claudia Honegger: Die Hexen der Neuzeit, in: Dies. (Hg.): Die Hexen der Neuzeit. Zur Sozialgeschichte eines kulturellen Deutungsmusters. Frankfurt/M. 1978, S. 120.

[229] Claudia Honegger: Die Hexen der Neuzeit, in: Dies. (Hg.): Die Hexen der Neuzeit. Zur Sozialgeschichte eines kulturellen Deutungsmusters. Frankfurt/M. 1978, S. 120.

[230] Honegger 1978, S. 121.

eine Paarfigur, im Text jedoch ein Döschen, dessen Deckel beim Aus-
packen im neuen Heim zersprungen ist.[231] Das Döschen, ein Geschenk einer Pensionatsfreundin Dorotheas, symbolisiert ein Ich der
Frau Merz. Es symbolisiert ihren Wunsch nach Unversehrtheit und
Verletzungs- und Wiedergutmachungsphantasien über das weibliche
Geschlecht. Die Ambivalenz dieser Verlust- und Wiederherstellens-
phantasien bezüglich Dorotheas Weiblichkeit bildet den Grundton des
Gesprächs. Der spannungsreichen Beziehung Dorothea - Rudolf wird
die entspannende Beziehung Dorothea - Theodor zugeordnet. Rudolfs
distanzierte Haltung seiner Frau gegenüber weist schon Züge des vor-
bildlichen 'Säulenheiligen' auf, als den Dorothea ihren Mann auf Capri
erkennen wird. Als er im Gespräch auf den zerstörerischen Intentionen deutscher Soldaten beharrt, was Dorothea sich nicht "vorstellen"
(D, 35) kann, wird ihre Not sogleich gewendet: es geschieht Heilung,
die Reparatur des Döschens durch den Kitt, den der Professor bei sich
trägt. Die Vaterfigur repariert, heilt die zerbrochene Figur, stellt die
moralisch-politische 'Unschuld' wieder her.
Dorothea Merzens Vorstellung von Reparaturbedürftigkeit verbindet
sie mit dem Geschöpf Pygmalions, der mythischen Galatea, einer
"Frau, die glaubt, daß sie eine Reparatur nötig habe.< ... > Die Galatea aus Fleisch und Blut liefert sich mit Körper, Seele und Geist an
Pygmalion aus und gestattet ihm, ihr unvollkommenes Selbst zu seinem Bild von der perfekten Frau umzuformen."[232]
Die Szene gewinnt durch Bella Schedewys Einwurf, ob Rudolf die
Verwüstungen der Soldaten nicht verhindern konnte, an Schärfe. Rudolf antwortet, daß ihm die Männer nicht unterstanden, er hatte keine
Herrschaft über die "schlimmen Ereignisse" (D 37), und der zustän-
dige Hauptmann gestand den Leuten die Verwüstungsaktionen zu. In-

---

[231] Das Geschick Dorst/Ehlers, mit Requisiten und Gesten Szenen von außerordentlicher Einfachheit und Klarheit zu gestalten, indem sie souverän über
alltägliche, banale Dinge verfügen, wird im Vergleich zur filmischen Umsetzung der Szene durch Peter Beauvais deutlich: Dorst/Ehlers Döschen als
Requisit ist psychologisch überzeugender als die Paarfigur im Film.

[232] Louise J. Kaplan: Weibliche Perversionen. Von befleckter Unschuld und
verweigerter Unterwerfung. Hamburg 1991, S. 287; Die Psychologin
Kaplan spricht bei Pygmalion-Männern allgemein von genitalen Hindernis-
sen: "Das bestmögliche Szenario für den durchschnittlichen Pygmalion ist
jedoch eines, das ihm gestattet, seine Reparaturphantasien auszuagieren,
ohne sich auf den poteniell gefährlichen Geschlechtsverkehr einlassen zu
müssen." Kaplan 1991, S. 287.

dem Dorst/Ehler Dorotheas Abwehr gegenüber destruktiven Realitäten - sowohl der Tatsache, daß "deutsche Soldaten so schlimm gehaust haben" (D, 35) als auch der Machtlosigkeit Rudolfs vor dem Zerstörungsprozeß - mit der Zuwendung, die sie dem ihre Jungmädchenwelt rekonstruierenden Künstler schenkt, verbinden, zeigen sie die spezifische Dynamik der Unschuldssehnsucht in dieser Frauenfigur. Das 'holde Weib' des 'edlen Ritters' war das Thema des Tischgesprächs. Dorothea Merz zeigt während des Geprächsverlaufs verschiedene Ausdrucksweisen der Widerspenstigkeit gegenüber der Attribuierung als 'holdes Weib', das dem als 'Ritter' attribuierten Mann zugeordnet ist. Die mit Rittertum und seiner modernen Form des Soldatentums verbundenen zerstörerischen Kräfte in der gesellschaftlichen Realität verleugnet sie ebenso wie die sozialen und körperlich-naturwissenschaftlichen Konnotationen des 'Weibs'. Auf die Konfrontation mit der Wirklichkeit reagiert sie mit verbaler Empörung und körperlicher Abwehr, und sie entwickelt Strategien, um die Beschädigungen ihrer heilen Vorstellungswelt zu korrigieren. Sie verhindert ihren Aufbruch in den realen neuen Lebensbereich, indem sie sich beständig damit beschäftigt, einen Schleier oder Filter vor die Wirklichkeit zu legen. "Dorothea fehlt, daß sie die Dinge realistisch sieht, daß sie den Filter wegtäte von der Welt. Im Grunde ist ihr Unglück, daß sie alles schönfärben will."[233]

3.1.3 Exkurs: Kommunikative Stile und Macht

Dorothea Merzens eigensinnige 'weibliche' Selbstbehauptungsversuche in der Szene "Ein Tischgespräch" legen die Beobachtung des auffällig differierenden Gesprächsverhaltens von Frauen gegenüber dem von Männern nahe. Die dargestellten interaktiven Sprechvorgänge ereignen sich zwischen einer Reihe von Paaren in vorwiegend weiblich-männlicher Positionierung, Dorothea und Rudolf Merz, Bella und Doktor Schedewy, Mora und Theodor Wollschedel, Klara und Anna Falk, und der Einzelfigur Pfarrer Jarosch.

Diese Anmerkungen folgen der kommunikationssoziologischen Studie von Kotthoff[234], die nach dem Zusammenhang von kommunikativen

---

[233] "Auf Dorothea kann man natürlich besser hausen", S. XIV.

[234] Helga Kotthoff: Kommunikative Stile, Asymmetrie und "Doing Gender", in: Feministische Studien Nr. 2. Weinheim 1993, S. 79-95.

Stilen und Macht fragt und geschlechtsspezifische Interaktionsarbeit erforscht. Wenn Sprache als System der Produktion symbolischer Bedeutung aufgefaßt wird, in dem der gesellschaftliche Kontext eine wichtige Rolle spielt, können mit Mitteln der verstehenden Kommunikationssoziologie zum Thema der gesellschaftlich relevanten Machtfrage zwischen den Geschlechtern interessante Beiträge erwartet werden. Mit Hilfe von kommunikationssoziologischen Begriffen analysiert Kotthoff Typologisches im Sprechen von Frauen und Männern, das sie als "exploratives und expositorisches Sprechen"[235] klassifiziert. Explorativer, d.h. abwägender, erforschender, Gesprächsstil entspricht "weiblichem" Stil, der u.a. durch vier Merkmale gekennzeichnet werden kann:

1. subjektiv markierte Sichtweise, 'ich denke', 'ich fühle', z.b. "Ich kann mir gar nicht vorstellen ...", (D, 35),

2. emphatischer Ausdruck, z.b. "Ach nein, das ist ja schrecklich.", "Aber Mutter!" (D, 34),

3. Unterstützung der Beiträge von anderen, z.b. "Das ist aber reizend von Ihrem Mann!" (D, 37) und

4. Einholen von Kommentaren, z.b. "Haben Sie das nicht verhindern können?" (D, 35).

Wenn Kontextnormen der individuellen Statusorientierung überwiegen, erkennt Kotthoff expositorisches Sprechen, das dem habitualisierten Kampf um individuelle Statusdemonstration unter dem kulturellen Signum von Männlichkeit entspricht.[236]

Dorothea Merz problematisiert ihr Verhältnis zum Wort 'Weib', dabei stilisiert sie sich zum Opfer von Verleumdungen. Als Antworten werden ihr zunächst (wort)geschichtliche Hinweise, Belehrungen geboten. Sie leidet, sie bittet um Kooperation und bekommt zarte bis massive maskuline Ressentimentskultur gegenüber Weiblichkeit zu spüren: ästhetisierende Verehrung von Wollschedel, "Ehrentitel", wohlmeinende Belehrung von Rudolf, "die Sprache Luthers", und Schedewys abwertenden Hinweis auf Schopenhauer: "Die Weiber selbst haben es durch ihr Betragen zu einem Schimpfwort gemacht." (D, 33) Entsprechend dem bürgerlichen Milieu der Gastgeber und der Gäste (junges Fabrikantenehepaar bewirtet Bildhauer mit Opernsängerin, Hausarzt

[235] Ebd. S. 89 ff.
[236] Ebd. 1993, S. 93.

mit Frau, Pfarrer und Lehrerinnen) werden Zitate, direkt oder indirekt, verwendet; die Verbreitung von Büchmanns "Geflügelten Worte"[237] ist ein Indiz für die kulturgeschichtliche Relevanz dieser Redeweise. Männliche Überlegenheit wird durch bildungsbürgerlich-belehrende Anspielungen, sogenannte sachlich-informative Beiträge demonstriert - mit den daraus resultierenden aggressiven, peinlichen Schaukämpfen.

Dasselbe Muster wird auf verschiedenen Ebenen mit offenen und verborgenen Inhalten durchgeführt: mit den offenen Themen Schönheit, Moral, Medizin und Krieg und mit den verborgenen Themen Ekel, Perversion, Fäulnis und Abscheu. Die junge Frau Merz verbindet und unterbricht die Kommunikation durch emphatische Beiträge; die ihr antwortenden Männer sprechen - auch wenn sie persönliche Erfahrungen erzählen - immer als Vertreter einer Position, sie formulieren ihre Beiträge in Konkurrenz mit den anderen Teilnehmern des Gesprächs. Das machen Dorst/Ehler besonders deutlich in den genannten Antworten auf Dorothea Merzens Empörung über das Wort 'Weib', wobei als Ergänzung noch Pfarrer Jaroschs Rekurs auf Leonardo genannt werden kann: "Das hat schon Leonardo beschrieben, ... er war meines Wissens der erste" (D, 34). Auf diese Art gerät das Plaudern zur Demonstration individueller Kompetenz mit dem damit verbundenen Autoritätsanspruch.

Gegenüber den Machtspielen der Männer erweisen sich die explorativen Gesprächsstile der Frauen als unterlegen. Die Sprecherinnen nehmen sich kein Erstrederecht, und ihre Möglichkeiten, sich im Kontext des aggressiven, positionellen Konkurrenzverhaltens der Männer einzumischen, sind beschränkt. Ihre Verhaltensweisen bewegen sich im Rahmen der genannten vier Merkmale, z.B. in Mora Wollschedels emphatischer Ausruf: "Mein Wollschedel und Frauenfeind, du lieber Gott!" (D, 33) Obwohl Anna Falk sich weder von der Aura männlicher Kriegskompetenz beeindrucken läßt noch der allgemeingültigen Geschlechterzuweisung gehorcht, daß Frauen in der hierarchisch niedrigeren Thematik von 'Alltag' bleiben sollen und die 'Politik' den Männern zu überlassen haben, sind auch ihre Beiträge gekennzeichnet von Subjektivität und Emphase statt von Objektivität und Sachlichkeit. Sie kommentiert die Ausführungen des Arztes: "Frau Falk bissig: - Da hat

---

[237] Erscheinungsjahr 1866.

der Krieg ja seinen Nutzen für Sie gehabt." (D, 34) Im Kontext des Tischgesprächs werden die explorativen Stile dominiert durch die expositorischen Normen der männlichen Teilnehmer. Statt des von Dorothea Merz initiierten explorativen Gesprächstils setzen sich zwischen den Männern und Frauen der kleinen privaten Runde geschlechtsspezifisch hierachisierte Interaktiosstrukturen durch. Gegenüber den kontroversen Momenten des "männlichen" Gesprächsstils kommen die kooperativen Momente des "weiblichen" Gesprächssstils nicht zum Zuge. Die Verbindung von expositorischem Stil mit belehrendem Verhalten entspricht einer autoritären Aktivität[238], die Frauen mit explorativem Geprächsstil die Teilhabe an der Gestaltung erschwert und sie damit tendenziell von der Macht ausschließt.

3.1.4 Kulturhistorische Bemerkungen

Kulturgeschichtlich gesehen drückt sich in privativen Gesprächsformen des Plauderns wie in diesem Tischgespräch eine gewisse Liberalität und kultivierte Geselligkeit aus, die im 19. Jahrhundert in Adel und Bürgertum Verbreitung fand. In der von liberal-demokratischen Hoffnungen und Enttäuschungen geprägten Endphase des neunzehnten Jahrhunderts ist Theodor Fontane einer der literarischen Meister dieser Gesprächskultur geworden, die "mitteilsam und verschlossen zugleich" ist, wie Frau von Briest einmal über ihre Tochter sagt[239]. Fontane gewährt den Diskussionen politisch-gesellschaftlicher Fragen in seinen Romanen breitesten Raum, beurteilt ihre Relevanz jedoch mit deutlicher Skepsis. "Und die epochemachende Floskel des alten Briest, dieses ins fast schon unverbindlich Heitere abwandernden Melancholikers der Literatur, hört sich wie die resignative Einsicht an, daß Gespräche dieses Typs überhaupt vergeblich sind, daß Liberalität eben auch Leere ist: 'das ist ein weites Feld.'"[240] Diese skeptische Position gegenüber der Entwicklung der Kultur seiner Epoche findet als umfassende Zivilisationskritik in den von ihm bevorzugten sogenannten 'Frauenromanen', und da in den Frauengestalten selbst -

---

[238] Vgl. Kotthoff 1993, S. 91.
[239] Vgl. Brackert/Schuller 1981, S. 157.
[240] Ebd. S. 157.

auch wenn sie "eine schöne Passivität nach Art der Lilofee"[241] zeigen - seinen deutlichsten Ausdruck. Bei Effi Briest z.b. äußert sich der
Ausschluß der Frau aus dem zivilisatorischen Prozeß in 'Apartheit':
"Unter den Bedingungen des gesellschaftlichen Lebens artikuliert sich
ihre elementare Fremdheit als 'Apartheit', denn das ist Effi auch: widerständig und unverzeihlich apart."[242] Mit Frauengestalten wie Effi
Briest optiert Fontane für eine 'natürliche' Menschlichkeit, die den von
gesellschaftlichen Produkten wie Prinzipien und Normen, Tugenden
und Konventionen geprägten und diese verteidigenden überwiegend
männlichen Figuren überlegen scheint. Eine typisch kompensatorische Idee von Menschlichkeit verbirgt sich in der 'Natürlichkeit' dieser
Frauengestalten, die in ihrer Schwäche und Unvollkommenheit als de-
fizitär abqualifiziert und zugleich verheißungsvoll mystifiziert werden;
es wird "das Weibliche projektiert als das andere, das an der kulturellen und sozialen Unterdrückung zugrunde geht - damit aber konstituiert es sich als Wunsch nach anderem."[243]
Der kulturgeschichtlichen Position der Frauen, wie auch der Männer,
in den *Deutschen Stücken* verleihen Dorst/Ehler ihrerseits ebenso
zeitgemäß historisch-kritische Kontur. Als Hintergrund des beobachteten Tischgesprächs wird die prekäre deutsche Entwicklung der Individualisierung der politisch-humanitären Aufklärungsideen[244] am Anfang des zwanzigsten Jahrhunderts sichtbar: Überfrachtung und Verklärung der Privatsphäre gegenüber der öffentlichen Sphäre, Entstehung des Phänomens der machtgeschützten Innerlichkeit, Weltflucht-
tendenzen, Gelehrsamkeit und ästhetische Bildung statt politischer
Analysen und Aktionen. Dem freiheitlichen Ideal einer Verbindung von
politischer Meinungsbildung, liberaler Geselligkeit und sozialer Af-
fektentfaltung fehlt die Voraussetzung: "der Etikette entspricht < ... >
eine Anordnung von Anlässen und Regeln, die keine Gesinnung mehr
zusammenhält."[245] Die in den *Deutschen Stücken* relevante Anfälligkeit zentraler Figuren für die Ideologie des Dritten Reichs kann eine

---

[241] Ebd. S. 161.

[242] Ebd. S. 162.

[243] Ebd. S. 163.

[244] Vgl. Hans Mayer: Das unglückliche Bewußtsein. Frankfurt/M. 1989, S. 19-
44.

[245] Claudia Schmölders: Die Kunst des Gesprächs. München 1979, S. 66.

"Auffüllung des sozialen Vakuums durch den Nationalsozialismus"[246] genannt werden. Diese kulturgeschichtliche Perspektive vorausgesetzt, erschiene die bürgerliche deutsche Frau Dorothea Merz "damit nicht nur als eine, die von den ganzen großartigen und weltbezogenen Intentionen des denkenden Mannes ausgeschlossen und damit sozusagen zur antiquierten Ausgabe des Menschen geworden ist, sondern sie wäre ein durchaus zeitgemäßes zeitgenössisches Pendant zum deutschen Mann, der auf seine Weise die universale politische Befreiungsidee aufgab und dieser die Verehrung des deutschen Volksgeistes vorzog."[247]

In Dorothea Merz ist nicht mehr eine aus dem Zivilisationsprozeß ausgeschlossene Figur geschaffen, vielmehr repräsentiert sie defizitäre zivilisatorische Verhaltensweisen. Die "Verhaftung des Ich im Kerker seiner Empfindungen"[248] bei Dorothea Merz und der erkennbare weibliche Mangel, weltbezogene, nicht allein selbstbezogene Autonomie auch nur zu wünschen, machen angesichts der bekannten Gefahren des sich verbreitenden Nationalsozialismus Ende der zwanziger Jahre das von den Autoren dekuvrierte Ärgernis dieses weiblichen Kulturcharakters aus.

3.2 LEBENSPRINZIPIEN VON DOROTHEA MERZ

"'Man denkt, als junges Mädchen, man zieht jetzt mit dem Mann aufs Land, weil man ihn liebt, und geht ihm zuliebe barfuß über die Wiesen. Man denkt, das ist so eine Marotte von diesem Mann, und dann merkt man eines Tages, das war das ganze Leben - das eigene. Und ein anderes hat man nicht.' Man ist an das Leben gar nicht herangekommen."[249]

Tankred Dorsts Erinnerung an eine Figur in seinem Theaterstück *Eiszeit*, an Vera, die Frau des Protagonisten Hamsun, nennt ein zentrales Problem der Frauenfiguren vom Typ Dorothea Merz, der barfüßigen Braut, das Verhältnis zum 'eigenen' Leben.

---

246 Schmölders 1979, S. 66.

247 Christina Thürmer-Rohr: "...Opfer auf dem Altar der Männeranbetung", in: Gudrun Kohn-Waechter (Hg.): Schrift der Flammen. Opfermythen und Weiblichkeitsentwürfe im 20. Jahrhundert. Berlin 1991, S. 23-37, S. 35.

248 Ebd. S. 33.

249 "Das kann doch nur Shakespeare erfunden haben." 1990.

Der Terminus 'eigen' ist ein Schlüsselwort der Befreiungstendenzen der Lebensreformer[250], einer sozialkulturellen Erneuerungsbewegung der ersten Jahrzehnte des zwanzigsten Jahrhunderts, der Jugendzeit der fiktiven Gestalt Dorothea Merz. Gegenüber dem konventionellen Bürgertum reklamieren die Lebensreformer für sich Problembewußt-sein: wirtschaftlichem Fortschrittsdenken setzen sie Werte wie Natür-lichkeit, Wahrhaftigkeit und Selbstbestimmung entgegen. 1903 er-scheint der Roman eines amerikanischen Lebensreformers in deut-scher Übersetzung, "Die Eigenen. Ein Tendenzroman für freie Gei-ster"[251], und 1901 wird der 'Einzelne Eigene' als Voraussetzung ei-ner 'wahrhaften Gemeinschaft' bezeichnet.[252] Im Unterschied zu po-litischen Zielen, wie sie z.B. von Landauer vertreten werden, steht Dorothea Merz eher den unpolitischen Sehnsüchten der Lebensrefor-mer nahe, wie sie vom Maler Fidus[253] als rückwärtsgewandte Utopie in unschuldsvollen Paradiesbildern einer vorindustriellen Gesellschaft gestaltet werden. In den verschiedenen Richtungen der Reformbewe-gung drückt sich der Zeitgeist insofern aus, als tatsächlich jede ethisch-politische Wertsetzung nur noch individuell möglich scheint.

Für die weiblich codierten Verhaltensmuster im Reproduktions- und Familienbereich bedeutete das keine grundsätzliche Veränderung. "Um sich als Mensch unter Menschen mit ihrer Autonomie zu bewei-sen, hatten Frauen wohl viel ausschließlicher als ihre Ehemänner den Schein der Humanität, wie ihn die bürgerliche Familie mit ihrer prä-tendierten Freiwilligkeit, Liebesgemeinschaft und Bildung öffentlich machte, zur Hilfe nehmen müssen."[254] Bürgerliche Frauen der Mit-

250 Vgl. Janos Frecot: Von der Weltstadt zur Kiefernheide, oder: Die Flucht aus der Bürgerlichkeit, in: Berlin um 1900. Katalog der Ausstellung der Berlini-schen Galerie u.a. Berlin 1984, S. 420-438.

251 Ebd. S. 429.

252 Ebd. S. 430.

253 Fidus, eigentl. Hugo Höppener, geb. 1868 Lübeck, gest. 1948 Woltersdorf, Zeichner und Baumeister; -"Fidus gilt in der Kunstgeschichte als der typi-sche 'Vertreter des reformerischen, naturkultischen, neugermanisch-roman-tischen Elements im deutschen Jugendstil'". Wolfgang R. Krabbe: Gesell-schaftsreform durch Lebensreform. Strukurmerkmale einer sozialre-formerischen Bewegung im Deutschland der Industrialisierungsperiode. Göttingen 1974, S. 107.

254 Karin Hausen: Überlegungen zum geschlechtsspezifischen Strukturwandel der Öffentlichkeit, in: Ute Gerhard u.a.(Hg.): Differenz und Gleichheit. Frankfurt/M. 1990, S. 268-282, S. 275.

telschicht wie Dorothea Merz legitimieren sich und ihre sozialpolitische Aufgabe in der Familie mittels ethischer Werte und Prinzipien,
sie entwickeln Selbstachtung in der Umsetzung gesellschaftlich hoch
gelobter moralischer Überzeugungen. Mit den Figuren der *Deutschen
Stücke* schaffen Dorst/Ehler Männer und Frauen der individualisierten
Gesellschaft: das den Frauen seit der geschlechtsspezifischen Arbeitsteilung zugeschriebene Resort Humanität, als moralisches Element gegenüber der Sachzwängen gehorchenden Außenwelt, wird
zum tatsächlich individuellen Programm jeder einzelnen Frau, einer
Frau wie Dorothea Merz: die gesellschaftlich geforderte moralische
Dimension muß individuell gefunden werden. Dorst/Ehler zeigen die
z.t. forcierte Eigenwilligkeit der Figur, die ihre gesamte Energie für die
Konzeption, Legitimierung und Stabilisierung des Aufbruchs ins zeitgemäß als 'eigenes' definierte Leben einsetzt. Dorothea Merz glaubt
den Weltverbesserungsentwürfen ihrer Zeit zu entsprechen, wenn sie
schlichte Kleider trägt (C, 570) und ein einfaches Haus bewohnt (D,
143). Bei den beobachteten Auftritten von Frau Merz sticht als be-
sonderes Merkmal die Fähigkeit hervor, sich durch Präsentation von
Gehörtem, Gelesenem, Imaginiertem eine Art von Unbestimmtheit zu
erhalten, die zwischen prätendierter Eigenwilligkeit und tatsächlichem
Bestimmtsein durch Maßstäbe anderer changiert; ihr 'eigenes' Leben
erweist sich häufig als eines aus zweiter Hand. Ihre abenteuerliche
Aufbruchstimmung aus der konventionellen Welt des Elternhauses in
die "Wälder" bleibt vielfach Attitüde. Bestimmend für ihre Entscheidungen sind eher konventionelle Leitbilder für eine junge Frau ihrer
Schicht.
In diesem Kapitel wird der Versuch unternommen, die Prinzipien zu
formulieren, nach denen Frau Merz ihr Leben zu gestalten sucht. Die
tragenden Säulen ihres Lebenskonzepts, die in Anlehnung an die oben
ausgeführten moralischen Ansprüche an die Frau 1. freiwillige, romantische Liebesverbindung 2. Unschuldsvorstellung 3. Ästhetik und 4.
kulturelle Bildung genannt werden, sollen Gegenstand der nächsten
Beobachtungen sein. Ein zusätzlicher 5. Abschnitt widmet sich unter
dem Titel "Meine beiden Sorgenkinder" mütterlichen Aspekten der
familiengebundenen Frauenfigur.

3.2.1 Romantischer Liebesbegriff

Im Mittelpunkt der Wünsche und Absichten einer Frau steht für Frau Merz eine Variante der 'romantischen' Liebesehe. Das Bild der liebenden Ehefrau, das zum Klischee gewordene bekannteste und haltbarste Frauenbild der modernen Gesellschaft, bildet sich aus in der Romantik. Die Wirksamkeit der Idee der romantischen Liebe als hinreichendes weibliches Lebenskonzept verdankt sich zum großen Teil der auch literarischen Mystifizierung der Ehe seit Aufklärung und Frühromantik. "Die Mystifizierung der bürgerlichen Ehe in der wahren Liebesehe, bei Schleiermacher dann die Verbindung von Religion und Liebe, die das Wesen der Frau ganz Liebe werden läßt, während der Mann durch andere Aufgaben in Anspruch genommen ist, verbannte die Frau endgültig in das Ghetto der bürgerlichen Ehe als natürliche Lebensform und Norm."[255] Im folgenden klingen kommentierte Originaltöne aus der Zeit der Vergöttlichung des Weibes an: "1796 schließt Böttiger einen Brief an August Wilhelm Schlegel mit den Worten: 'Meine hochachtungsvollen Grüße ihrer holden Lebensgefährtin, oder da wenigstens eine Abgötterei vor Göttern und Menschen erlaubt ist, ihrer Hohenpriesterin.' Gemeint ist hier natürlich Caroline Michaelis-Böhmer-Schlegel-Schelling. <...> Mit der Priesterin ist zugleich der neue Frauentyp der Frühromantik gekennzeichnet, der dann in Friedrich Schlegels Roman Lucinde (1799) künstlerisch gestaltet wurde.<...> In dem Bildbegriff der Priesterin und Lichtbringerin wurden nämlich die Wesensverschiedenheiten der Frau in einem ideell überhöhten Wunschbild festgelegt, weil die männliche Erfahrungswelt als absolute Norm zugrunde gelegt und von daher diejenigen Eigenschaften, die nicht in diese Norm paßten, ins Mythische erhoben und überbewertet wurden."[256]
Die Schleiermachersche Gedankenkette 'Berufliche Ansprüche an den Mann - Kompensation im Liebesraum Ehe - Wesen der Frau ist ganz Liebe' scheint obsolet zu der Zeit, in der die Figur der Dorothea Merz angesiedelt ist, als nach langen Mühen die formale Gleichheit der Ge-

---

[255] Bärbel Becker-Cantarino: Priesterin und Lichtbringerin. Zur Ideologie des weiblichen Charakters in der Frühromantik, in: Paulsen, Wolfgang (Hg.): Die Frau als Heldin und Autorin. Bern/München 1979, S. 111-124, S. 122.

[256] Ebd. S. 111; - Zitat von Böttiger aus: Caroline und ihre Freunde, hg. von Georg Waitz, Leipzig 1882, S. 36.

88

schlechter im Rahmen des Wahlrechts durchgesetzt ist. Als Leitbild
für die Frau der bürgerlichen Mittelschicht, der Dorothea Merz angehört, besteht die Vorstellung von der Ehe als natürlicher Lebensform
der Frau jedoch in veränderter Akzentuierung fort. Bei Dorothea Merz
handelt es sich um eine aus dieser Traditionslinie stammende Frauenfigur, die jedoch überwiegend die kontradiktorischen Implikationen
des idealisierten literarischen Typus und seine, auch historisch bedingten, defizitären und katastrophischen Abweichnungen deutlich macht.
Die Spuren der Vergöttlichung der Frauen haben sich verwandelt in
eher lächerliche Accessoires, Anzeichen von Ästhetisierung, z.b. beim
"holden Weib" im Tischgespräch oder in der Zugszene, "Ach, der hat
zu mir gesagt, ich wäre ein Kosmos!" (D, 213) Die in die Ehe mün-
dende romantische Liebesvorstellung entspricht bei Dorothea Merz
nicht mehr einer mystisch durchdrungenen Feier, angeleitet von der
holden Hohenpriesterin (der Erotik), sondern einem geordneten, ruhi-
gen Hauswesen.

> Später hat sich Dorothea oft an diesen Moment erinnert:
> <Schuhepisode> ... weil sie nun das Leben beginnen wollte, das sie
> sich vorstellte, das einfache, schöne Leben.(D, 14)

> Ich bin gern hier mit meinem Mann.(D, 66)

Die Verbindung von romantischer Liebe und Ehe, die sich im 19.
Jahrhundert durchsetzte, bewirkte eine Veränderung der Bedeutung
'romantisch'. Wenn Liebe zum einzigen legitimen Grund von Partnerwahl und Ehe wird, Basis einer gesellschaftlichen Ordnungsidee, haben tendenziell ordnungssprengende Leidenschaften keinen Raum in
ihr, werden Anteile der Passion ausgegrenzt. "Was bleibt, ist das in-
stitutionialisierte Verständnis für schwärmerische Leidenschaft und
die Annahme, daß dies eine Art Test für die Bereitschaft zur Ehe und
eine Art Glücksversprechen sei."[257] Liebe und Ehe sollen auf der
Grundlage von Freiwilligkeit die größtmögliche Glücksordnung herstellen. "Dazu muß in Liebe und Ehe eine eher friedliche, jedenfalls
nicht zu turbulente, passionierte Stimmung erreicht werden, der alte
amour passion wird stark relativiert, wenn nicht abgelehnt;".[258] Do-

---

[257] Luhmann 1982, S. 186.
[258] Ebd. S. 188.

rothea Schlegel soll als eine Leidtragende der genannten Turbulenzen kurz zu Wort kommen: "Und wie, wenn das, was eine Liebe bedürftige Seele sich als die einzige Bedingung des irdischen Glücks vorspiegelt, gerade zum Unglück führt, was ja oft der Fall ist, und am meisten durch die Leidenschaft, mit welcher man ein solches Glück sich ersehnt und danach ringt."[259]

Bei Dorothea Merz ist in Abweichung von Frau Schlegel die Leidenschaft eindeutig verbannt aus der Vorstellung von romantischer Liebe. Die in der Entstehungszeit dieses Liebesbegriffs vehemente Auseinandersetzung mit den Leiden, die Leidenschaften mit sich bringen, und das gesellschaftliche Bemühen, das der Entwicklung der Liebesform der romantischen Liebe das Ansehen eines Versuch der Domestizierung eben dieser Passionen gibt, scheinen bei Dorothea Merz vergangen und vergessen: ihre Liebesgeschichte mit Rudolf basiert auf der Verdrängung, der Ausgrenzung von leidenschaftlichen Gefühlen.

Eine Szene gibt Einblick in die eheliche Situation nach zwei Ehejahren ohne erotischen Zauber:

> - Dein aufgeschlagenes Tagebuch auf dem Toilettentisch, sagt Rudolf lächelnd, damit soll ich wohl gefangen werden?
> - Warum soll ich dich denn fangen? Hab ich dich nicht sowieso? (D, 50)

Die Domestizierung des ehemals leidenschaftlichen Priesterin-Typus ist vollkommen gelungen. Dorothea Merz folgt statt leidenschaftlichen Gefühlen ihren Schwärmereien und Imaginationen, die sie praktisch verbindet mit dem zeitgemäßen Klischee vom "einzig Richtigen", einer Vorstellung von harmonischem, genügsamen Familienleben, das den politischen und ethischen Ansprüchen an die Frau gerecht wird.

Während die Aspekte Vergöttlichung und Passion aus dem romantischen Liebesbegriff verschwinden, verschiebt sich die Akzentuierung des Wesens von 'Weiblichkeit' insgesamt. Die der humanitären und erotischen Erhöhung latent inhärente Verachtung wird dominant: Dorothea versteht sich nicht als Vertreterin höherer moralischer Werte (Hohepriesterin), sondern als Unwissende, die die Normen, nach

---

[259] Zit. in: Carola Stern: "Ich möchte mir Flügel Wünschen". Das Leben der Dorothea Schlegel. Reinbek bei Hamburg 1990, S. 221.

denen sie ihren weiblichen Ehepart ausführt, von ihrem Ehemann lernen muß, um als verständige, urteilsfähige Person handeln zu können.
Dorothea Merz schreibt über sich in den ersten Ehejahren:

> Ich wünsche mir, daß mein Kind so ist wie Rudolf und nicht so sehr
> wie ich. Er ist so ein Vorbild. Ich bin so unausgeglichen, so komisch
> aus den verschiedensten Eigenschaften zusammengesetzt. Wie bin ich
> denn? (D, 49)

> Ich fühle mich auch manchmal so unreif neben Rudolf.(D, 50)

> Ich darf nicht vorschnell urteilen. (Immer wieder!) Rechthaberei liegt
> Rudolf sehr fern. Es geht ihm nicht um die alte Frau Falk, es geht ihm
> am allermeisten darum, mir meine wirklich allzu impulsiven Urteil ab-
> zugewöhnen.(D, 62)

Und sie erinnert sich im Alter ihres Wunsches:

> Er wird mir das Leben erklären ... und ich werde alles verstehen.(C,
> 596)

Rudolf Merz formuliert die diesem Liebeskonzept inhährenten Bestimmungen weiblicher Wesensart am deutlichsten in zwei Szenen;
zum einen, als er die Unordnung auf Dorotheas Toilettentisch aufräu-
men will und zum anderen, als er ihr von Capri schreibt:

> 1.
> Dorothea hat sie <die Unordnung> hergestellt, um ihm zu sagen, so
> bin ich: ein poetisches, phantasievolles, kindliches Wesen, rührend
> unvollkommen, das du behutsam leiten sollst. (D, 46)

> 2.
> wenn du kommst, wirst du <...> aus mir einen frohen Mann
> <machen>, der dich immerzu ansieht und küßt und dich auch ein
> bißchen erziehen will, - verzeih mir, ich denke, daß ist auch eine Form
> von Liebe, daß man einander erzieht. Du jedenfalls erziehst mich dazu,
> das Leben noch mehr zu lieben. (D, 98)

Die im Laufe der geschlechtlichen Arbeitsteilung und der damit ein-
hergehenden Codierungen der Geschlechterdifferenz als Geschlecht-
ercharaktere herausgebildeten Handlungsmuster, Werte und Denkwei-
sen der Frauen, wie Gefühlsbetontheit, Zugänglichkeit für Stimmungen
und Prinzipienambivalenz[260], bezeichnen keine alternativ-kompensa-

---

260 Vgl. Sabine Gürtler: Gleichheit, Differenz, Alterität, in: Feministische Studien Heft 1, 1994, S. 70-83, S. 71.

torischen Werte, die die moralische Kompetenz der Mitglieder der weiblichen Sphäre ausmachen könnten, sondern gerinnen zu stereotyper Beschränktheit, zum sentimentalen Sehnsuchtsbild. In der romantischen Liebesbeziehung sucht Dorothea Merz den formenden Mann und sieht sich selbst als zu erziehendes Wesen. In der einzig auf persönlichem Entschluß basierenden Form der romantischen Liebesehe ist die "Konstitution einer gemeinsamen Sonderwelt"[261] Voraussetzung für ein dauerhaftes Gelingen des Miteinander. Für ihre Ehe hat Dorothea Merz als gemeinsames privates Ideal eine Idee von naturnaher Sozialromantik gefunden, die sie einem Buch von Thoreau, "Walden"[262], entlehnt. Sie nennt es ihr Lieblingsbuch. Auch Rudolf Merz besitzt ein Exemplar, eines in Englisch, der Originalsprache des Textes. Das Ehepaar Merz unternimmt den Versuch, mit gemeinsamen Lektüreabenden den vielfältigen lebensweltlichen Anforderungen eine utopische Merz-Waldensche Privatalternative entgegenzusetzen. Sozialutopie fungiert als Liebesversprechen.

> DOROTHEA So wollten wir leben. Wie in "Walden" Das hatten wir uns vorgenommen.(C, 569)

> DOROTHEA Dieses Buch! Es hat mein ganzes Leben bestimmt. Ich hatte immer diese ganz große Sehnsucht nach dem Einfachen. Die Kleider, die ich getragen habe, immer ganz weiß und ganz schlicht. Klassische Schlichtheit! Das fand auch euer Vater gleich beim ersten Mal so ungewöhnlich. (C, 570)

"Die Belege für die Pflege, aber auch für den Rückzug eines sozialen Bedürfnisses in den privatesten Bereich"[263], in das private Gespräch, das sich zum intimen Zwiegespräch entwickelt, sind am Anfang des

---

[261] Luhmann 1982, S. 178.

[262] Thoreau 1979.

[263] In Schmölders umfassender historischer Darstellung der Theorie des Gesprächs, die von der Konversation als einem Ideal sozialen Verhaltens ausgeht, heißt es über Tendenzen am Anfang des zwanzigsten Jahrhunderts: "Von der dialogischen, sinnlich-emanzipatorischen Philosophie Feuerbachs über das emphatische Lob des Zwiegesprächs bei dem amerikanischen Essayisten William Emerson, der sich angeblich das Leben im Himmel als ein einziges Gespräch vorstellte, über Nietzsches Formulierung, daß allein das Zwiegespräch noch vom 'spielenden Äther der Humanität' beseelt sei, bis zur dialogischen Philosophie Martin Bubers reichen die Belege für die Pflege, aber auch für den Rückzug eines sozialen Bedürfnisses in den privatesten Bereich." Schmölders, 1979, S. 67; - William Emerson, Lehrer, Förderer und Freund von Henry D. Thoreau.

zwanzigsten Jahrhunderts zahlreich. Sie markieren den Bedeutungs-
verlust voluntaristischer persönlicher Gemeinschaften gegenüber dem
Bedeutungsgewinn von öffentlichen Institutionen und den ihnen inhä-
renten Individualisierungsprozessen. Frau Merzens beharrliches Festhalten an der illusionären privaten 'Walden-Welt' wirkt rührend und irritierend realitätsfern.
Bei der Lektüre wird das Ehepaar von seinen unterschiedlichen persönlichen Lebensvorstellungen eingeholt.

> Schlafzimmer.
> Rudolf liest Dorothea vor:
> - "Ich empfand es als einen ganz eigenartigen Luxus, mich mit einem
> Bekannten, der sich auf dem andern Ufer befand, über den Teich hin-
> über zu unterhalten. In meinem Haus waren wir einander so nah, daß
> wir nicht anfangen konnten zu hören - wir konnten nicht leise genug
> reden, um gehört zu werden, gerade wie wenn man in ruhiges Wasser
> so nah beieinander Steine wirft, daß ein Wellenkreis den andern un-
> terbricht ..."
> Dorothea:
> - Ach, Rudolf, ...ich finde das aber... (D, 66)

Dorothea Merz reagiert auf die ihr unangenehmen Implikationen ihres
Ideals, hier Stille und rücksichtsvolle Distanz, während sie sich lär-
menden Übermut (D, 73) und Nähe wünscht, mit den vertrauten Mustern von emphatischem, subjektiv markiertem Sprechen, gefühls-
betont und prinzipienschwach. Zwar benutzt sie das Ideal plakativ,
aber sie leidet unter der von Rudolf beanspruchten Umsetzung, gegen
die sie - sie hat "schon lange für das Buch geschwärmt" (D, 28), also
keine objektive Einschätzung gewonnen - nur wirkungslosen Protest
einlegen kann. Die ausweglose Situation, in die sich die junge Frau
Merz manövriert hat, wird sie dennoch ein Leben lang verteidigen.
In den modernen bürgerlichen Gesellschaften erweist sich dieses Dilemma strukturell als ein typisch weibliches, dem die "Asymmetrie
der Geschlechter"[264], die der romantische Liebesbegriff beinhaltet,
zugrunde liegt. Die Freiwilligkeit der romantischen Liebespartnerschaft
wird "als *Steigerung der Chance zur selbstbewußten Selbstbildung*
begriffen..."[265] - und zwar für das männliche Individuum. Die Frau
ermöglicht dem Mann durch ihre grenzenlose Bereitschaft zur Zwei-

---

[264] Luhmann 1982, S. 172.
[265] Ebd. S. 172.

samkeit, seinem Streben nach eigenbestimmtem Leben vollständig nachgehen zu können, indem sie sich zu einem Teil desselben macht. Mit Dorothea Merz stellen Dorst/Ehler eine Frauenfigur ins Zentrum der *Deutschen Stücke*, die die longue durée des Typus der 'romantisch liebenden Ehefrau' in grotesker Übersteigerung deutlich macht. Sie ist außerordentlich unselbständig und kindlich, und sie bleibt in der Ehe extrem unsicher und hilflos. Die letzte Szene vor dem Tod Rudolfs zeigt ihre emotionale Nicht-Entwicklung in Gesten kindlicher Verspieltheit:

> Im Krankenzimmer.
> Dorothea sieht Rudolf fragend und besorgt an.
> Rudolf:
> - Ich wollte mit dir sprechen.
> Dorothea wartet.
> Er sagt nichts.
> Dorothea zieht den Korbstuhl heran und setzt sich neben Rudolf.
> Langes Schweigen.
> Dorothea wird ein wenig ungeduldig. Sie sieht auf ihren Schuh. Sie wippt kaum merklich mit dem Fuß.
> Rudolf legt die Hand auf Dorotheas Schoß.
> Dorothea unsicher, ratlos:
> - Soll ich dir vorlesen?
> Sie sitzen schweigend da.(D, 174)

Das *strukturell* dem romantischen Liebesbegriff verpflichtete Prinzip der Liebesheirat, dem Frau Merz folgt, verlangt, daß Dorothea Merz stabile Lebensverhältnisse vorgeblich nicht nur ohne sondern geradezu gegen die Anwendung des allgemein gültigen, aber männlich konnotierten Kalkulationsprinzips erstrebt. Ihre Heirat mit dem jungen Fabrikanten folgt dem Muster, das Luhman beschreibt: "Liebe ist dann jene eigentümliche Erregung, die man erfährt, wenn man sich entschlossen hat zu heiraten."[266] Die Heirat bildet für Dorothea die zentrale Grundlage ihrer Existenz, nicht nur in ökonomischer Hinsicht, sondern hinsichtlich ihrer gesamten Lebenswirklichkeit. Im Moment, in dem sich die romantisch Liebende zur Ehe entschließt, sind einmalig alle Gestaltungsmöglichkeiten der Frau konzentriert, und diese Wahlsituation ihrer praktischen Lebensumstände wird hoch emotionalisiert: Die Entscheidungsmöglichkeiten der 'romantisch' Liebenden werden erstens versammelt in einem Augenblick und so signifikant reduziert und zweitens versehen mit der Konnotation 'Liebe' und

---

[266] Luhmann 1982, S. 159.

'Erregung' dem erotisch bestimmten Gefühlsbereich zugeordnet und damit in Opposition zu vernünftiger Reflexion gestellt. Strukturell schimmert das um 1800 ausgeprägte Geschlechtermuster durch die moderne Ehedefintion Dorotheas: Während der Mann der "besitzfrohe, selbständige Bürger als Ehemann" ist, zu "dessen Glück und Besitz die Ehefrau gehört"[267], ist die Frau die - freiwillig - besitzlose und unselbständige Bürgerin, die der ehelichen Paarbeziehung einzig emotionale Bestimmung beimißt, nämlich die eines Glücksversprechen:

> Ich habe den einzig Richtigen gefunden, fürs ganze Leben. Das ist ein großes Glück. (D, 139)

Dorothea Merz weigert sich wahrzunehmen, daß latente Unterordnung umschlägt in manifeste, daß es 'ein bißchen unmündig' nicht gibt im Verhältnis der Geschlechter. Dorothea verhindert ihre Mündigkeit, indem sie die Paarbeziehung überemotionalisiert und idealisiert: Ihr Verzicht auf Selbständigkeit äußert sich im Verzicht auf persönliche und emotionale und erotische wie auf politische und rationale und sachliche Mündigkeit.

DIE HAUSLEHRER-VARIANTE

Nach dem frühen Tod ihres 'Erziehers' wechselt Dorothea Merz die Position: Die vormals kindliche, formbare Frau übernimmt gegenüber einem jungen Mann die Rolle der strengen Erzieherin.
Dorothea Merz erscheint - in der Eingangsszene im Zug (D, 13) - als Abenteurerin, die sich durch Wind, Wälder, Menschen locken lassen will; die Figur des Studenten Regus, häufig als animalisch apostrophiert, verkörpert durchgehend die erotische Seite dieser abenteuerlichen Neugier. Am Ende der ersten Geschichte wird wieder Regus ihr Interesse finden; dazwischen liegen Phasen der erotischen Anziehung, die beiderseits mit sozialen Normen konform gehen sollen. Sie erahnt, daß ihre Freundin Bella wirklich die zeitweilige Geliebte von Regus ist, vergewissert sich später, daß Regus Bella nicht achtet, und kann dann ihre Faszination zu einer erotischen, aber durch sie gebändigten Beziehung idealisieren. Die Beziehung Hausherrin-Hauslehrer ist

---

[267] Barbara Becker-Cantarino: Der lange Weg zur Mündigkeit. Frau und Literatur (1500-1800). Stuttgart 1987, S. 346.

sowohl biographisch[268] als auch literarisch[269] ein bekannter Topos, sozusagen Zitat der sozial-erotischen Kultur im Privatbereich: der Hausherr bezahlt einen gelehrten jungen Mann für die Bildung seiner Kinder und unterstellt ihn der persönlichen Aufsicht der Hausherrin. In der Merz-Geschichte wird die Hauslehrerstelle erst nach dem Tod des Ehemanns besetzt, der Lehrer tritt auf als Erzieher-Ersatz. Nach ersten Katastrophen - seit dem Tod des Mannes ist Frau Merz mit den beiden Söhnen allein geblieben und wirtschaftlich abhängig vom be- trügerischen Schwager - sehnt sie sich nach neuen statuskonform in- tegrierbaren Erfahrungen von "Schicksal" (D, 218), ihrer Strategie entsprechend, ein erfülltes Leben an der Seite eines klugen, guten Mannes zu erreichen. Am Ende der ersten Liebesgeschichte scheint sie fähig, die obsolet gewordene Strategie den neuen Verhältnissen anzupassen, selbst eine neue Rolle für sich zu entdecken. Dem ver- führerischen Hauslehrer fühlt sie sich moralisch in dem Maße überle- gen, wie sie sich ihrem Mann unterlegen fühlte. Gemäß der von ihr akzeptierten rigiden Formalmoral, daß erziehen darf und soll, wer "Strenge" übt, "Sinnlichkeit" und "Oberflächlichkeit" (D, 218) über- windet, übernimmt sie die Aufgabe, den "animalischen" Erzieher ihres kranken Sohnes selbst zu erziehen. "Mit Strenge vielleicht könnte Do- rothea einen wertvollen Menschen aus ihm machen." (D, 218)

3.2.2 "Ihre Vorstellung von Unschuld"

Dorotheas Abwehrgestus gegenüber möglicher Verstrickung in sexu- elle Begierden, was sie Schuld nennt, zeigen Dorst/Ehler in der Szene, in der sie mit dem tödlichen Charakter der Krankheit ihres Mannes konfrontiert wird. Die Erzählsituation beginnt folgendermaßen:

> An der runden Bank.
> Dorothea und Bella häkeln Eierwärmer.
> Bella:
> - Gott, sitzen wir hier in der Provinz! Manchmal finde ichs ja ganz ul-
> kig, da genieß ichs ja schon mal. Aber meistens ...

---

[268] Hölderin/Susette Gontard

[269] Der Topos zeigt sich von "Rot und Schwarz", 1830, von Stendhal bis zu "Die Betrogene", 1953, von Thomas Mann, wo die Titelheldin, Rosalie von Tümmler, die der gleichen Altersgruppe angehört wie Dorothea Merz - etwa Jahrgang 1905 - und auch Witwe ist, als sie sich als Partnerin des jungen amerikanischen Hauslehrers ihres Sohnes in einer leidenschaftlichen Bezie- hung sieht.

Dorothea:
- Ich bin gern hier mit meinem Mann. (D, 66)

Es ist eine Szene, die im Gespräch unter rivalisierenden Freundinnen die hohe Kunst des Verschweigens, des Verdeckens von Gefühlen darstellt. Das Gespräch, das von Neugier und Neid auf das jeweils andere, die sexuelle Freizügigkeit Bellas auf der einen und die "großen Gefühle" Dorotheas (D, 172) auf der anderen Seite, bestimmt ist, führt in die zentrale Abwehr- und Unschuldsszene.
Dorothea nutzt die vertrauliche Situation mit der lasziv gezeichneten Freundin Bella, um ihre erotischen Phantasien anzudeuten. Erotik kann von der jungen Frau nur im Gewand der Natürlichkeit thematisiert werden:

Dorothea:
- Neulich hab ich den Günther Regus gesehn, wie er bei der Ernte half. Richtig wie ein Bauer! So ganz natürlich.
Bella:
- Das steht ihm ja auch prima!
Dorothea:
- Ich weiß manchmal gar nicht, wie ich Sie verstehen soll. Sie sind manchmal so ironisch ... Und ihr Mann fast noch mehr.
Bella:
Mein Mann! Du lieber Gott!
Dorothea:
- Ich könnte nicht in so einem Ton von meinem Mann sprechen!
Bella:
- Wenn Sie wüßten! Aber es ist besser, Sie wissen nicht.
Dorothea streng:
- Und ich *will* solche Dinge auch gar nicht wissen! (D, 67)

Dorst/Ehler zeigern in dieser Sequenz Dorotheas zentrale Verdrängungsmechanismen. Hier, wie bei der Betonung, daß sie, weg von zu Hause, mit ihrem Mann das Mit-ihm-gehen-Müssen freiwillig auf sich nimmt, "Bei dir will ich ja! Ach, und wie ich will! Du Lieber!" (D, 15) wird das 'will' hervorgehoben, also emphatisch betont, und sie wird 'streng' genannt. Es handelt sich um die wichtigste innere Leitlinie von Dorotheas Lebenskonzept, die Ablehnung und konsequente Verleugnung eigener schuldhafter Verstrickung. Das Unschuldbedürfnis entspricht entgegen ihrer resoluten Beteuerung keiner freien willentlichen Entscheidung, sondern gerade die aus angstvoller Abneigung geborene Flucht vor Auseinandersetzungen mit einer anderen als der zugelassenen eigenen Wirklichkeit, die moralisch verbrämt wird. Es ist der persönliche Wunsch nach Sicherheit vor den spürbaren eigenen, sie ängstigenden erotischen Begierden. Die Entschlossenheit, die sie 'streng' zeigt, gibt ihr vor ihr selbst den Anschein von moralisch wertvollem Handeln.

> Und sie wehrte sich indem sie jetzt eine große Empfindung in sich wachrief: daß sie nun einen kranken Mann hatte, von diesem Moment an, ein Schicksal: oder doch den leisen, noch kaum wahrnehmbaren Anfang von Schicksal, das sie in diesem Augenblick, um sich gegen die Gefahr, die ihr von Bella drohte, zu wahren, geradezu süchtig annahm. (D, 69)

Wogegen sie sich wehrt, das ist der mögliche Verlust der Unschuld:

> Ihre Vorstellung von Unschuld, die sie so liebte und an der sie so lange festhielt, bedeutete für sie, daß sie auch wirklich nichts wußte, daß sie sich Schlechtes nicht wirklich vorstellen konnte, auch von andern nicht. Nun sah sie es vor sich, so abscheulich nah vor sich, daß sie es bemerken mußte, und vor allem mußte ja Bella sehen und beobachten können, daß sie es aufnahm. Sie fühlte sich von Bella beobachtet. Es war ihr sogar einen Moment so, als sei diese ganze hinterhältige Schedewy-Bella-Komödie nur von Bella erfunden, um sie zu überführen, um ihr die Unschuld zu nehmen, um die sie von ihr ganz sicher beneidet wurde. Sie dachte: Bella ist nicht meine Freundin. Was weiß sie, die Verworfene, überhaupt von wirklicher Freundschaft? Eigentlich ist sie sogar gemein. Sie dachte, sie müßte sich gegen sie wehren. (D, 68/69)

Sexuelles Begehren, wie es ihr bei dem Ärztehepaar offen begegnet, macht ihr ungeheure Angst, sie fühlt sich massiv bedroht, sie flieht in die moralisch legitimierbare Dimension von Leid, die der Strafe für diese Berührung mit ihrem erotischen Begehren entsprechen soll. Sie konstruiert sich ihren Lebenszusammenhang durch Verleugnung der eigenen Innenwelt und nennt es "Unschuld". Es könnte von selbstverschuldeter Unmündigkeit gesprochen werden, die Realität der Gefühle und Begierden wird weggearbeitet, denn Arbeit ist auch das ohne Zweifel, unter dem Signum der Bestrafung durch Krankheit. Entgegen der Behauptung von Dorothea Merz, sie wisse, was sie will, muß davon ausgegangen werden, daß sie mit Hilfe eines "ständigen Arrangements mit den Umständen, in welchem die Person sich selbst undurchsichtig bleibt und auch den eigenen Willen nicht kennt"[270], alle Energie auf die Behinderung dieses erotisch konnotierten Wollens konzentriert.

---

[270] Thürmer-Rohr 1991, S. 31 f.

In einem Gespräch der Schwestern Plinke, Dorothea und Ida, formuliert Ida Wienkötter den von Dorothea als notwendige Bestrafung, als
'Schicksal' idealisierten Zusammenhang von sexueller Lust der Frau
und Krankheit ganz banal:

> - Da muß man eben auch in der Ehe ein anderes Leben führen. Man
> darf da eben als Frau nicht zu nachgiebig sein ... Nun muß es der
> arme Tilmann büßen. (D, 188)

Das von Dorst/Ehler dargestellte Unschuldsmotiv im Weiblichkeitsbild
kann durch drei Kommentare aus den Bereichen Literaturhistorie,
Theorie der Geschlechter und Psychoanalyse erläutert werden.
1. Literarhistorisch ist das Unschuldsmotiv geprägt durch das bürgerliche Trauerspiel: "der Diskurs über weibliche Unschuld <wird> geradezu zum Bestimmungsmerkmal des bürgerlichen Trauerspiels von
Miss Sara Sampson bis hin zu *Kabale und Liebe*".[271] Historisch läßt
sich beobachten, wie in der Frühaufklärung die u.a. von Gottsched
geförderte Tugend, die Männer und Frauen als vernünftige Menschen
auszeichnet, zunächst zur moralischen und schließlich zur sexualmoralischen Kategorie verengt wird. "Tugend wird immer stärker identisch gedacht mit weiblicher Unschuld. Im bürgerlichen Trauerspiel
von Lessing bis Schiller läßt sich diese Verengung des ursprünglich
umfassenden aufklärerischen Tugendbegriffes von der weltgewand-
ten, weltklugen Frau zur *virgo intacta* sehr gut beobachten."[272] Im
Frauenbild der reinen, Wollust verabscheuenden Jungfrau werden
Züge des dem männlichen bürgerlichen Menschen auferlegten Ideals,
frei zu sein von lasterhafter Sinnlichkeit und Sexualität, erkennbar, die
als Tradition fortwirken.[273]
2. Den geistigen Fähigkeiten einer Frau verdanken wir eine der ersten
theoretischen Erörterungen des Unschuldsmotivs unter geschlechter-
theoretischer Fragestellung, - den Untersuchungen der Psychoanalyti-
kerin Lou Andreas-Salomé. Der Unschuldsmetapher in der Literatur
und in den Theorien zur Geschlechterdifferenz Anfang des 20. Jahrhunderts liegen zwei konträre Theorien über den weiblichen Körper

---

[271] Inge Stephan: "So ist die Tugend ein Gespenst". Frauenbild und Tugendbegriff im bürgerlichen Trauerspiel bei Lessing und Schiller, in: Lessing Yearbook 17. 1985, S. 1-20, S. 2.

[272] Ebd. S. 7.

[273] Vgl. Roebling 1993, S. 45.

und die weibliche Sexualität zugrunde: Für Freud läßt "die Zusammenstellung weiblicher Libido jegliche Rechtfertigung vermissen"[274], während Weininger behauptet: "Der Mann hat den Penis, aber die Vagina hat die Frau."[275] Hinsichtlich der geistigen Fähigkeiten einer Frau führen beide Positionen zum gleichen negativen Resultat: Gibt es ohne Sublimationsnot nach Freud auch keine geistige Potenz, so bezwingt nach Weininger die unbändige weibliche Triebhaftigkeit das Denkvermögen der Frau. "Beide Theoretiker - die der weiblichen 'Fleischlichkeit' und die einer mangelnden weiblichen Libido - lassen ihre Analysen also in einer Theorie über die weibliche Benebelung einmünden."[276]

Umso bemerkenswerter ist die historische Leistung von Andreas-Salomé, sich wissenschaftlich mit Aspekten der Geschlechterdifferenz zu beschäftigen. In ihrem Aufsatz, "Was daraus folgt, daß es nicht die Frau gewesen ist, die den Vater totgeschlagen hat"[277], wirft sie die Frage nach dem differenten Verhältnis der Frauen zum Bild des Vaters auf. Ausgehend von Freuds Text "Totem und Tabu"[278] antwortete sie auf die offene Frage nach der Haltung der Töchter in der Geschichte vom mythischen Urvatermord durch die Söhne mit einer Unterwerfungsgeste: sie antwortet mit der Unschuldsbehauptung für die Frau, indem sie eine harmonische Vater-Tochter-Beziehung konstruiert. Anstatt das Skandalon zu thematisieren, daß die Stelle der Töchter leer bleibt in diesem Mythos, macht Andreas-Salomé ein Harmonisierungsangebot. Andreas-Salomés Aufsatz ist ein zärtlicher Tochter-Text, sie schreibt vom "letzten zarten Schwips gewisserma-

---

274 Sigmund Freud: Gesammelte Werke XV, S. 140; zit. in: Christina von Braun: Die Erotik des Kunstkörpers, in: Irmgard Roebling (Hg.): Lulu, Lilith, Mona Lisa. Frauenbilder um die Jahrhundertwende. Pfaffenweiler 1988, S. 1-17, S. 1.

275 Otto Weininger: Geschlecht und Charakter. Wien/Leipzig 1917, S. 116; zit. in: v.Braun 1988, S. 2.

276 v.Braun 1988, S. 3.

277 Lou Andreas-Salomé: Was daraus folgt, daß es nicht die Frau gewesen ist, die den Vater totgeschlagen hat, (zuerst in: Almanach des internationalen psychoanalytischen Verlages, Bd. 3, Wien 1928, S. 25-30) in: Lou Andreas-Salomé: Das 'zweideutige' Lächeln der Erotik. Freiburg 1990, S. 237-242.

278 Sigmund Freud: Totem und Tabu (1912), in: GW IX, S. 171; zit. in Andreas-Salomé 1990, S. 237 Anmerk. 1.

ßen"[279], der die töchterliche Vaterbindung auszeichnet. Durch das Konzept der Unschuld der Schwestern gegenüber der Urschuld der Brüder schließt sie die offene, leere und wunde Stelle im Text des väterlichen Lehrers Freud. Bei Andreas-Salomé entsteht gegen das Bild des despotischen Vaters, das aus den Geschichten der Söhne überliefert ist, ein *"imaginärer* Vater, gewissermaßen die Sonnenseite des finsteren Bildes vom Despoten"[280], der liebevoll, gewährend und großzügig schenkend ist. Das Bild beinhaltet die Vorstellung einer väterlichen Allmacht, an der die Tochter teilhaben will, indem sie in der Phantasie eins mit ihm wird. Andreas Salomé zufolge sind die Töchter ausgenommen vom für männliche Menschen notwendigen Prozeß der Identifizierung mit väterlichen Anteilen zugunsten einer immerwährenden Idealisierung des (Vater)Objekts. Der Ich-Bereicherung, die geschieht, wenn der Mann das idealisierte Vater-Objekt aufgibt und sich das identifizierende Ich entsprechend dem Vorbild ändert, entspricht bei den Frauen eine bleibende Bindung und Fazination gegenüber der Autorität des Vaters. Diese Nähe zur väterlichen Autorität bedeutet für das weibliche Geschlecht gemäß Andreas-Salomé: "Durch diesen inneren Umstand rundet auch alle übrige Entfaltung des Wesens sich innerhalb des Ursprünglichen eher ab, harmonisiert und bannt sich gleichzeitig darin; auch da noch, wo sie in ihren Dimensionen zunehmen mag, wie allseitig es auch geschehe, muß dies Kreishafte dazu nicht gesprengt sein. < ... > in jedem Fall behauptet man nicht ganz zu Unrecht, dem gesamten Geschlecht gehe das eigentliche Gefühlsverständnis ab für letzte Gewissensstrenge und Gesetzesordnung, für das von außen her Bestimmende, Imperativistische, als habe es da eine Art von Nüchternheit vor dem empfindlicher reagierenden Manne voraus: es hat eben seine Gesetzlichkeit und Ordnung anderswo."[281] Die Frau ist nach Andreas-Salomé ein im eigenen, väterlich gebundenen Sein wurzelndes und in sich kreisendes, in sich ruhendes Wesen. Sie ist kaum individualisiert gedacht, sondern vorgestellt in in-

---

279 Andreas-Salomé 1990, S. 239.

280 Elfriede Löchel: "Wie findet sie den Weg zum Vater?" Geschichten zu Vater(mord) und Geschlecht, in: Riss. Zeitschrift für Psychoanalyse Nr. 18. Zürich 1991, S. 5-31, S. 22 f.

281 Andreas-Salomé 1900, S. 239 f.

takter Harmonie mit den kosmischen Kräften, als Teil mystischer To-
talität.

Aus gleichsam schwesterlichem Blickwinkel läßt sich Andreas-Salomés Text beschreiben als Betonung einer weiblichen Sichtweise unter
Vernachlässigung anderer weiblicher Sichtweisen. In Andreas-Salomés kosmischer Sehnsucht verbirgt sich psychologisch gesprochen
ein hysterisches Begehrensmuster, das Andreas-Salomé für "das Wesen aller Frauen, das Wesen der Weiblichkeit"[282] hält. Dabei blendet
sie die beiden anderen weiblichen Begehrensformen, die Freud entwickelt, die Formen 'Männlichkeitskomplex' - "Solch eine Tat der
Weiber läßt sich denken"[283] -, und 'normale Weiblichkeit' - in
"wunder und verweinter Sehnsucht"[284] - aus. Andreas-Salomés
"Text zeigt sich uns jetzt als getrieben von einem hysterischen Begehren, als eine Inszenierung der 'gläubigen Verblendung', von der er
handelt."[285] Lou Andreas-Salomé ist der Gruppe der Hysterikerinnen
zuzuordnen, "die sich *dem Mordgelüst der aufsässigen Brüder und
enttäuschten Schwestern am liebsten widersetzen würden.*"[286]

3. Von grundsätzlicher psychologischer Art ist die Betrachtungsweise
des   weiblichen   Unschuldsmotivs   unter   dem   Stichwort
'Verantwortung'. Dorotheas Unschuldssehnsucht ist zu lesen als
Flucht vor der Verantwortung und Wunsch nach einem schuldlosen
Zustand. In Dorothea Merzens Struktur sind deutliche Anzeichen einer
Verantwortung scheuenden Person mit unflexiblen Maßstäben und
Forderungen erkennbar, die auf unversöhnliche innere Prozesse
schließen lassen. In der bis in die Adoleszenz offenkundigen und darüber hinaus virulent bleibenden Ambivalenz zwischen Verschmelzung
und Indivdualität, Abhängigkeit und Emanzipation entsteht in der Aneignung eigener Maßstäbe ein Ich, das sich als verantwortlich han-

---

[282] Elfriede Löchel: "My heart belongs to Daddy", in: Fragmente 34, Kassel
1990, 52-61, S. 58.

[283] Achill in Heinrich Kleist: Penthesilea, in: Ders.: Sämtliche Werke und Briefe
Bd. 1. München 1984, 15. Auftritt, Vers 1952; zit. in: Löchel, 1990, S.
57.

[284] Rainer Maria Rilke: Das Florenzer Tagebuch. Frankfurt 1988, S. 32; zit. in
Löchel, 1990, S. 58.

[285] Löchel 1990, S. 58.

[286] Edith Seifert: 'Was will das Weib?' Zu Lust und Begehren bei Freud und
Lacan. Weinheim 1987, S. 18; zit. in: Löchel 1990, S. 58.

delnde Person erlebt: "Wenn wir uns von dem Wort Verantwortung leiten lassen, können wir sagen, daß Aneignung darin besteht, daß wir auf das Drängen unserer Wünsche und Impulse eingehen und anerkennen, daß es die unseren sind. Ein strenges, unnachgiebiges Überich ist unempfänglich und in diesem Sinne unverantwortlich. Wird es nicht modifiziert, führt es zur Selbstzerstörung, oder es muß bestochen und korrumpiert werden. Eine selbst herbeigeführte oder 'arrangierte' Strafe ist eine Form solcher Korruption; sie besänftigt das Schuldgefühl lediglich eine Zeitlang."[287]
Dorothea Merz repräsentiert mit ihrer 'Strenge' in diesem Sinne ein unverantwortliches Überich; ihr Überich ist zu unbeweglich, um sich Handlungen und Gedanken stellen zu können, die unter unbedingter Gültigkeit rigider Autorität zwar verbrecherisch scheinen, aber auf dem inneren Schauplatz der Person als wiederhergestellte Beziehungen eigener Präferenz versöhnt werden könnten. Dorst/Ehler zeigen, wie die Angst vor der Verletzung der "'heiligen' Unschuld der primärnarzißtischen Einheit"[288] wirksam wird in Dorothea Merzens Selbstbild. Diese Unschuldsvorstellung speist sich aus der undifferenzierten Quelle, die der aufkeimenden kindlichen Sexualität vorauszugehen scheint. Dorst/Ehler enthüllen, wie Dorothea sich durch die Unschuldsbehauptung und Unschuldssehnsucht davor schützt, Verantwortung und 'Schuld' zu übernehmen. "Der imaginäre Vater mag als versagend, verbietend, despotisch oder aber auch als versorgend, gewährend, liebend erscheinen. Doch nur der symbolische befreit zu einem je eigenen Leben. Der Zugang dazu führt notwendig über den Weg des 'emanzipatorischen Vatermordes' im Imaginären, der - wie Lou sehr genau sieht - immer auch den Tod des Subjekts mit ins Spiel bringt <...>. Weder die Emanzipation aus traditioneller paternalistischer Bevormundung noch die Ethik des Begehrens kommt ohne das Aufsichnehmen des imaginären Vatermordes aus."[289]
Die Aspekte vehement beanspruchter Unschuld und damit korrespondierender Verdrängungsmechanismen gegenüber jeglicher Wahrnehmung eigenen schuldhaften Fühlens und Verhaltens bilden einen

---

[287] Loewald 1986, S. 387.

[288] Ebd. S. 391.

[289] Löchel 1990, S. 59; den Ausdruck 'emanzipatorischer Vatermord' zitiert Löchel in Loewald 1986, S. 384.

wichtigen Teil des komplexen Weiblichkeitsbildes der Dorothea Merz, deren Analyse in differenzierteren Diskussionen psychoanalytischer Theorien weitergeführt werden müßte. "Die Schuldproblematik ist bei den Frauen so hartnäckig, weil Geschichte und Ontologie zusammenwirken. Die traditionell bedingte Angst, sich durch eigenes Wünschen am Frau- und Muttersein zu verschulden, vermischt sich mit der 'ontologischen' Angst, als wünschendes Subjekt das existentiale Unzuhausesein übernehmen und aushalten zu müssen."[290] Das schließt den Blick auf die notwendige Veränderung gültiger misogyner Moralvorstellungen mit ein, wie es eine Zeitgenossin der fiktiven Frauenfiguren, Helene Stöcker, bereits formuliert hat. "Helene Stöckers Ansatz öffnet Perspektiven auf vielfältige Formen des Zusammenlebens, denn er geht an die Substanz der historisch geprägten Geschlechtscharaktere. In ihren Worten wäre die Selbstliebe der Frau eine Abkehr von der traditionellen Moral und eine Folge der Einsicht, daß *wahllose Aufgabe des inneren Selbst* viel verhängnisvoller ist als die verachtete Preisgabe des Körpers.'"[291]

3.2.3 Ästhetik

> Das Haus, in dem Rudolf und Dorothea leben wollten, sollte schlicht sein, keine mondäne Villa. Dorothea stellte es sich vor wie das "Haus in der Sonne" des schwedischen Malers Carl Larsson, das sie schon lange von Bildern in einem Band der Blauen Bücher kannte. (D, 23)

Seit der Jahrhundertwende übt Carl Larssons "Haus in der Sonne", von 1895, als "eine Art von kosmisch, nicht mehr bengalisch beleuchteter Lebensform"[292] große Anziehung auf natur- und kunstbegeisterte junge Menschen aus. Mit dem Hinweis auf die durch ein anspruchsvolles Programm definierten Blauen Bände wird Dorothea Merzens Zugehörigkeit zu einer bildungsbürgerlichen, reformnahen Gruppe

---

290 Alice Holzhey-Kunz: Emanzipation und Narzißmus. Vom Zwiespalt des Wünschens, in: Journal 15, 1987, 29-35, S. 34; zit. in: Löchel 1990, S. 59.

291 Christel Eckart: Töchter in der "vaterlosen Gesellschaft". Das Vorbild des Vaters als Sackgasse zur Autonomie, in: Carol Hagemann-White und Maria S. Rerrich (Hg.): FrauenMännerBilder: Bielefeld 1988, 170-192, S. 190 f; Zitat von Helene Stöcker: Die Liebe und die Frauen. Minden 1906. <Hervorhebung von G.H.>

292 Ernst Bloch: Das Prinzip Hoffnung Bd. 3. Frankfurt/M. 1967, S. 440.

deutlich, die ihre Wertmaßstäbe aus dem von wenigen Verlagen repräsentierten Angebot bezieht:

> Ein neuer Wechselrahmen für die Ackermann-Kunstpostkarten (Caspar David Friedrich, Madonna im Rosenhaag, Madonna mit den vielen Tieren von Dürer, Hans Thoma, Moritz von Schwind); in der Buchhandlung kaufte sie ein Inselbändchen (Mitbringsel für Mora). (D, 89 f.)

Dorothea Merz ist eine Figur, in der die Simplifizierung dieser Maßstäbe im alltäglichen Umgang zum charakteristischen Klischee gerät; zwei Szenen dienen der Verdeutlichung:

> 1.
> Elsbeth <die Schwägerin von Dorothea>:
> - *Ich* möchte in meinem Haus schon Treppen haben. Und außen eine Freitreppe, des is des schönst! Zu Dorothea: Ihr habt ja auch so eine.
> Dorothea:
> - Die wollte Rudolf haben. Aus ästhetischen Gründen. *Mir* kann ein Haus gar nicht schlicht genug sein.
> Rudolf lächelnd, freundlich:
> - Aber schließlich hat es dir doch gefallen. Und die beiden Säulen auch.
> Dorothea:
> - Ja, weil sie klassisch sind. Und das Klassische ist ja auch das Schlichte. (D, 144)
>
>
> 2.
> Frau Falk:
> - Ich vererbe nichts.
> Dorothea:
> - Aber jeder Mensch will doch für seine Kinder sorgen!
> Frau Falk:
> - Klara hat ihren Beruf, sie braucht nichts. das Haus vermache ich der Arbeiterwohlfahrt.
> Dorothea:
> - Sie wollen, daß Ihr Haus in fremde Hände kommt? Wenn etwas so lang in der Familie ist, hängt man doch daran.
> Frau Falk:
> - Jede Frau braucht einen Beruf, damit sie nicht ein Parasit der Gesellschaft wird.
> Dorothea:
> - Das schöne Haus!
> Frau Falk:
> - Die Frau gehört in die Produktion und die Kindererziehung übernimmt der Staat.
> Dorothea:
> - *Ich* würde mein Kind nie weggeben, wenn es mir noch so schlecht ginge!
> Rudolf:
> - Das dürfen sie einer frischgebackenen Mutter natürlich nicht sagen, Frau Falk. Und einem Vater auch nur so cum grano salis. (D, 56)

Frau Falk spricht als weltanschauliche Außenseiterin, Dorothea braucht ihre Position bezüglich Kindererziehung und Eigentum nicht zu verteidigen, Rudolf widerspricht auch nur schwach, um der Konversation willen. Dorst/Ehler motivieren Frau Merzens Sicht mit ästhetischen, "das schöne Haus", emotionalen und persönlichen Gründen, "man hängt daran" und "*Ich* würde". Dieses ästhetisch-emotionale subjektive Begründungsmuster entspricht einer Codierung als kultureller weiblicher Geschlechtscharakter, während der unmittelbare Bezug auf die biologische Mutterschaft vom Mann zusätzlich genannt wird.

Alltagsrelevant wird Kunst für Dorothea Merz bei der Beerdigung ihres Mannes und der folgenden Stilisierung eines Elements der Ansprache des Pfarrers: sie gebraucht Dichterworte als Lebenshilfe. In der Grabrede auf Rudolf Merz spielt Pfarrer Jarosch an auf Nietzsche, "den er oft las", und auf Nietzsches "eigentlich christliches Wort" über die Leidensfähigkeit des Menschen als Zeichen seiner Größe. Der Pfarrer endet mit dem Wort Goethes:

> so läßt er hinter sich im 'wesenlosen Scheine/ das was uns alle bändigt, das Gemeine.'[293] (D, 177)

Dorothea nimmt bezug darauf beim Anblick eines Adlers, den der befreundete Bildhauer Wollschedel als Auftragsarbeit für einen Nationalsozialisten, "Wächtler, dieser Parteimensch", gegen die Überzeugung seiner Frau Mora angefertigt hat. Während diese sich empört: "Mir wäre lieber, er würde Grabsteine machen, Grabsteine und Grabsteine, für die ganze Nazibagage. Aber keine Adler"(D, 163), verfällt Frau Merz in eine für sie typische ausweichende Verhaltensweise: wo ihr keine angemessene Zuordnung von Situationen und Prinzipien gelingt, kombiniert sie Beliebiges, 'objektiv' Unvereinbares aufgrund subjektiver Stimmungen:

> ein wunderbares Symbol, dachte Dorothea, für den Geist, der sich befreit, der die Materie hinter und unter sich läßt, 'im wesenlosen Scheine.'(D, 183)

Dorst/Ehler enthüllen mit beißender Ironie, wie Dorothea Merz in schwierigen Situationen von Angst, Trauer und Vergeblichkeit Zu-

---

293 Goethe: Epilog zu Schillers Glocke, 1805.

flucht sucht in trivialisierten Erinnerungsmomenten, die Ruhe und er-
hebende Geborgenheitsgefühle suggerieren:

> Pfarrer Jarosch wenigstens erinnerte sie an Rudolf, mit seinem schö-
> nen Ernst und in seinem schwarzen Anzug, wenn auch nur an die ern-
> sten Momente und vielleicht auch nur deshalb, weil er in seiner Grab-
> rede das Wesen ihres Mannes so bis ins Innerste erkannt und be-
> schrieben hatte. (D, 218)

In Dorothea Merz entsteht eine Frauenfigur, die in extremer Weise die
entlastende und harmonisierende Seite von Ästhetik für sich in Anspruch nehmen möchte, ohne die entsprechenden Erschütterungen,
die ästhetische Wahrnehmung im Unterschied zu Trostbrevieren auszeichnet, zu akzeptieren.

> Ich empfinde: die Kunst muß dem Menschen etwas geben, einen Aus-
> blick, etwas, das ihm Mut macht, all das Niederdrückende im Leben
> zu überwinden. (D, 186)

Die permanente ästhetisierende Überhöhung der alltäglichen Lebenswirklichkeit offenbart auch eine Szene mit der alten Dorothea Merz:

> Ich hatte immer diese ganz große Sehnsucht nach dem Einfachen. Die
> Kleider, die ich getragen habe, immer weiß und ganz schlicht. Klassi-
> sche Schlichtheit! Das fand auch euer Vater gleich beim ersten Mal so
> ungewöhnlich. (C, 570)

Anhand der zeittypischen Reformkleidung dokumentieren Dorst/Ehler
zum einen die Koinzidenz der ästhetischen Vorstellungen der Jugend-
stil-Künstler mit den hygienischen der Lebensreformer. "Das von dieser Bewegung < die Kleiderreformbewegung > entworfene Reform-
kleid intendierte 'nichts geringeres als eine vollständige Umwertung
des Schönheitsbegriffs', eine Rückbesinnung auf das in den antiken
Skulpturen Gestalt gewordene Schönheitsideal."[294] Frau Merz zeichnet beständig an einem auf Ästhetik reduzierten Selbstbild von der im
Gegensatz zur "Großstadtdame" (D, 42) 'natürlichen' Frau, die "im
einfachen Waschkleid durch den Ort" (D, 42) geht. Ihre konventionelle Seite verleugnet sie:

> DOROTHEA Das kommt mir aber komisch vor, ich habe doch nie
> einen Hut getragen. Wo soll denn das sein?
> KLARA *freundlich* Ich glaube, das war in Berlin, wie du deinen Bruder
> besucht hast. (C, 580)

---

[294] Krabbe 1974, S. 110.

Zum anderen charakterisieren Dorst/Ehler Dorothea als extrem außengeleitete Person, die in rührender Unbekümmertheit zeittypische ästhetische Stereotype reproduziert, in denen ihre individuellen Überzeugungen und Bedürfnisse stillgestellt sind.

3.2.4 Kulturelle Bildung

Dorothea Merz liebt nicht nur Kunst, sondern auch Kultur, und sie hat kulturelle Bildung, wie ihr Heinrich Merz vorwirft,

> Bücher, Musik, Kultur, Kultur, irgendwas muß da doch herauskommen (C 595),

zum Kern der Erziehung ihrer Kinder gemacht. In der Fortsetzung des oben genannten Gesprächs über Häuser, Freitreppen, Säulen usw. bringt die Schwägerin ein wichtiges Motiv von Dorotheas Kunstsinnigkeit auf den Punkt:

> Elsbeth gibt noch nicht auf:
> - Aber was Besonders ist es doch! (D, 144)

Kultur kann erstens verstanden werden als Element, das den spezifischen Status des Individuums innerhalb einer Gemeinschaft anzeigt und bekräftigt, und zweitens als standardisierte allgemeine Bildung einer Gemeinschaft. Beide Momente des Kulturbegriffs sind nützlich, um die Verhaltensweisen von Frau Merz zu beobachten.
1. Zur Statussicherung gehört das bekannte Klischee, daß Geist mehr gilt als Geld:

> In ihrer Familie besitzen alle Aktien, das ist ganz selbstverständlich. Aber man spricht nicht über Geld. Der Gedanke an Geld lähmt und beschmutzt den Geist. Das hat sie von Rudolf. Rudolf hat über seinen Bruder gesagt: Er ist so ein Geldmensch.(D, 182)

Die akzeptierte Beschränkung ihres weiblichen Erfahrungsraums auf den Binnenbereich des 'Hauses', die Ausgrenzung von 'Welt' wird kompensiert: Auf den Verlust von 'Welt' folgt Geringschätzung (Über Geld spricht man nicht) der ökonomischen Verhältnisse einerseits und die Idealisierung dieser Ausgrenzung als "Selbstlosigkeit" (D,148) andererseits. Sie übernimmt die Wertung ihres Mannes, die dieser als Ingenieur aus seiner besonderen Einschätzung kaufmännischer Tätigkeit abgibt, als abstrakte Lebensregel. Dorothea lebt zunächst ohne konkreten Bezug zur materiellen Grundlage ihrer Existenz, sowohl im

Elternhaus, dessen materielles Streben sie verachtet, als auch in der Ehe, solange sie besteht. Dann steht sie als Witwe mit zwei kleinen Kindern da und empfängt die Ratschläge ihrer Herkunftsfamilie:

> Und für die Zukunft, die Söhne und die Fabrik, beieinander! ... Sozu-
> sagen ... Das ist es, darauf kommt es in diesem Augenblick an! Ich
> rate dir, Schwägerin: bleibe!
> Frau Wienkötter.
> - Selbstverständlich bleibt sie! Was sind denn das für Vorträge? Wo
> soll sie denn sonst hin? (D, 178)

Erst nach dem Tod ihres Mannes wird die Abhängigkeit vom Schwager bzw. von seinen betrügerischen Machenschaften zum einen eine 'genierliche' - "Ich habe mich geniert für dich!" (D, 210) - Erfahrung, und zum anderen eine schmerzliche, da sich der "Geldmensch" Erich, den sie als "unempfindlich und ein bißchen primitiv" (D, 206) charakterisiert, gegen die Verachtung der "höhern Wesen" (D, 210) zu wehren weiß, indem er ihr Erbteil, auf das sie angewiesen ist, reduziert.

In einem Brief beschreibt Rudolf Merz ihre Ansprüche an "ernsthafte", bildungsbeflissene Unterhaltungen ebenfalls als Möglichkeiten der Statusbekräftigung:

> aber es gibt auch sehr ernsthafte Gespräche genug - ich sehe dich
> schon dasitzen und lauschen. Du mit deiner großen Sehnsucht, dich
> vom Mittelmaß zu entfernen. (D, 100)

Ihr Individualismus, "Lauter Individualisten!" (C, 578), "Wir sind doch alle ganz ausgeprägte Individualisten" (C, 585), entspricht der zeittypischen Form von Normalität ihrer Schicht. Dieses Bedürfnis nach etwas Besonderem, der ausgeprägte Wunsch, "seinen eigenen Stil zu haben" (D, 206), wird auch durch ihr Lieblingsbuch "In den Wäldern" befriedigt, so daß ihre prätentiöse Betonung dieser Merzschen Spezialität ein kurioses Beispiel für die Suche nach statusgerechter Selbstdarstellung abgibt. Dorothea Merz beschäftigt sich gar nicht mit dem sozialphilosophischen Thema des Buchs; sie versteht ihre Lektüre als unmittelbare Teilhabe an Thoreaus geistiger Größe und Bedeutung und sieht sich in lesender Ergriffenheit als moralische Verbündete des Schöpfers von "großen Gedanken". (C, 596) Ihre Lektüre ist völlig losgelöst von den politischen Bedingungen und Folgerungen des Buches und des zugrunde liegenden Experiments; sie träumt:

ein riesengroßer, verwilderter Garten ... Schlehdorn ... mit einer weißen Gartenhütte und dahinter fangen die Kornfelder an... Er wird mir
das Leben erklären ... und ich werde alles verstehen. (C, 596;
(intratextuelle Zitate: "Wellen" D, 66; Kornfeld D, 63)

In ihrem Alltag pflückt und putzt sie Beeren und Obst manchmal selber; von den großen Ansprüchen bleibt ein bißchen Gartenarbeit, die
eigentlich von dem Hausmädchen erledigt werden soll, es bleibt eine
Beschäftigung, eine Laune übrig.(D, 165)

2. Welchen Bezug hat sie zum zweiten Moment des Kulturbegriffs,
der allgemeinen Bildung? Kennt sie aus persönlichem Erleben Bil-
dungsgüter, Ideale z.b. religöser, heimatlich-regionaler, allgemein kultureller oder alltagskulturell praktischer Art, die sie weitergeben
könnte? Ihr Elternhaus hat ihr keine Erfahrung, die über materielle Interessen hinausgeht, vermittelt, sagt sie. Beim Geschenk für die
Schwester formuliert sie als deren Maßstab: "Hauptsache, es kostet"
(D, 90). Die Distanzgefühle zu der gesamten Herkunftsfamilie betont
sie bei der Taufe des zweiten Kindes. (D, 88f.)
'Ideale' nennen Dorst/Ehler die Szene (34 IDEALE, D, S. 89-95), in
der Frau Merz anläßlich eines Disputs über einen Trupp von SA-Män-
nern mit der Opernsängerin Mora aus dem "Bedürfnis, einen moralischen Standpunkt einzunehmen", betont: "Ideale haben nicht alle
Leute, heutzutage".(D, 92) Idealismus bedeutet für Dorothea nicht
nur, entsprechend für wertvoll gehaltenen Ideen den Tatsachen nicht
blind zu folgen, sondern auch, den Tatsachen auszuweichen. Das
Programm ihres Idealismus läuft auf die unvermittelte Evokation ab-
strakter Thesen hinaus; der Vermittlungsarbeit, bestimmte Ideale und
konkrete Tatsachen ins Verhältnis zu setzen, weicht sie aus. Ihre
Schwierigkeit, den von den Nationalsozialisten propagierten Werten,
wie Hierachie, Loyalität gegenüber der Volksgemeinschaft, Akzeptanz
von Aggression, zu widersprechen, entspringt ihrer Unfähigkeit, uni-
versalistische Werte erkennen, benennen und anerkennen zu können,
denen eine moralisch legitimierte kulturelle Erziehung folgte. Jede Art
eigener politisch-moralischer Orientierung bleibt unmöglich, "solange
sie sich an die Auflagen der Weiblichkeit hält und an deren wesentli-
ches *essential*: den Reiz der Unwissenheit".[295]

---

[295] Thürmer-Rohr 1991, S. 31.

Wenn sie die Eckpunkte ihres Bildungskonzepts im Ton ungebroche-
ner Überzeugung verkündet, wird deutlich, daß sie den in der protestantischen Werteethik formulierten Prinzipien ihrer Herkunftsfamilie
verpflichtet bleibt:

> Glücklich kann man nur sein, wenn man tätig ist und wenn man seine
> Talente nutzt.(C, 594)

> Wie dein Vater: ein suchender und ein tätiger Mensch.(C, 594)

> Ich bin nicht zufrieden. Das habe ich von meinem Mann gelernt. Man
> darf nicht mit allem zufrieden sein. Man muß Ansprüche stellen. Vor
> allem an sich selbst.(C, 588)

Diesem Tugendkatalog entspricht komplementär eine Liste der Laster
von Faulheit über Egoismus und Schmutz bis zu Verkommenheit, die
sie ihrem Vetter Paul zuschreibt. (C, 593 f.)[296] Die Brüchigkeit der
vorgeblich soliden normativen Bildungsbausteine demonstrieren
Dorst/Ehler, indem sie Dorothea bei der hilflosen Tätigkeit zeigen, die
Fassade aufrecht zu halten. Stabil ist nur der verzweifelt-komische
Behauptungscharakter ihrer bildungsbürgerlichen Thesen.
Auch an Dorothea Merzens Tagebucheintragungen läßt sich zeigen,
wie Dorst/Ehler die vorgebrachten Selbstapplikationen Dorotheas als
vorgemachte enthüllen. Das Tagebuch wurde historisch zum Inbegriff
profanisierter christlicher Tugendlehre. Es erlaubt eine Form der täglichen Tugendbilanz, die Benjamin Franklin populär gemacht hat.[297]
Dorst/Ehler setzen es mehrfach ein (D, S. 42, 49f., 62f., 124, 172,
186), um Dorotheas Verhalten als Balanceakt zwischen Vorgeblich-
keit und Vergeblichkeit zu charakterisieren. Am Anfang schreibt die
junge Frau Merz mit klassischem Pfadfinder-Ethos:

> Einen guten Gedanken haben jeden Tag. Eine ganze Woche ist es mir
> nicht gelungen. (D, 49)

Es entsteht eine Entwicklung, die ihrem Mann, der die erzieherische
Wirkung dieser Disziplinierung unterstützen möchte, entgeht:

---

[296] S. Held des Dorst/Ehlerschen Stücks Herr Paul, 1993.

[297] Vgl. Max Weber: Die protestantische Ethik und der Geist des Kapitalismus
(1920), in: Ders.: Die protestantische Ethik. München 1975, S. 27- 84, S.
84 Anm. 29.

> - Vielleicht schreibst du sie <eine Geschichte> in dein Tagebuch.
> - Tagebuch führe ich schon lange nicht mehr. Kann aber sein, daß ich
> mir die Tunnelgeschichte aufschreibe, und das große rote Ohr dazu,
> damit du was zu Lachen hast, wenn du es liest.
> Rudolf:
> - Ich lese doch deine Aufzeichnungen nicht, Dorothea. Das weißt du
> doch, die sind deine eigenste Angelegenheit und sollen es bleiben.
> Sonst schreibst du am Ende nur Sachen hinein, die andere lesen sol-
> len. Das ist dann nicht aufrichtig. (D, 124)

Den Versuch, wahrhaftig und schonungslos das eigene Verhalten zu protokollieren, beendet Dorothea Merz bald, da ihr jeder Zugang zu den "eigensten Angelegenheiten" im erzieherischen Sinn der Gewissenserforschung fehlt. Sporadisch erfüllt das Tagebuch später die Funktion des geheimen und tröstenden Vertrauten (Streit mit Anna Falk, D, 172 und Verdrängung des SA-Erlebnisses, D, 186).

Anhand dieser Funktionen des Tagebuchs wird erkennbar, in welchem Zustand von sozialer Isolation Dorothea Merz sich befindet. Es ist traditionell die Aufgabe und die Chance von Familienfrauen, die Verbindungen im sozialen Nahbereich, in Verwandtschaft und Nachbarschaft, im Freundeskreis und in der Kirchengemeinde, zu pflegen. Dorothea Merz bemüht sich redlich, mit den Gegebenheiten zurecht zu kommen, so unattraktiv sie auch auf sie wirken. Die Schwester mag zu Recht spotten:

> Grünitz? Was hast du denn da für Umgang? Das liegt ja so weit ab.
> Da kannst du ja gleich nach Polen ziehen. Und Dorothea hatte ihrer
> Schwester zum Trotz geantwortet: - Polen ja nicht, aber in den Wäl-
> dern soll es meinetwegen sein, da bin ich am liebsten mit Rudolf.(D,
> 20)

In dem Maße, wie sie die Bedeutung des sozialen Umfelds unterschätzt oder sogar bestreitet, muß sie die Bedeutung ihres privaten, voluntaristischen Zurück-zur-Natur-Entwurfs überschätzen. Das Angebot einer Buchhandlung idealisiert sie in ihrer typischen Oberflächlichkeit: "mit Herrn Breitner kann man sich wunderbar unterhalten." (D, 52)

Bei der Pflege der Arbeiterkinder nimmt die noch unverheiratete Dorothea Plinke teil an moralisch begründeter Armenpflege: gute wohlhabende Menschen verhelfen gestrauchelten armen Menschen zu einem sittlichen Lebenswandel. 'Ihre' Bedürftigen, Kinder in einer Krippe im Ruhrgebiet, sind bei ihr nicht sozial-politisch und ökonomisch, sondern moralisch und ästhetisch definiert: "Wenn ich an meine 'Krippe' mit

den asozialen Kindern denke, viele waren verlaust und Krätze." (D,
42) Als Frau Merz macht sie Weihnachten mehr schlecht als recht die
obligaten Frau-Direktor-Besuche bei den Arbeiterfamilien. Dabei ist sie
selbst wegen der Krankheiten von Mann und Sohn dem Mitleid der
Leute ausgesetzt, so daß sich die Ausgangssituation verkehrt. Die
Rolle der großzügigen, hilfsbereiten Gattin gerät unter der Last der tabuisierten krankheitsbedingten Sorgen der Merzfamilie zu peinlichen
Auftritten. (28 ÄPFEL, NÜSS UND MANDELKERN, D, 82-84)
Die Person im Dorf, die tatsächlich nach sozialkulturellen Überzeugungen handelt, empfindet sie als stärkste Rivalin; Dorothea über
Anna Falk: "Ich finde sie so niederdrückend" (D, 57), und anschlie-
ßend:

> Rudolf:
> - Sie macht keine Zugeständnisse an andere Menschen. Deshalb
> macht sie auch keine Konversation, wie du das gelernt hast. Du willst
> dich gefällig machen.
> Dorothea empört:
> - Aber *ich* mache doch nicht Konversation! Ich habe das immer ge-
> haßt!
> Nach einer beleidigten Pause:
> - Sie ist doch einfach unhöflich!
> Rudolf:
> - Du willst es den anderen immer leicht machen.
> Dorothea:
> - Das muß man auch. Sonst ist man unsozial. (D, 57)

Sie entspricht mit dieser sozialen Anpassungsbereitschaft dem
"Frauen-Muster" der "Richtigen", das 1932 von Alice Rühle-Gerstel[298] formuliert wird: Das Ziel der "Richtigen ist "unstarr", der
"Altrozentrismus, die Interessiertheit um andere, steht im Mittelpunkt
dieses Frauencharakters. Es scheint, als drückten die Frauen damit die
geringschätzige Meinung der Männer über 'die Weiber' aus: Was lohnt
es sich denn, mich selbst in den Mittelpunkt zu nehmen!"[299]

---

[298] Alice Rühle-Gerstel: Formenwandel weiblicher Leitlinien, in: Dies: Das Frauenproblem der Gegenwart. (1932) 1972, zit. in: Ingeborg Nordmann: Alice
Rühle-Gerstel. Frauen-Muster, Musterfrauen. Formenwandel weiblicher
Leitlinien, in: Freibeuter 38. Berlin 1988, S.115- 119; - Alice Rühle-Gerstel,
geb. 1894 in Prag in einer jüdischen Familie, Studium der Philosophie und
Literatur in München, 1921 Heirat mit dem nonkonformistischen Theoretiker der proletarischen Kultur Otto Rühle, Publikationen und Vortragstätig-
keit, Emigration nach 1933 über Prag nach Mexiko, 1943 Freitod nach dem
Tod des Ehemanns.
[299] Rühle-Gerstel 1932, S. 115.

113

In Erinnerung an Dorotheas anläßlich des Ausdrucks "holdes Weib" (D, 32) deutlich gewordenes Gespür für die latent präsente Misogynie jeder Frau gegenüber kann eine Art self-fulfilling-prophecy beobachtet werden: Weil Frauen sich Geringschätzung ausgesetzt glauben, verleugnen sie jede möglicherweise 'weiblich' zu nennende Identität, vernachlässigen sie auch die eigene kulturelle Bildung gegenüber der allgemeinen politisch-moralischen "Kulturaufgabe der Frau"[300]. Im Frauen-Muster der "Richtigen" charakterisiert Rühle-Gerstel den zentralen Aspekt des Frauentypus der Dorothea Merz, die "äußerst prosaische und rationale Zwangsläufigkeit im weiblichen Dasein, deren Überzeugungskraft keiner mystischen Ersatzwelt bedarf, sondern darin besteht, *daß* sie funktioniert: den Konformismus."[301] Dieser Typus ist gekennzeichnet durch die Verbindung von "Selbstlosigkeit" (D, 148) und Familienegoismus, von Konformismus und Flucht in die Idylle. "Damit hat Alice Rühle-Gerstel ein Grundmuster funktionierender Normalität getroffen, das auch unter dem Nationalsozialismus den Zusammenhalt des Systems garantierte."[302]
Tankred Dorst bekräftigt den Akzent der Richtigen mit einer Bemerkung über Dorothea Merz: "Das Rührende an dieser Figur ist, daß sie sich anstrengt, alles richtig zu machen, sich dabei so anstrengt und doch nichts durchschaut."[303] Das Erbe dieser Frauenfiguren ist sozialpolitisch von hoher Brisanz: kulturelle Bildung unter der Anleitung von Familienfrauen bedeutet demnach konformistische Unterordnung unter gesellschaftlich wirksame Normen.

3.2.5 "Meine beiden Sorgenkinder"

Der spezifisch weiblichen Verschränkung von Unterordnung und Stützfunktion[304] folgt die Untersuchung von mütterlichen Aspekten

---

[300] These über die bürgerliche Frauenbewegung, zit. in: Meike Baader: Unschuldsrituale in der deutschen Frauenforschung zum Nationalsozialismus, in: Babylon. Beiträge zur jüdischen Gegenwart, Heft 9/1991 Frankfurt, S. 140-145, S. 143.

[301] Ingeborg Nordmann: Alice Rühle-Gerstel. Frauen-Muster, Musterfrauen. Formenwandel weiblicher Leitlinien, in: Freibeuter 38. Berlin 1988, S. 115-127,S. 125.

[302] Nordmann 1988, S. 126.

[303] "Dorothea - eine Frau, die nichts lernt" 1976.

[304] Vgl. Julia Kristeva: Produktivität der Frau. Interview von Elaine Boucquey, in: Essen vom Baum der Erkenntnis. Berlin 1977, S. 44 ff.

der Figur Dorothea Merz. Zwei Aspekte bestimmen aus sozialge-
schichtlicher Sicht die Figur der Mutter: ihre quasi unmittelbar sinner-
füllte Tätigkeit und ihre gesellschaftliche Marginalität. Beide Aspekte
werden von Negt/Kluge beschrieben und im Fazit positiv gewertet: "In
den Umgangsformen gelungener Mutter-Kind-Beziehung hält sich eine
Produktionsweise durch, die man als einen Rest matriarchalischer
Produktionsweise ansehen kann. Es verteidigt sich hier eine auf Bedürfnisbefriedigung gerichtete Produktionsweise der Frau ('das Kind
nach seinen Fähigkeiten behandeln, seine Bedürfnisse um jeden Preis
stillen') gegenüber der patriarchalen und kapitalistischen Umwelt.
Diese Produktionsweise ist den Mechanismen ihrer Umwelt absolut
überlegen, aber vom Vergesellschaftungsgrad der gesamtgesell-
schaftlichen Kommunikation ausgeschlossen."[305]
Entsprechend der neuzeitlichen Entwicklung von privater Sphäre und
öffentlicher Sphäre stehen auch die in den Privatbereich verwiesenen
Kinderbetreuungstätigkeiten und die in den öffentlichen Kommunika-
tionsprozeß der Gesellschaft integrierten Beschäftigungen in einem
hierarchischen Verhältnis: Die Mütter sind mächtig innerhalb der Familie, ohnmächtig in der Gesellschaft. Die 'überlegene Produktionsweise' führt unter den gegebenen gesellschaftlichen Strukturen -
Trennung von Privatbereich und Öffentlichkeit unter der Dominanz
wirtschaftlichen Gewinnstrebens - zu gesellschaftlicher Marginalisie-
rung und privater Isolierung der häuslichen Kinderbetreuung. In diesem isolierten Privatbereich bilden sich spezielle Machtmechanismen
aus, in der marginalisierten Kleingruppe Mutter-Kind(er) entwickelt
sich ein endloser Prozeß wechselseitiger Abhängigkeiten. Innerhalb
des Machtbereichs der öffentlich Ohnmächtigen, der gesellschaftlich
ausgegrenzten Mutterfigur, entwickeln sich spezifische Machtstruktu-
ren, denen die an kindlicher Bedürfnisbefriedigung orientierte mütterliche Fürsorge subsumiert wird. Im intimen Gefecht gegenseitiger
Wünsche und Ansprüche und ihrer Erfüllungen und Versagungen gelten keine fair-play-Regeln, es herrschen emotionsabhängige Unter-
drückungsmechanismen, deren neuralgische Punkte Dorst/Ehler in
Szenen fassen.

---

[305] Oskar Negt und Alexander Kluge: Öffentlichkeit und Erfahrung. Frank-
furt/M. 1972, S. 90.

Im Buch der Kindheit von Heinrich Merz und seinem älteren Bruder Tilmann, in *Dorothea Merz*, sticht eine Grundstruktur der Mutter-Kind-Beziehungen hervor, die an drei kleinen Szenen demonstriert werden kann. Die erste Situation schildert die Vorbereitung zu einem Treffen mit dem Merzschen Großvater:

> Dorothea würde Tilmann an diesem Tag lieber nicht mit auf die Kerwa gehen lassen. Aber der alte Merz sitzt unten in der Diele und wartet.
> - Ach, doch nicht die weißen Strümpfe!
> Sie reißt Melanie nervös die Strümpfe aus der Hand.
> - Das will der Großvater nicht! (D, 77)

Hintergrund der nervösen Anspannung ist die Krankengeschichte des Vaters und der Tod des Vaterbruders:

> Der Großvater wird denken, das Kind ist verzärtelt und kränklich, wenn sie es nicht mitgehen läßt. Das soll er um Gottes Willen nicht denken! (D, 77)

Die zweite Szene, die nach dem Tod von Rudolf Merz angesiedelt ist, nimmt das Krankheitsmotiv wiederum auf, als Dorothea Merz ein Gartenfest mit Kinderspielen inszeniert: "Die Kinder sollen nicht das Gefühl haben, sie sind in einem Trauerhaus." (D, 187)
Schließlich sieht man das obligatorische Hinausschicken der Kinder bei brisanten Themen: "Jetzt geh ein bißchen spielen, sagt die gereizte Stimme der Mutter." (D, 197)
Es ergibt sich eine Wiederholungsstruktur in den Handlungen derart, daß Gefühle nicht gezeigt, sondern weggeschoben werden sollen: die Angst vor dem Krankheitsverdacht, die Trauer um den Tod des Vaters, die Streitigkeiten der Geschwister. Die Erziehung ihrer Söhne äußert sich als Prozeß der Verdrängung und Verleugnung von Gefühlen. Gegenüber bedrohlich empfundenen Emotionen weiß sich Frau Merz nur Rat, indem sie sie durch hektische Aktionen überspielt. Sie findet keine Formen, die emotionale Bereiche zugänglich machen könnten, sie bleibt an die Verleugnung gebunden.
Die zentralen Hinweise zu Dorothea Merzens mütterlichen Prinzipien enthält die Komödie *Auf dem Chimborazo*. Zum besseren Verständnis der einzelnen Beobachtungen wird ein knapper Inhaltsüberblick des Stücks vorausgeschickt.

INHALTSÜBERBLICK: AUF DEM CHIMBORAZO

Auf dem Chimborazo ist das entstehungsgeschichtlich erste, in der internen Chronologie jedoch das letzte der *Deutschen Stücke*. Innerhalb der Textgeschichte sind etwa fünfzig Jahre vergangen, seit Dorothea Merz in den Thüringer Wald, ihre Wälder, kam. Fünf Personen machen einen Ausflug. Von München aus fahren sie - vor der Grenzöffnung, 1974 - an die fränkisch/thüringische Grenze, bei Sonneberg, um dort auf einem Berg im Westen ein Feuer anzuzünden als Gruß für die Bekannten in der DDR. Eine Beteiligte, "Irene, ein nicht mehr ganz junges Mädchen" (C, 556), so verrät das Personenverzeichnis, kehrt in der dritten von insgesamt 21 Szenen wieder um, sie verläßt die kleine Gesellschaft "ohne Schuh" (578). Es handelt sich um die von Dorothea Merz nicht akzepierte Verlobungskandidatin des älteren der beiden Merz-Söhne, die beide am 49. Hochzeitstag der Eltern die Mutter Dorothea mit ihrer alten Freundin Klara Falk auf der kleinen Expedition begleiten. Wie die Erstbesteigung des Chimborazo[306] in den Anden, endet auch dieser Ausflug auf den phantastischen Berg der Kindheit, "Weißt du noch Heinrich, 'der Chimborazo' hast du immer als Kind gesagt" (C, 585), ohne Erfolg. Der Ausflug endet vielmehr in einer Katastrophe: Die von Dorothea Merz lebenslang gepflegten Rituale versagen, die Gespräche mißlingen, das "Streiten" wird nicht mehr goutiert. Heinrich besteht auf der "Wahrheit", daß die Söhne keine erfolgreichen, verantwortungsvollen Männer geworden seien, sondern gescheiterte Existenzen. Die alte Frau Merz läuft allein in den dunklen Wald und läßt die anderen ratlos zurück. In der "Dramaturgie eines Spaziergangs"[307] entsteht ein Drama über die "Fesseln der Liebe"[308]. Aus kleinen Gesten, unscheinbaren Details, fast belanglosen Sätzen gestalten Dorst/Ehler präzise Bilder des inneren Zustands der Gruppe.

---

[306] 23-06-1802 durch Alexander von Humbold, Almé Bonpland, Carlos Montúfar und Karavane; - Einen anschaulichen Eindruck vermittelt das Buch von Paul Kanut Schäfer und Rainer Simon: Die Besteigung des Chimborazo. Eine Filmexpedition auf Alexander von Humboldts Spuren. Köln 1990.

[307] Erken 1985, S. 151.

[308] Jessica Benjamin: Die Fesseln der Liebe. Psychoanalyse, Feminismus und das Problem der Macht. Frankfurt/M. 1990.

Die mütterliche Dorothea Merz setzt auf der Grundlage der beschriebenen Mechanismen verschiedene Machtmittel ein. Ihre massiven Machtansprüche sind schon in den ersten Sätzen des Stücks zu beobachten.

> HEINRICH Wir sind doch noch nicht ganz oben.
> DOROTHEA Natürlich sind wir oben! - Wenn ich gewußt hätte, daß man nichts sieht, wäre ich gar nicht gekommen.
> HEINRICH Nein, wir sind noch nicht oben.
> DOROTHEA Doch, wir sind oben! Wie oft war ich hier! Gott, ja!
> <...>
> KLARA Schön ist es hier!
> DOROTHEA Schön? - Ist doch alles zugewachsen!
> HEINRICH Wir sind noch nicht oben.
> DOROTHEA Natürlich sind wir oben. <...>
> KLARA Gut, daß wir oben sind !
> DOROTHEA Wir sind doch noch gar nicht oben.
> HEINRICH Eben hast du aber gesagt, wir sind oben. (C, 557 f.)

Sie übernimmt die Definitionsmacht: ob hier 'oben' ist, bestimmt sie, - bis ihr ein paar Minuten später genau das Gegenteil gefällt. Sie hat auch die Bewertungsmacht: "Schön? - Es ist doch alles zugewachsen." Und außerdem maßt sie sich an, die Interpretationsmacht beliebig zu verwenden: Sie entscheidet, daß der Schwiegervater keine Persönlichkeit war, sondern ein Kauz:

> KLARA Er war wirklich eine Persönlichkeit.
> DOROTHEA *triumphierend* Wer denn?
> KLARA *vorsichtig* Ich dachte, du erzählst von deinem Schwiegervater.
> DOROTHEA Persönlichkeit! Ein Kauz war er! Das habe ich doch gerade erzählt!
> KLARA *beleidigt* Ich habe ihn aber gekannt.
> DOROTHEA Ein Kauz! (C, 558)

Jahre zuvor hat sie selbst den Ausdruck 'Persönlichkeit' gegen den Ausdruck 'Kauz' gestellt. Es handelt sich um ein Beispiel Dorst/Ehlerscher innertextueller Inversionstechnik. Im Gespräch mit ihrer lebenspraktischen Schwägerin Elsbeth wendet sich Dorothea Merz mit dem Ausdruck 'Persönlichkeit' gegen die Benennung 'Kauz' seitens der Schwägerin, die nach dem Tod von Rudolf Merz die Nachfolge von Dorothea als 'erste Frau' in der Firma angetreten hat:

> Wieso erlaubt sich die Gans überhaupt ein Urteil! Sie sagt streng:
> - Er ist aber eine Persönlichkeit!
> Sie sollen sich bestraft fühlen. Elsbeth mit ihren geschmacklosen Gardinen und dem Rauchservice und dem "Tritt-hat-man-heute-nicht-mehr"! Sie sind einfach reingekrochen in dieses Haus, das so ganz Großvater ist. Keine Gardinen, Blechgeschirr, kein Teppich, "Der Tep-

pich trennt mich vom Arbeiter". Sie finden das nur kauzig, und dabei ist es doch seine Lebensphilosophie. (D, 206)

Das Sprachverhalten verweist auf Machtansprüche und zugleich auf zugrundeliegende Unsicherheiten. Ihre Bewertung des Schwiegervaters folgt Strategien persönlicher Legitimation: Der bodenständigen Schwägerin gegenüber bedient sich Dorothea der Identifizierung mit dem Schwiegervater, während sie der idealistisch gesonnenen Klara Falk gegenüber die Möglichkeit nutzt, sich als souveräne Kritikerin und intime Vertraute des alten Merz von der törichten Freundin abzugrenzen.

Dorst/Ehlers Arbeit mit den beliebig bis kurios erscheinenden inter- und intratextuellen Bezügen und Wiederholungen bei der Gestaltung der Figur Dorothea Merz entspricht einer sozialen Realität. Frau Merz ist die Gestalt der offenen wertepluralistischen Gesellschaft, in der die starke Stellung einer traditionell-religiös gestützten Mutter wie der 'Mama' im jüdischen Familienzusammenhang[309] die Ausnahme bildet, während die moderne Mutter über keinen legitimierenden Traditionsrahmen verfügt. Aus ihrer Familie wechselt sie in eine andere soziale Kleingruppe. Ohne verbindliche Gründungslegenden der jeweiligen Familie gewinnen die kleinen, feinen Erinnerungen an Besonderheiten, z.B an den kauzigen Großvater oder an das doppelte Buch "Walden", identitätsstiftende Bedeutung für den Kleinfamilienverband und seine tragende Figur, die Mutter.

Hinter Dorotheas eigenwilliger Rechthaberei verbirgt sich ein beständiges Verlangen nach Aufmerksamkeit, Zuwendung, Bestätigung. Ihre Freundin Klara, "Klara; Sag mal Klara; aber Klara" (C, 590), übernimmt am extremsten diese Funktion der Bestätigung, der Festigung der eigensinnigen Sicht, der Selbstvergewisserung. Es scheint fast Klaras wichtigste Aufgabe zu sein, eine relative Stabilisierung der Frau, die sich allein sofort langweilt, zu gewährleisten. Im Gegensatz

---

[309] Vgl. den Roman von Rafael Seligmann: Rubinsteins Versteigerung. Frankfurt 1989, in dem die Mutter "mit ihrer unerschöpflichen Energie Tag für Tag" für eine Verbindung ihres Sohnes mit einer "anständigen Frau" aus einer Familie jüdischen Glaubens und gegen die unerwünschte Beziehung zu einer "Schickse" kämpft, "stark und gefühllos", vgl. S. 228; - die mörderischen Verbrechen, die an Juden im nationalsozialistischen Deutschen Reich verübt wurden, bilden die besonderen historischen Voraussetzungen dieses traditionsgebundenen mütterlichen Verhaltens in einer Familie jüdischen Glaubens im bundesrepublikanischen Deutschland und sind auch Gegenstand des Romans.

zu Dorotheas triumphierender (C, 558) Art des Auftretens, zum Behauptungsgestus der starken Herrscherin, die ständig Anweisungen gibt, zeigt sich ihre innere Struktur als die eines eigensinnigen, unselbständigen Kindes: "allein gelassen langweilt sie sich sofort, wird ungeduldig" (C, 565), und ihre Anweisungen werden durchweg mißachtet oder umgangen. Verbindung zu anderen zu schaffen und zu erhalten, das ist entgegen dem Machtgehabe die tatsächliche Absicht der häufigen Einmischungen; Dorothea Merz verlangt unendliche Aufmerksamkeit, obwohl sie vermeintlich beständig Aufmerksamkeit schenkt. Die Analyse ihrer Dialogstrukturen zeigt das deutliche Dilemma typisch weiblichen Gesprächsverhaltens, in dem "das Dasein, die Sorge für andere zum Ausdruck"[310] kommt. Die Ambivalenz der weiblich apostrophierten Empathie erfährt durch Dorst/Ehlers Text eine sehr gründliche Beleuchtung. Seit Carol Gilligans Untersuchungen über die Lebenskonflikte und die Moral der Frau, veröffentlicht unter dem Titel "Die andere Stimme"[311], wird das weibliche 'Dasein für andere' als sogenannte weibliche Kontextualität[312] kontrovers diskutiert. In Dorothea Merz zeigen Dorst/Ehler das groteske Bild einer resoluten Mutterfigur, deren Zuwendung sich als Beherrschung und Vereinnahmung der Kinder und der Freundin äußert.

Sozialpsychologisch gesehen ist die Tätigkeit der Mutter Liebesdienst und Hausarbeit, Arbeit am Subjekt und Arbeit an Dingen. Das bedeutet, die Liebesarbeit findet statt im Medium der Feinorganisation des Haushalts, der alltäglichen Reproduktion. Die Liebe der Mutter zu dem Subjekt oder den Subjekten vermittelt sich über die Pflege der Dinge. Gepflegt werden sie mit Blicken und Handgriffen, die sich in Zugriffe verwandeln können. Wie spielt sich das ab? In Szene 7 geben Dorst/Ehler ein typisches Beispiel. Tilmann möchte seiner Mutter Dorothea Merz die Heirat mit Irene ankündigen, umständlich und vorsichtig, wie es seine Art ist.

---

[310] Ulrike Gräßel: Sprachverhalten und Geschlecht. Eine empirische Studie zu geschlechtsspezifischem Sprachverhalten in Fernsehdiskussionen. Pfaffenweiler 1991, S. 313.

[311] Carol Gilligan: Die andere Stimme. Lebenskonflikte und die Moral der Frau. (1982) München/Zürich 1984.

[312] Vgl. Monika Frommel: Männliche Gerechtigkeitsmathematik versus weiblicher Kontextualismus? in: Archiv für Rechts- und Sozialphilosophie, Beiheft 44. Stuttgart 1991, S. 82-95.

> TILMANN Ja es kommt darauf an, mit welchen Menschen man zu-
> sammen ist. Das heißt, jedenfalls ist es für mich sehr wichtig. Ich
> weiß nicht, ob ich das jetzt richtig ausdrücke ... Ich zum Beispiel bin
> nur mit ganz wenigen Menschen gern zusammen.
> DOROTHEA *starrt auf Klaras Kompott, plötzlich* Da ist ja was
> Schwarzes drin!
> *Klara duckt sich und ißt verbissen weiter.*
> TILMANN *ist aus dem Konzept gebracht* Bitte? (C, 575)

Thomas Ziehe nennt dieses Verhalten 'Registrieren'. "Die Mutter
greift die Dinge durch *Registrieren*. Der mütterliche Blick ist ein
Schweifen, eine zerstreute Aufmerksamkeit, ein Abtasten des Haus-
haltsgeländes, ein Gleiten - sie 'sieht alles', mit einem Blick <...>
Aber, der mütterliche Blick kann ganz plötzlich zum Feindbild werden,
sozusagen einem aufschließenden Interesse folgend. Ein Detail, etwa
ein Fehler im Arrangement der Dinge, wird nun grell beleuchtet, es
kommt zu einem konzentrierten Innehalten in der schweifenden Bewegung des Blicks."[313] Der Zugriff der Mutter äußert sich als die
Macht über die Details, verbunden mit der Fähigkeit zu Distanzlosig-
keit. Diese Macht ist wirksam, weil sie einerseits Nähe über die Realität der lebensweltlichen Einzelheiten herstellt und, indem sie diese
Einzelheiten hervorhebt, diese den Zugriffen der Macht dadurch zur
Verfügung stellt. Der registrierende Blick hat sich verselbständigt, er
haftet an einer Abweichung, "was Schwarzes". Es entsteht eine ab-
surde Situation, für die Frau Merz, die offensichtlich dieses Durcheinander verursacht hat, die Verantwortung nicht übernehmen kann: "Ich
habe doch gar nichts gesagt."(C, 576) Nicht nur weist sie jede Verantwortung von sich, sie praktiziert gleich noch ein typisches Machtmittel mütterlicher Art, sie hilft sich mit 'Projizieren'[314]:

> Macht doch nicht immer so einen Unfrieden, ihr beiden. Das ist häß-
> lich! Schrecklich ist es für eine Mutter, wenn die Söhne sich immerzu
> streiten.
> TILMANN Wir streiten uns gar nicht.
> DOROTHEA Du nicht - aber ich weiß, warum Heinrich sich ärgert.(C,
> 576)

Wenn es Streit gibt, sind die Kinder die Anstifter, die Mutter kann ihre
eigenen Anteile in der Auseinandersetzung nicht wahrnehmen. Die
Augen der anderen sind ein Außen, im Innen der Familie erlebt Doro-

---

[313] Thomas Ziehe: Zugriffsweisen mütterlicher Macht, in: Konkursbuch 12,
Frauen Macht. Tübingen 1984, S. 45-53, S. 46.

[314] Ebd. S. 47.

thea nur die Kinder als Agierende, sie selbst erlebt sich als Teil eines Kind-Mutter-Ganzen. Herrscht also ein chaotisches Mißverstehen, haben die Kinder es angerichtet.

Noch eine dritte Form mütterlicher Macht stellen Dorst/Ehler dar. Mit Ziehe kann es 'Fusionieren' [315] genannt werden. Die Mutter dringt phantasmatisch in Dinge oder Personen ihres Machtbereichs ein, sie und das andere oder die anderen verschmelzen zu einer Einheit. Heinrichs Spott über "O Bücher! Bücher! Bücher!" (C, 571) beantwortet Dorothea Merz mit der mütterlichen Immunität gegen jeden Zweifel; sie ignoriert die einzelne Bemerkung, setzt ihren Bonus der langjährigen Lebensbegleitung als Argument ein und bindet ihre frohen 'Erwartungen' aufs engste an zukünftige Leistungen des Sohnes.

> DOROTHEA Spotte nur! Ich kenne dich besser. Du sprichst immer so gering von dir. Ich weiß, daß ich von dir noch etwas erwarten kann. Ich bin ganz sicher. (C, 571)

Auch als Frau Merz über Heinrichs angeblichen Ärger bescheid weiß, wird sichtbar, wie sehr Dorothea sich als Teil ihrer "beiden Sorgenkinder" versteht:

> Ach, ihr Sorgenkinder! Meine beiden Sorgenkinder! Tilmann immer krank - und du immer so negativ. (C, 593).

Sie ist es auch, die über Tilmanns Alleinsein Tränen vergießt:

> Wissen Sie, wofür er den Sandsack brauchte? Er hat es mir nicht gesagt, aber ich habe es rausgekriegt. Ich kriege ja immer alles raus! Den legt er auf den zweiten Sitz, weil das Boot zu leicht ist, weil er doch immer allein fährt. Ist das nicht schrecklich? Ich habe die ganze Nacht im Bett gelegen und immer an den Sandsack gedacht und habe geweint. (C, 564 f.)

Wird, wie in großen Teilen des bürgerlichen Selbstverständnisses der Weimarer Zeit, Mutterliebe zum zentralen Merkmal des gesellschaftlichen Werts einer Frau und diese Mutterliebe als unendlich gebende gerade und besonders gegenüber dem gebrechlichen Kind gefaßt[316], kann aus der Verquickung von mütterlicher Liebes- und Leidensfähigkeit ein Selbstbild entstehen, wie Dorothea Merz es als alte Frau verkörpert: Sie steigert ihr Selbstwertgefühl und ihr gesellschaftliches

---

[315] Ebd. S. 47.
[316] Vgl. das Sprichwort: "Der Mutter ist das kranke Kind das liebste."

Ansehen dadurch, daß sie die Sorgen, die Leiden ihrer Kinder betont oder sogar verstärkt, um dadurch ihre eigene Mutterliebe zu beweisen und zur Schau zu stellen: "Meine beiden Sorgenkinder" (C, 593). Henriette Schrader-Breymann, eine Nichte und Schülerin des Reformpädagogen Fröbel, beschreibt 1868 die 'Frau' so, als hätte sie Dorothea Merz vor Augen. Dorst/Ehler haben charakteristische 'mütterliche Verhaltensweisen', die seit der Mitte des 19. Jahrhunderts in bürgerlichen Familien Gültigkeit erlangen, perfekt in Szene gesetzt: "Und in der Vielseitigkeit ihrer Natur, in der Beweglichkeit ihres Wesens, in der Fähigkeit, schnell von einem Interesse des Menschen zum andern sich zu wenden, wie der Augenblick es eben verlangt, in dem feinen Erfassen des Kleinen, in dem Hüten des Idealen, in dem vorwaltenden Gemütsleben, welches Dinge rasch, unmittelbar und im Totaleindruck erfaßt - liegt zum großen Teil das, was der Frau den Stempel des eigentlich Weiblichen gibt."317

EINE ALTERNATIVE MUTTERFIGUR

In dem Stück *Auf dem Chimborazo* kontrastieren Dorst/Ehler die leibliche Mutter, Dorothea Merz, mit einer zweiten Frauenfigur, der inzwischen pensonierten kinderlosen Lehrerin Klara Falk. Diese repräsentiert mit einem warmen Pelzmantel (C, 571), Beuteln und Taschen gefüllt mit Nahrungsmitteln (C, 571) und einem Album für Tilmann (C, 579) schon durch ihre Attribute die gute Mutter. Dorothea Merz ist - im Film - nur mit einem Stock bestückt, einem Spazier- und Sitzstock, mit dem sie herumstochert. Während Dorothea zwar äußerlich stabil und vergnügt, aber innerlich verhärtet, starr und unzufrieden erscheint, zeigt sich Klara ängstlich und damit wachsam, offen, beweglich und anpassungsfähig. Dorothea ist in ständiger Verteidigungsposition, Klara macht den Söhnen ihrer Freundin Angebote materieller und immaterieller Art. Entgegen Dorotheas Behauptung (C, 572) kennt Klara die Interessen der Söhne sehr wohl (C, 579), und auch ihre Reaktionen auf deren Mitteilungen sind direkter und emphatischer als die zurechtweisenden Dorotheas. Der unzufriedenen leiblichen

---

317 Henriette Schrader-Breymann, in: Dies.: Zur Frauenfrage. 1868, zit. in: Gerda Tornieporth: Proletarische Frauenleben und bürgerlicher Weiblichkeitsmythos, in: Barbara Schaeffer-Hegel und Brigitte Wartmann (Hg.): Mythos Frau. Projektionen und Inszenierungen im Patriachat. Berlin 1984, S. 307-332, S. 315.

Mutter wird also in Gestalt einer vorgeblich benachteiligten alten Jungfer eine zufriedene Alternative beigesellt. Ihr Ausgeschlossensein von der "normalen" Biographie, wie Dorothea Merz das klassifiziert: "Sie ist eben so eine alte Jungfer. Sie hat nie eine Familie gehabt, da wird man komisch." (C, 563), macht sie im Unterschied zu Frau Merz zu einer Frau, die "so nett und bescheiden" ist. (C, 563) Als Heinrich Merz sie während des Ausflugs penetrant nach ihrem Leben befragt, ob es schön gewesen sei, und er schließlich eine Art Nachruf auf sie hält: "Sie hat ein schönes Leben gehabt, denn sie ist mit ihrem Leben zufrieden gewesen!", was Dorothea Merz mit "Geschmacklos" kommentiert, sagt Klara: "Das macht doch nichts, Dorothea. Laß ihn doch." (C, 583). Und als Dorothea Merz nach der Empörung, daß Klaras Leben nicht schön gewesen sein könne, sofort wieder bei dem ihr von Anna Falk vorgeblich angetanen Unrecht landet, meint Klara nachsichtig: "Du hast es sehr schwer gehabt, ich kann mich damit nicht vergleichen." (C, 585) Klara Falks Nachsicht gegenüber anderen entspricht der Schonung, der sie selbst bedarf.

3.3 ENDSITUATION VON DOROTHEA MERZ

Über Dorothea Merz wird im Erzählverlauf offenbar,

> daß sie sich im Grunde gar nicht veränderte, sondern Bilder, Maximen, Ansichten und Meinungen nur annahm und wiedergab, ohne daß sie selbst in ihrem Wesen auch nur im geringsten davon berührt wurde. (D, 133)

Die Frau, die "in anderen den Wunsch wecken konnte, sie zu verändern", deren "schöne Unvollkommenheit" ihre Attraktivität ausmacht, verbirgt sich in der Gestalt der bereitwillig Lernenden. Dorothea Merz befindet sich nur scheinbar "im Einverständnis" mit denen, die in ihr "etwas Bestimmtes" ausbilden, entfalten und verändern wollen. Ihre vorgebliche Beeinflußbarkeit, die formende Erziehung geradezu herausfordert, wird von Dorst/Ehler in einer besonderen Szene (Station 53 Im EINVERSTÄNDNIS, D, 133) gleichsam progammatisch als Unbestimmtheit zu ihrem unveränderlichen Wesen erklärt.
Die Untersuchung typischer Merkmale der literarischen Figur der Unbestimmten in den Schlußphasen der Stücke folgt kunsthistorischen

124

Klassifikationen unbestimmter, "charakterloser"[318] weiblicher Figuren, die wiederum an mythologische Überlieferungen anschließen: 1. Liebe und Entzücken, verkörpert in Aphrodite, 2. Tod und Schrecken, verkörpert in Medusa, einer Vertreterin der Gorgonen, 3. Überleben, verkörpert in Baubo.[319] Die Dorst/Ehlersche Darstellung der Figur der Dorothea geschieht vielfach durch schlichte Gesten, die jenseits gesellschaftlicher Tabuisierungen alte, gleichsam überhistorische Bilder hervorrufen. Kennzeichen der Frauenfigur Dorothea Merz ist kein verharrendes, statisches Moment, sondern ein dynamisches. Entgegen dem Muster lineraren biographischen Fortschreitens zu einem Zielpunkt, das der dynamischen Entwicklung des klassischen Bildungshelden entspricht, repräsentiert Dorotheas Wesensart ein Muster dynamischer Bewegung ohne jede Entwicklungstendenz. Es ist die Dynamik kontinuierlichen Wandels von einem beständigen, gleichbleibenden Zustand in den nächsten und das Fehlen jeglicher Zielgerichtetheit, was den weiblichen Antitypus auszeichnet. Dorst/Ehler gestalten diesen Antitypus durch die Darstellung harter, sogar krasser Übergänge von einem Aspekt der Frauenfigur in den nächsten. Diese abrupten Wechsel werden besonders deutlich im Verhältnis vom Zustand Schrecken/Medusa zum Zustand Überleben/Baubo. Dorst/Ehler kontrastieren die Bilder direkt und unvermittelt, so daß die Beschreibung unter den jeweiligen Kategorien mythischer Figuren nurmehr Einstiegsaspekte betonen kann, denen z.t. schockartige Verwandlungen folgen.

3.3.1 Liebe und Entzücken

Die erste Szene, die unter dem Aspekt Aphrodites, der Liebesgöttin, betrachtet wird, steht im situativen Kontext der Caprireise von Frau Merz und ihrer Begegnung mit dem Maler Büttner, der sie im Namen der Kunst in bergige Olivenhaine entführt, wo sie ihm in Fellkleidung Modell steht.

---

[318] Claudia Schmölders: Der Liebe ins Gesicht. Zur Physiognomie des Begehrens, in: Freiburger literaturpsychologische Gespräche Bd. 12. Würzburg 1993, S. 73-88, S. 77.

[319] "Wir wissen aus kunsthistorischer Forschung, daß sie, die charakterlose, im häuslichen und biologischen Kontext verharrende Figur, physiognomisch gedeutet nur unter drei Masken erscheint: mit dem Gesicht der Aphrodite, der Gorgo und der archaischen Baubo." Schmölders 1993, S. 77.

Jetzt steht sie da in dem Fell bei den silbrig flirrenden Olivenbäumen und von ganz weit her hört sie Rufe und Hundebellen und Stimmen aus dem Dorf. Das wilde Gesicht von Herrn Büttner ist auf einmal vor ihr. Er hat sie gepackt und küßt sie. Ehe sie etwas sagen oder tun kann ist er schon wieder bei seiner Staffelei. Eigentlich müßte sie wegrennen, aber sie sagt nur:
- Ich gehe jetzt sofort nach Hause!
Sie bleibt kleinlaut stehen, der Satz kommt ihr kindisch vor, aus einer lange vergangenen Zeit; da war sie noch ein kleines Mädchen. Eigentlich möchte sie umfallen und im Gras liegen. Sie steht da und wartet, daß etwas geschieht. Es sind vage Empfindungen. (D, 129)

Minuten später ist die "Verwirrrung", die "Aufregung" (D, 129) vorbei. Diese Szene ist eine der wenigen, in denen sie Gefühlen Raum gewährt, ihrem inneren Geschehen nachgibt, ohne den einschränkenden Einflüsterungen der von ihr postierten Eingreiftruppen zum Schutze ihrer Unschuld zu folgen. Im Zusammenhang mit Dorotheas Liebes-Aspekt ist das in der Fellbekleidung anklingende märchenhafte Motiv der Heirat mit dem Tierbräutigam[320] bemerkenswert, das in der Szene mit feinem weißen "Hermelinkrägelchen" (D, 49) ebenfalls anklingt.

Der Maler Büttner heißt der "Wolfsmensch" (D, 99), weil er sich in Felle kleidet. Historisches Vorbild der Figur ist der Maler Karl Wilhelm Diefenbach, einer der bedeutensten Vorkämpfer der Lebensreform, der von 1900 bis 1913 auf Capri in abenteuerlich anmutender Woll- und Fellkleidung lebt und arbeitet.[321] Der 'Wolfsmensch' wird von Rudolf in einem Brief mit Elementen Rousseauscher Erziehungsprinzipien charkterisiert: "Bildung, sagt er, verbildet nur", und es komme ihm darauf an, daß sich Kinder "ursprünglich, d.h. ihren eigenen Empfindungen gemäß auszudrücken" in der Lage seien. (D, 99) Er ist die einzige Figur im Stück, die es Dorothea Merz erlaubt, ihre erotischen Gefühle zuzulassen, Verwirrung, Aufregung, "vage" Empfindungen zu erfahren. Die 'wilde', freie Lebensart des eigenwilligen Künstlers bietet in der sommerlich-südlichen Ausnahmesituation ihrer 'Aphrodite' eine Chance: Sie kann das "Licht und die Stille und das an ihrem dünnen Kleid langsam hinuntergleitende Fell" wahrnehmen. Bezaubert, vertrauend - sie möchte umfallen, spürt Geborgenheit - läßt sie sich

320 Vgl. Schmölders 1993, S. 83.
321 Vgl. Janos Frecot u.a.: Fidus 1868-1948. Zur ästhetischen Praxis bürgerlicher Fluchtbewegungen. München 1972, S. 66 ff.; - Karl Wilhelm Diefenbach, geb. 1851 in Hadamar in Nassau, gest. 1913 in Capri.

ein auf ihre eigenen erotischen Abenteuer. Dieses Gefühl der Sicherheit verliert sie jedoch wieder, als sie in Rudolfs Gegenwart die Zeichnung geschenkt bekommt:

> Dorothea hält die Zeichnung in der Hand und wagt nicht, sie anzu-
> schauen. (D, 132)

Die Wiederbegegnung mit ihrer eigenen Aphrodite ängstigt sie, sie
weicht dem Wagnis aus, diese Seite von sich wahrzunehmen.
In der vorletzten Szene des Textes erinnert sich Dorothea an die Begegnung mit dem Maler:

> Bella:
> - War dieser Künstler in Sie verliebt?
> Dorothea lacht:
> - Ach, der hat zu mir gesagt, ich wäre ein Kosmos!
> Sie sieht, daß Bella auch lacht und ärgert sich. Sie hat plötzlich ein
> schlechtes Gewissen.
> <...>
> Dorothea sieht trotzig zum Fenster hinaus.
> Bella:
> - Ich verstehe sie ja.
> Dorothea:
> - Das können Sie gar nicht. Wir sind doch zu verschieden. (D, 213)

Bella Schedewy, die Freundin, deren Polyandrie Dorothea so sehr
beunruhigt hatte und deren Ehemann inzwischen die Begleitung einer
Verkäuferin der ihren vorgezogen hat, "Einfach mit ner Verkäuferin
nach Berlin verduften" (C, 213), benennt die Strategien, mit denen
Dorothea Merz sich gegen ihre erotischen Wünsche behauptet: diszi-
piniertes, konventionelles Verhalten und ständige Selbstbeherrschung,
motiviert durch ihr Selbstbild als außergewöhnliche Frau:

> Bella:
> - Na ja, und Haltung, ist ja gut und schön, aber fürn ganzes Leben
> immer bloß Haltung ... nee, da mach ich mir nichts vor.
> Schweigen.
> - Und wissen Sie, Dorothea, so was ganz Dolles sind wir, glaub' ich,
> gar nicht. (D, 216)

Zugang zur 'Aphrodite' der Dorothea Merz ermöglichen Dorst/Ehler
der Figur mit dem Wort 'himmlisch', dem Lieblingswort von Frau
Merz. In der Eingangsszene, beim Barfuß-Laufen und in der Beziehung
zu Theodor Wollschedel während der Einladungsszene ist es schon
genannt worden, um jeweils ihre glückliche Empfindung in einer Situation zu bezeichnen.

Wenn Dorothea selbstkritisch im Tagebuch anmerkt, "(Jetzt habe ich schon wieder 'himmlisch' geschrieben!)" (D, 49), und Rudolf Merz seiner Frau eine Liste von Ausdrücken zusammenstellt, damit sie dieses Wort ersetzen kann, wird deutlich, daß darin eine besondere Brisanz enthalten ist. Zunächst scheint es sich um ein Problem sprachlicher Art zu handeln. Dorothea wird als ein Mensch gezeigt, der sich bemüht optimistisch gibt und voll guten Willens und Begeisterungsfähigkeit ist. 'Himmlisch' kann sie scheinbar alles finden, sie meidet Differenzierung sprachlicher Art. Der häufige Gebrauch scheint für Rudolf Merz ein Zeichen von Unaufmerksamkeit oder Oberflächlichkeit und mangelnder sprachlicher Ausbildung zu sein, so daß er das Problem mit Schulung anhand der folgenden Liste zu lösen sucht:

> Für meine liebe Frau Dorothea.
> Statt "himmlisch" kann man auch sagen:
> sehr schön
> interessant
> geschmackvoll
> gut
> sympathisch
> erfrischend (z.b. der Sommerwind vorgestern, die Limonade)
> gefällt mir
> duftet nach Sandelholz
> bequem
> großartig
> gemütlich
> drollig
> originell
> ich lese *gern*
> gut durchdacht
> kleidsam
> ein Witz ist treffend
> grün.(D, 60)

Dorothea Merz bleibt mit dem Ausdruck 'himmlisch' im Bereich des unspezifizierten Eindrucks. Sie äußert unverbindlich Zustimmung, ein entpersönlichtes Vergnügen. Von Rudolf Merzens Liste entspräche die Wendung "gefällt mir" in etwa der Bedeutung, die Dorothea Merz dem Wort 'himmlisch' beimißt, wobei darin eine Wertungsinstanz, mir-Ich, enthalten ist, die Dorothea Merz gerade vermeiden möchte. So wird sie charakterisiert durch ein Ausgeliefert-Sein an die Welt der Ereignisse. Sie weicht Beschreibungen und Bewertungen aus, sie sucht den Zustand der Begeisterung. Das Wort 'himmlisch' entspricht zwar der unentwickelten Sprachebene von Jugendlichen, es wirkt wie

ein belangloses Modewort, aber es erweist sich als brauchbares Indiz,
um ihre Technik, sich Dispens von zivilisatorischen Ordnungen zu verschaffen, sichtbar zu machen: Die Aufhebung der konventionellen, al-
ters- und statusgemäßen Verpflichtungen, eine Ausnahmebewilligung,
eine Befreiung letztlich von den gesellschaftlichen Übereinkünften, -
die aber als Laune oder Eigenart zugleich innerhalb der Konvention
bleibt.

Die Beobachtung des situativen Kontextes des Wortgebrauchs ergibt
darüber hinaus eine semantische Eingrenzung: Bezeichnet wird das
Nicht-von-der-gewöhnlichen-Welt-Sein, das Extraordinäre, das Beun-
ruhigende, etwas Aufregendes und Abenteuerliches, auch etwas Be-
zauberndes. Im erzählerischen Kontext dieses Ausdrucks verbirgt sich
eine erotische Konnotation, die in die Nähe des mythischen Hohen
Paares der Liebe führt, zum "erotischen Zwei", das als kosmisches
"Bild solcher Union noch durch den Nimbus jeder jungen Ehe, wenn
sie zwischen wohlgeratenen Menschen geschieht,"[322] wie Bloch
formuliert, läuft.

An die erotischen Konnotationen der Döschen-Szene und der Barfuß-
Szene anschließend lassen sich die liebesthematischen Implikationen
in den anderen Verwendungssituationen des Wortes 'himmlisch'
deutlich zeigen. Die erste Szene nimmt die sexuelle Begehrlichkeit
kleiner Mädchen auf, von denen eines sich nackt auszieht:

> Dorothea hilft zwei kleinen Mädchen beim Verkleiden. < ... >
> - Hier haben wir noch etwas ganz Schönes! Guck mal! Ist das nicht
> himmlisch! (D, 189)

Die zweite Szene zeigt in der Verbindung von "unwürdig" und
"himmlisch" als Bezeichnungen für das erotisch lebendige Künstler-
paar Mora und Theodor Wollschedel, das Frau Merz als eine Art El-
ternpaar fasziniert und erschreckt, Aspekte des Hohen Paars:

> Dorothea kannte so ein Durcheinander, so eine wirre Art von Leben
> nicht und fand es eigentlich etwas unwürdig, aber sie fand es auch
> "himmlisch".(D, 91)

---

[322] "An zwei Menschen, am erotisch fixierten Zwei wollte so die Kategorie des
Hohen Paares erscheinen lassen, was in den Kulten, am äußeren Firma-
ment nicht zusammenkam: Mond und Sonne zugleich, mit gleicher Stärke
am Himmel, im Himmel. < ... > Dennoch läuft das Bild solcher Union noch
durch den Nimbus jeder jungen Ehe, wenn sie zwischen wohlgeratenen
Menschen geschieht." Bloch 1967, S. 382.

Im Verhältnis des Ehepaars Merz schließlich bezeichnet das Wort 'himmlisch' Momente erotischer Anziehung, freudigen Entzückens aneinander. Die folgende erste Situation ist Teil einer Tagebucheintragung, die zweite ist im Kontext von Dorotheas Lektüre von Rudolfs Briefen aus Capri situiert.

1.
Heute hat mir Rudolf ein ganz himmlisch schönes Hermelinkrägelchen aus München mitgebracht. Er hat es mir ganz schüchtern auf den Teetisch am Fenster gelegt. Daß er an so etwas denkt! Wenn ich mir vorstelle, daß er in München in ein Modegeschäft gegangen ist! (D, 49)

2.
<Brief von Rudolf:> "Und wenn ich hinuntersehe über die Inseln und das Meer, dann fällt mir immer dein Lieblingswort ein, 'Himmlisch'! Hier ist es wirklich einmal am Platze!" Himmlisch! Der unverschämte Kerl! <Antwort von Dorothea> (D, 99)

Wie Rudolf angesichts des Meeres formuliert, kann er Dorothea in der von normalen Konventionen losgelösten Urlaubsstimmung mit ihren 'himmlischen', d.h. erotisch-paradiesischen Sehnsüchten akzeptieren; "hier es ist am Platze", die begeisternde Emphase der Liebe zu evozieren, in der sich das Anmutige mit dem Kraftvollen, das Gewährende mit dem Herrschenden verbinden soll.[323] Und Dorothea antwortet mit ihrer Formel für erotisches Begehren, die schon in der Eingangsszene auftaucht: "Der unverschämte Kerl".

3.3.2 Tod und Schrecken

Unter dem Signum der erstarren, stummen Medusa werden im folgenden vier Schreckensszenen vorgestellt.[324] In Dorst/Ehlerscher Erzählweise sind die Schreckensszenen zugleich Ausdruck der Verwandlungsdynamik der Frauenfigur Dorothea Merz. Brüche in der Lebensgeschichte Dorotheas werden dargestellt in deutlichen Bildern,

---

[323] "Weib und Mann werden hier jeder in sich konzentrisch als Bild vorgestellt, das eine anmutig und gewährend-gut, das andere kraftvoll und herrschend-gut; erst die Verbindung aber wird Segen." Bloch 1967, S. 381.

[324] Die mythische Figur der Medusa spielt in der Geschichte der neueren Frauenbewegung eine besondere Rolle; vgl. den ironischen Titel "Das Lächeln der Medusa" des Heftes 108/109 der Zeitschrift alternative von 1976, das eine Dokumentation der Postionen von Hélène Cixous, Luce Irigaray und Julia Kristeva enthält, und das Buch von Sigrid Weigel "Die Stimme der Medusa" von 1987, das Schreibweisen in der Gegenwartsliteratur von Frauen zum Thema hat.

die sich jedoch nicht als geschlossene, sondern als offene erweisen - offen für plötzliche Verwandlungen. Die erste Szene zeigt Dorotheas Kampf um den Lebenswillen ihres Mannes; es folgen die 'Verstoßung' durch den Schwiegervater und die Wirkung der bedrohlichen Macht der Todesnähe, und schließlich wird ein Sterbebild dargestellt.

Im Zusammenhang der Geschichte sind die Krankheiten von Mann und Sohn und der frühe Tod des Ehemanns die zentralen Ereignisse. Dorothea Merz kann weitgehend gekennzeichnet werden als eine Frau "in der Haltung einer besorgten Krankenpflegerin" (D 86), wie sie auf einem Foto erscheint. Diese Haltung ergänzen Dorst/Ehler durch Bilder tiefen Schreckens.

Die erste Episode zeigt ein Gespräch über die Möglichkeiten, Rudolf Merz zur Genesung in eine Klinik in Ascona zu bringen:

> Dr. Schedewy:
> - Dann bringen Sie ihn hin.
> Dorothea:
> - Er will nicht.
> Dr. Schedewy:
> - Ja, er will nicht.
> Dorothea:
> - Er sagt immer: Zeitverschwendung ... Ich trau mich gar nichts mehr sagen.
> Dr. Schedewy:
> - Ich glaube, Dorothea, es ist auch Zeitverschwendung.
> Dorothea:
> - Sie geben ihn also einfach auf! Das ist *wirklich* zynisch.
> Dr. Schedewy:
> - Liebe Dorothea, *er* hat aufgegeben.
> Dorothea:
> - Nein! Das glaube ich nicht! Das ist ganz unmöglich, daß er sich aufgibt!
> Dr. Schedewy:
> - Nicht *sich*. Er hat *uns* aufgegeben, *Sie*, alles, - auch *Sie!*
> Dorothea:
> - Ich will Sie nie wieder sehn.
> Sie steht auf, rennt weg. (D, 161)

Sie führt einen Kampf für Rudolfs Leben, aber ihr fehlen die angemessenen Mittel. Es handelt sich um eine destruktive Szene, in der die Gesprächspartner sich verletzen und überfordern, so daß Dorothea das Gespräch abbrechen muß und damit auch die Beziehung zum Arzt Schedewy generell. Nicht integrierbare Gefühle, wie die Trauer um den sterbenden Mann, führen bei Dorothea Merz zu spontanen Fluchtbewegungen: Ihre Reaktionen der Abwehr changieren zwischen psychischem und physischem Eskapismus. Seit dem Ausbruch der

tödlichen Lungenkrankheit ihres Mannes, bald nach der Geburt ihres
ersten Sohnes Tilmann, häufen sich die Szenen, in denen Dorothea
wegrennt.[325]
Auf den Rückzug des verehrten Schwiegervaters von der jungen Familie, auch von ihr, weil er die Krankheit von Sohn und Enkel nicht ertragen bzw. 'erlauben' kann, reagiert sie ebenfalls mit Flucht.
Dorst/Ehler zeigen Dorotheas Verhalten mit den Elementen Verzweiflung, Fassungslosigkeit und Verleugnung angesichts der enttäuschenden Ablehnung, der Liebesabsage der bewunderten Vaterfigur des alten Merz in einem starken gestischen Bild. Der Schwiegervater entfernt sich ins Dunkel seines Hauses, als er Dorothea mit dem
gesunden Enkel Heinrich im Leiterwagen an seinem Haus vorbeigehen
sieht:

> Und die große, hagere Gestalt bewegte sich langsam nach hinten, in
> die Tiefe des Raumes, um dort in der Dunkelheit zu verschwinden.
> Dorothea rannte davon, sie zerrte das polternde Wägelchen hinter sich
> her.
> Als sie nach Hause kam und Rudolf sie fragte:
> - Wo warst du denn? Hast du etwas erlebt? Du siehst so verschreckt
> aus! antwortete sie:
> - Ach nein, ich war nur beim Bäcker Heinlein und ich bin so schnell
> gelaufen mit Heinrichs Wägelchen. (D,155)

Auch in der Szene 54, "Der Abgrund" (D, 135-141), versucht Dorothea Merz der starken Bedrohung, die die eigenen Angstvorstellungen
bedeuten, zu entfliehen. Direkt auf die Selbstbeschwörung "Ich habe
den einzig Richtigen gefunden, fürs ganze Leben. Das ist ein großes
Glück" (D, 139) folgt blankes Entsetzen.

> Er saß auf einem Steinbock, dünn und weiß und merkwürdig steil auf-
> gerichtet wie die geborstene Säule, in deren Schatten er saß. Sie
> dachte: die Säule, ein Säulenheiliger, mein Mann auf einer Säule, be-
> rühren kann man ihn nicht: wie ein Denkmal. Sie erschrak über diesen
> Gedanken, wollte ihn loswerden, wurde ihn aber nicht los, ja, je mehr
> sie sich, da im Schatten am Ausgang der Gasse stehend anstrengte,
> den Gedanken loszuwerden, um so heftiger bohrte er sich in ihrem
> Kopfe fest. Sie drehte sich um und rannte in die Gasse zurück und in
> die nächste Gasse und über Treppen ohne Ziel, voller Wut und Entset-
> zen darüber, daß sie das Bild nicht loswurde. Schließlich kehrte sich
> ihre Wut gegen Rudolf selbst, sie konnte sich nicht dagegen wehren,

[325] Vergleich Text und Verfilmung: Textgrundlage: 4 Ein Tischgespräch (D,
S.32-38) - Eine Abendgesellschaft (Film); im Text wird der Abbruch der
Kommunikation durch Worte und Gesten gezeigt, während der Film durch
Dorotheas Aufstehen und Weglaufen vom Tisch das Fluchtmotiv der Figur
zu frühzeitig einsetzt.

und wie sie lief dachte sie immerfort: ich will frei sein, ich bin ja noch so jung, er soll mich mit seinem Tod in Ruhe lassen! <...> Sie versuchte sich das Bild, wie er da saß, genau vorzustellen. Es war wie ein Traum, eine Erscheinung. Wo waren die anderen geblieben? Er saß allein in der Helligkeit. Sie erinnerte sich, daß er hustete, und das Schreckliche war, daß es aus der Entfernung so aussah, als ob er ihr unablässig zunicken würde in der Anstrengung des Hustens, ein kurzes, heftiges, andauerndes Nicken. Sie lief weiter, bis sie merkte, daß ihre Füße weh taten. Der Schmerz war stärker als ihre Angstvorstellung und so wurde sie ruhiger. (D, 141)

Dorst/Ehler brechen den Schreckenszustand durch Aspekte der Baubo-Figur: als Abwehr des seelischen Grauens und Möglichkeiten zum Überleben fungieren Evokationen lebenssüchtiger Jugend und körperlicher Schmerz. Sie bannen die Angstbilder, die von ihr Besitz genommen haben, als in der Eigendynamik ihrer starken Imaginationskraft die dunkle, belastende Seite hervortritt. Ein Alptraum vom unabwendbaren Tod, das nickende Maschinenmännchen, ein mechanischer, unerbittlicher Zeitmesser, erwächst aus der Vorstellung vom versteinerten Mann. Die Ambivalenz von dünn und weiß und geborstener Säule, also die Ambivalenz von Schutzbedürftigkeit und Nähe und Unzugänglichkeit und Vergänglichkeit erschreckt sie zu Tode. Sie selbst hat ihren Mann zur Vorbildfigur gemacht, zum 'Heiligen' erhoben, und nun erlebt sie, wie die beschützende Imagination erstarrt zur Schreckvison und sich in unmittelbare Bedrohung verwandelt. In der Szene "DIE NACHT" (D, 175-176) beschreiben Dorst/Ehler, wie Dorothea Merz das Sterben ihres Mannes erlebt.

Dorothea saß noch an ihrem Toilettentisch und fädelte die Elfenbeinkugeln der Halskette, die ihr am Morgen beim Anziehen gerissen war, neu auf, als er heftig klingelte. Sie ließ die Kette in das Schälchen fallen und lief schnell hinüber.
Er hatte sich steil aufgerichtet und streckte ihr die langen dünnen Arme, von denen die Ärmel zurückgerutscht waren, entgegen. Er rang nach Atem. Dorothea rannte zum Bett, um ihn zu halten. Er reckte sich ganz auf, beugte sich so weit auf die Seite, daß sie ihn nicht halten konnte, er fiel über sie hin und beide stürzten auf den Boden.
Dorothea mußte alle Kraft zusammennehmen, um sich zu befreien. Das Keuchen hatte aufgehört. Er lag leblos da. Auf dem Teppich und auf ihrem Unterrock war Blut.
Sie kniete sich hin und versuchte, den Körper ins Bett zu heben, aber es gelang ihr nicht. Sie rannte auf den Flur, die Treppe hinauf, um Melanie zu holen. Die Kammer war leer, das Bett unbenutzt. (D, 175)

Es herrscht eine gespenstische Stille und Gespanntheit, etwas wie Stillstand, Zeitlupen-Entsetzen, Kälte in dieser Szene, keine Wärme, kein Schreien, das Keuchen selbst scheint lautlos zu sein, kein Trauern - kein Gefühl, nur reiner, schierer Schrecken. Dorothea Merz agiert "gedankenlos", auch emotionslos, mechanisch, alles ist leer wie die Kammer, unbenutzt wie das verwaiste Bett. Als das Hausmädchen Melanie spät in der Nacht heimkommt, hat Dorothea die Kraft, den Leichnam ins Bett zu heben.

> Dann ging sie hinüber in ihr Zimmer, zog sich ganz aus und zog neue Sachen an und setzte sich im hellen Kleid unten im Wohnzimmer an den Platz am Fenster.
> Es wurde langsam hell. Die Vögel schrien im Garten. (D, 176)

Sie scheint ohne Ich zu reagieren. Sie wandelt wie in Trance, der Mann, die Normen haben sie verlassen, sie hat sich aus der Todesumklammerung befreit, ihr Körper hat gehandelt, Leere, Erschöpfung und eine Art Leichtigkeit, Bedeutungsfreiheit bringen diesen Ausnahmezustand hervor. Ein starkes Bild von Neubeginn, Anfang steht am Ende der Szene: neue Sachen, helles Kleid, es wird hell, sie sitzt am Fenster, die Vögel im Garten schreien. Den Einstieg in die Situation haben Dorst/Ehler ähnlich freundlich gestaltet: Dorothea reiht weiße Kugeln einer Kette auf, Zerrissenes wird wieder zusammengefügt, Erinnerung an den Morgen des Tages, das weiche, traditionell damenhafte, schlichte Material der Elfenbeinkette fällt ins Schälchen - all das steht in Kontrast zu den heftigen Bewegungen des Sterbenden. Die unheimliche Aggressivität der Husten-Szene auf Capri wird heraufbeschworen (Wortübereinstimmungen: heftig, steil, dünn), die strukturelle Nähe der Bedrohungserfahrungen wird deutlich.
Was hat der Ehemann in seiner "lieben Frau Dorothea" (D, 60 und 98) hinterlassen? Trauert sie? Hat er überhaupt Einfluß auf sie genommen? Es ist keine innere Autonomie erkennbar, keine Art von verinnerlichter männlicher Instanz als Ergebnis des gewünschten Erziehungsverhältnisses. Die sozialen Normen der ehemännlichen Welt haben sie nur tangiert, sie haben sie nicht geprägt, sie folgt ihnen nicht. Ihre Ökonomie ist keine der Zivilisation, sondern eine, die aus der Zeit gefallen ist. Dorothea Merz ist nicht als Wesen von 'natürlicher' Menschlichkeit dargestellt, das im Anschluß an die literarische Tradition der weiblichen Heldinnen der Jahrhundertwende wieder hervorkommt; es ist vielmehr das unbewohnte, "wüste Land" der Dorst/Ehlerschen Dichtung, was hier aufscheint. Der Zivilisationstep-

pich ist durchbrochen, Dorothea Merz erfährt einen Moment ohne den "Irrtum" der Ideale, der Vorsätze und Imaginationen, sie erfährt ein Jenseits der Zivilisation.

In dieser Todesnacht hat sie nach den ihr geläufigen Mustern keine Handlungsmöglichkeiten. Das unterscheidet die Szene von der existenziell bedrohlichen Situation beim Ausbruch von Tilmanns Krankheit: da ist ihre Aufregung spürbar, sie schreit, sie wendet den Blick nicht von Tilmann (D, 82), sie ringt um Fassung und gewinnt ihre Haltung wieder, trifft Entscheidungen.

Angesichts des Todes des Ehemanns scheint sie ihrem Lebensinstinkt völlig ausgeliefert zu sein, und dieser Instinkt zeigt sich bemerkenswert ruhig und gelassen; sie ähnelt am Ende der Szene den Frauenfiguren, die die Maler des 19. Jahrhunderts schufen: Mädchen oder junge Frau am Fenster, versunken, innig und voll Einsamkeit. Im Text finden sich zwei Verweise auf diese Interpretation:

Die Buchseite, die der Szene mit dem ersten Hinweis auf Rudolfs Tod gegenüberliegt, zeigt eine junge Frau im Morgenlicht am Fenster.

> Gartentor.
> Als Rudolf mittags von der Fabrik nach Hause kommt, hat er einen Hustenanfall. In seinem Taschentuch sind helle Blutspritzer. Er steckt das Taschentuch schnell weg. (D, 64)

Der zweite Hinweis ist im Brief Rudolfs aus Capri zu entdecken, als er anläßlich einer Besichtigung des Mailänder Doms über verschiedene Kunstformen schreibt:

> Ernst heißt im Süden immer pathetisch und das ist uns innerlich fremd, jedenfalls mir, und wie ich sicher weiß, auch dir. Es fehlt so ganz die Innigkeit, die doch zum Ernst dazugehört. (D, 100)

In der Darstellung größter Ruhe und Gelassenheit gegenüber menschlichen Erfahrungen tiefster Erbärmlichkeit und Verlorenheit, die die Nachtszene zeigt, liegt eine Art Heiterkeit und Hoffnung, die Dorst/Ehler in dem vorangestellten Motto aus Rilkes zweiter Duineser Elegie haben anklingen lassen.

Das Rilke-Gedicht erfährt innerhalb der *Deutschen Stücke* allerdings eine kritische Kommentierung. Es gibt den doppelten Hinweis auf die Inbesitznahme Rilkescher Dichtung durch Dr. Günther Regus, den völkischen Biologielehrer Heinrichs und ehemaligen Privatlehrer im Hause Merz. Im 10. Text der 80. Station "AMATEURFILME" wird beschrieben, wie eine Gruppe von Jugendlichen, unter ihnen Heinrich, in Regus Wohnung versammelt ist:

> Alle scheinen andächtig zu lauschen. Dr. Günther Regus, von hinten zu sehen, liest aus einem kleinen Buch vor. Zwischenschnitt auf das Buch: Stundenbuch von Rilke. (D, 195)

Diese knapp skizzierte Szene wird in *Heinrich oder die Schmerzen der Phantasie* wieder aufgenommen und ausgeführt. Dorst/Ehler zeigen Regus bei der Rezitation, "mit leiser, weicher Stimme" (HoSch, 323), des Gedichts "Alles wird groß sein und gewaltig" aus dem Stundenbuch und das anschließende Gespräch, in dem Heinrich sich durch Kritik an einem Ausdruck des Gedichts, "Einlaßklopfer" (HoSch, 324), als Kunstkenner hervorzutun sucht und Regus als emphatischer Erneuerungspropagandist im Sinne des Nationalsozialismus charakterisiert wird. (HoSch, 322-324) Angesichts Dorothea Merzens Abwehrschwäche gegenüber der Ideologie des Faschismus und ihrer Neigung zu dem nationalsozialistisch gesonnenen Lehrer Regus sind die Rilke-Szenen als einprägsame poetische Bilder der zwiespältigen Wirkungsgeschichte Rilkes und der 'gemischten' Rezeptiongeschichte zu verstehen[326]. Die Verwendung Rilkescher Werke als handliches und nützliches Brevier[327], auch im Sinne religöser und politischer Programme, wird also in den Stücken selbst kritisch thematisiert. Erzählschlüsse von der Art des Tagesanbruchs für einen "optimistischen Ausklang"[328] zu halten, davor warnt auch Lämmert. Zwar sind sie als helles Kontrastbild gegen dunkle Abschnitte gesetzt, aber sie sollen sichtbar machen, "daß mit diesem Motiv weniger eine lichte Zukunft unbestimmt ausgeleuchtet, als vielmehr die Begrenzung des Vergangenen durch Anschnitt eines neuen Zeitraums betont werden soll."[329] Nach besonders bedrückenden Geschehnissen erscheint das Motiv des anbrechenden Morgens, des neuen Tages, des Morgenlichts "gerade nicht als ein Bild sieghafter Befreiung, sondern als ein Bild der Niederlage und der abschüttelnden Abstandnahme der

---

[326] Vgl. Reinhold Grimm: Von der Armut und vom Regen. Rilkes Antwort auf die soziale Frage. Königstein 1981, S. 81 f.; s. ebd. Anm. 128 Grimms Briefwechsel mit Dorst zu dem Thema.

[327] Vgl. Grimm 1981, S. 24.

[328] Lämmert 1968, S. 161.

[329] Ebd. S. 161.

'normalen' Menschen vor dem Unbegreiflichen und Ungeheuerlichen."[330] Das Bild des anbrechenden Tages steht für das zeitliche Ende des Schreckens, des Medusa-Aspekts, und den Beginn des Baubo-Aspekts, der Fähigkeit, sich mit katastrophischen Ereignissen abzufinden und das Überleben zu organisieren. Der abrupte Neubeginn ist Zeichen der Vergeblichkeit und Brüchigkeit des Lebens, ein Zeichen für das menschliche Vermögen, sowohl Freude und Verbundenheit als auch Trauer und Abschied zu ertragen; die Brüche bleiben ohne Heilung.

3.3.3 Stillgestelltes Leben

Im Zeichen Baubos steht die Thematisierung des Aspekts der 'überlebenden' Dorothea Merz. Im Gegensatz zu vielen literarischen Frauenfiguren, von Emilia Galotti über Effi Briest zu anderen Heldinnen in den *Deutschen Stücken*, beschreiben Dorst/Ehler das Leben der Dorothea Merz nicht als eines, das in den geschilderten Umständen unabwendbar zum Tode führt.[331] Diese Frauenfigur zeichnet sich vielmehr aus durch Überlebensstrategien, die eigener Stillstellung oder Erstarrung gleichkommen. Im Expositionsteil wurde der Zusammenhang zwischen Aufbruchsmomenten und Stilisierungen Dorotheas deutlich, der einer Festlegung auf begrenzende Weiblichkeitsmuster entspricht und Frau Merz auf einen gesellschaftlich-sozial geprägten Platz stillstellt. Welche Arten der Stillstellung von Aufbruchstendenzen ihren Lebensprinzipien inhährent sind, hat die Untersuchung im vorangegehenden Kapitel ergeben. Die Endsituationen machen den Stillstand in einer weiteren Dimension sichtbar.

Die Witwe Dorothea Merz wird zunächst in einer winzigen Szene im Gespräch mit ihrer Schwester, Ida Wienkötter, charakterisiert:

84 ZWEI SCHWESTERN
Frau Wienkötter:
Das ist alles selbstverschuldet.
Dorothea:
- Was heißt verschuldet!
Frau Wienkötter:
- Verschuldet heißt verschuldet.
Dorothea:

---

[330] Ebd. S. 161.

[331] Zum Thema Weiblichkeit und Tod vgl. Renate Berger und Inge Stephan (Hg.): Weiblichkeit und Tod in der Literatur. Köln-Wien 1987.

- Was soll ich denn verschuldet haben!
Frau Wienkötter.
- Das weißt du doch wohl selbst am besten. (D, 212)

Die Schwester Ida Wienkötter ist die Verkörperung des bourgoisen Kleingeistes mit materiell-begrenzter Perpektive und emotionaler Kosten-Nutzen-Rechnung. Ihrer Art entsprechend macht sie nach gewissenhafter Buchhaltung des Lebens der Schwester Bilanz: Alle Schuld ist auf Dorotheas Seite.

Was berührt in der Szene, ist jedoch die Hermetik des Gesprächs, die ungeheure Energie, die auf die Geschlossenheit des Austauschs verwandt wird. Konstatierung von Schuld und Leugnung von Schuld treffen mit Vehemenz aufeinander und neutralisieren sich auf diese Weise. Es gibt keine Entwicklung, sondern nur lineare Wiederholung, ein beständiges Hin und Her, ein Ein- und Ausschalten kann als Assoziation auftauchen, eine ewige Wiederkehr des Immergleichen. An die Familienarbeit-Perspektive anschließend entstehen Bilder vom alltäglichen Einerlei der notwendig gleichbleibenden Hausarbeit weiblicher Protagonistinnen, deren Immanenztendenzen Simone de Beauvoir[332] nachdrücklich formuliert hat. Daneben aber entstehen Bilder einer verweigerten Bewegung ins Offene. Was ist das Hindernis vor dem Begehren, die Nähe und Enge des Kreislaufs zu verlassen? Es überwiegt der Eindruck, daß hier etwas unter Verschluß gehalten wird, etwas unermüdlich unter den Tisch gewischt wird. Unerträgliche Schuldgefühle müssen unter Verschluß bleiben, der Pfropfen hält in diesem Pseudodialog trotz heftiger Gärung in der Flasche dem Druck stand. Statt des Motivs des entspannten 'naturwüchsigen' Kreislaufs als Ausdruck ruhiger zyklischer Abläufe im häuslichen Lebensbereich der Frau entsteht eine spannungsreiche Figuration von Zick-Zack-Linien; Dorotheas Ausdrucksweise wirkt hektisch und unruhig, auch fahrig, wie von einer unfreien, zerrissenen Person.

Dieses Bild entspricht der Frau, die große "Anstrengungen zur Erhaltung einer 'unglaublichen Diskretion über sich selbst'"[333] unternimmt. Dorothea Merzens Diskretion hinsichtlich ihrer Selbsterkenntnis wird begleitet und ermöglicht von unerschütterlicher Vitalität, von Le-

[332] Simone de Beauvoir: Das andere Geschlecht. Sitte und Sexus der Frau. Reinbek 1968, S.249.

[333] Hedwig Dohm: Der Frauen Natur und Recht (1876) Neunkirch 1986, S. 47, zit. in: Christina Thürmer-Rohr 1991, S. 31.

bensinstinkt und "Elastizität"[334]. Lebensinstinkt meint Lebensäuße-
rungen, von biologischen Abläufen bis zu sozialen Bindungen, die
sprachlich nicht differenziert werden können. Zu dem eher unge-
wöhnlichen Begriff Elastizität gibt es in der für die fiktive Figur Dorothea Merz zeitgenössischen Frauenliteratur einen interessanten Hinweis: "Vielleicht ist es die zuverlässigste Probe auf das Edelmetall einer Frauennatur, ob der Rost des Mitleids sie nicht angreift, sie nicht
gefühlsselig, weichlich und kränklich macht. So wie Ika Freudenberg
<Mitstreiterin in der bürgerlichen Frauenbewegung> war, so wun-
dervoll gesund und elastisch und so allen heiteren Eindrücken mit der
Unbefangenheit und Frische eines von Grund aus kraftvollen Menschen offen."[335] Spezifisch ist, daß hier Mitleid als 'Rost' bezeichnet
wird, der einer 'Frauennatur' schadet bzw. sie zerstört. Von dem
Frauen üblicherweise zugeschriebenen Mitleid wird deutlich abgera-
ten. Darin macht sich der Einfluß bemerkbar, den Nietzsches Aussage
über die kritisch-abwägende Fähigkeit des 'Mitgefühls' gegenüber
dem unmittelbaren Motiviert-Sein durch das Leiden der anderen im
'Mitleid' hat. Daß Mitleid das Wohl des anderen sowohl anstreben als
auch bewirken könnte, wird von Bäumer verneint. Sie setzt auf die
Faktoren Gesundheit, Kraft und Offenheit als Eigenarten einer engagierten Frau. Die Elastizität eines Metalls, genauer eines Edelme-
talls[336], gilt für Bäumer als Zeichen von weiblicher Kraft, die auf der
besonderen Verbindung von Abwehrstärke und Aufnahmefähigkeit beruht. Kennzeichen einer 'gesunden' 'Frauennatur' ist dem entsprechend ihr angemessenes Verhältnis zum Gefühl: Empfindungen von
Mitleid und Gefühlsseligkeit wird sie abwehren, heiteren Eindrücken
wird sie sich öffnen, dann ist sie fähig, aus Angriffen auf ihre Unbefangenheit und Bedrohungen durch Krankheiten unbeeinträchtigt,
'frisch' hervorzugehen und 'unverändert' zu bleiben - wie Dorothea
Merz. 'Elastizität' beschreibt bildlich die sozialverträgliche alltagskrea-
tive Geschmeidigkeit dieses Weiblichkeittypus, der der Ausdruck

---

334 "Auf Dorothea kann man natürlich besser hausen", S. VII.

335 Gertrud Bäumer: Gestalt und Wandel. Frauenbildnisse. Berlin 1939, S. 402.

336 Gekennzeichnet durch folgende Eigenschaften: starker Glanz, hohes Reflexi-
onsvermögen, großes Absorptionvermögen, Leitfähigkeit für Wärme, pla-
stische Verformbarkeit, Festigkeit bei Zimmertemperatur.

'Labilität' als Hinweis auf sozial belastende Anfälligkeiten gegenübersteht.

Als zweite Textgrundlage für den Aspekt 'Überleben' dient die eindrucksvolle Darstellung der Endsituation der Figur Dorothea Merz im Stück *Auf dem Chimborazo*, dem "Epilog auf ein langes gescheitertes Leben."[337] Die Regieanweisungen bezeichnen symtomatisch das Dilemma: während des kleinen Ausfluges präsentiert sich Dorothea Merz vergnügt, sie "lacht" dreimal (C, 557), und ist dreimal "triumphierend" (C, 558, 583, 584), doch es zeigt sich, daß sie nurmehr "beschließt, lustig zu sein" (C, 578). Bald ist sie "ärgerlich" (C, 565), "gereizt" (C, 577) "widerstrebend" (C, 579), "empört" (C, 586), "ungeduldig" (C, 587), bis sie schließlich "starr" da sitzt und fünfmal "weint" (C, 595, 596). Eine Szene zeigt sie, eingesponnen in Erinnerungen, "immer wütender, schließlich in äußerstem Zorn" (C, 596); am Ende ist sie "müde" (C, 597), "steht plötzlich auf" (C, 598) und "geht weg und verschwindet in dem dunklen Wald" (C, 599).

Die Demontage einer bemüht munteren alten Dame, die es als "großes Glück" (C, 567) empfindet, mit den vielbeschäftigen Söhnen an ihrem Hochzeitstag einen Ausflug machen zu können, ist perfekt. Ihr Selbst-Portrait wird wiederum als vorgebliches dekuvriert. Die Selbstdarstellung ist ein Täuschungsmanöver, dem vor allem Dorothea Merz selbst erliegt: sie ist rechthaberisch und uneinsichtig. Obwohl sie eine frühere Reise mit ihren Söhnen schon "schrecklich", dreimal (C, 560) nennt, zieht sie aus dieser Erfahrung keine Lehre, sondern besteht auf dem Muster: "Ich habe mich so gefreut, daß wir einmal hierher gehen. Und es ist so schön, daß es gerade mein Hochzeitstag ist!." (C, 560) Unter Einsatz seiner ganzen Existenz unternimmt es Heinrich, der jüngere Sohn und heimliche Held der *Deutschen Stücke*, das mütterliche Illusionsschema aufzubrechen. Die Befreiung von den Ansprüchen der übermächtigen, ihn behindernden Mutter gelingt über die eigene Zerstörung:

> was ist denn eigentlich aus dir geworden, Heinrich? Da sagte ich: Nichts! Da lachte er und sagte: Witzbold! (C, 595)

---

[337] Dorothea - eine Frau, die nichts lernt 1976.

140

Dann ist die Allmacht der Mutter vernichtet, ihre heile Welt ist zerstört. Sie schweigt und weint in ihrem Unglück, - doch ihre Vorwürfe bleiben: "Ihr habt mir alles verdorben!" (C, 598) Die Vehemenz, mit der zwei über 40-jährige erwachsene Männer den familiären Desillusionierungsprozeß mit ihrer Mutter betreiben, hat deutlich groteske Züge. Die Komödie arbeitet mit einer Fülle entlarvender Verzerrungen, besonders bei der Figur der alten Dorothea Merz mit ihren latent bis offen aggressiven Verhaltensweisen. Die aggressiven Kommunikationsformen sind verstehbar als Zeichen mißlingender Kommunikation unter vertrauten Menschen, dem zentralen Thema aller *Deutschen Stücke*. Friedrich Hacker definiert Aggression unter der Voraussetzung des elementaren menschlichen Kommunikationsbedürfnisses "als die dem Menschen innewohnende Disposition, Kompetenz oder Bereitschaft, auf Grund seiner angeborenen Lernfähigkeit Handlungsweisen zu entwickeln, die sich ursprünglich in Aktivität und 'Kontaktlust', später in den verschiedensten gelernten und sozial vermittelten, individuellen und kollektiven Formen, von Selbstbehauptung bis zu Grausamkeit, ausdrücken."[338] Dorotheas Merzens aggressive Hilflosigkeit im Gespräch mit den Söhnen und den Frauen ist im Stück der Starrheit geschuldet, mit der sie ihre Erinnerungen und Ansichten konserviert. Auch in *Heinrich oder die Schmerzen der Phantasie* wird diese Seite ihres unbeweglichen Verhaltens sichtbar. Dorothea gehört dort zu den Figuren um Heinrich, die wie Requisiten aus einem Fundus vorgeholt werden können. Sie agiert selbstvergessen, und sie ist verloren an eigene Vorstellungen, unbeirrbar und unbeeinflußbar durch äußere Vorgänge, z.B. die Kriegeereignisse und die nationalsozialistischen Umtriebe, die Heinrich beunruhigen. Sie lebt in ihrer abgeschlossenen Vorstellungswelt. Auch wenn Heinrich das Tischtuch wegreißt (HoSch, 320) und er dabei alles, was zur Mahlzeit, zum Versorgungskern der Familie gehört, wegnimmt, wegwischt, hat das keine Wirkung, weil Dorothea nicht hinschaut. Sie ist an Gegenwart nicht interessiert, Kommunikation findet nicht statt. Dorothea merkt nicht, daß Regus ihre Finger abbeißt (HoSch, 330), als er ihr die Hand küßt - sie lacht. Statt einer Figur, die Menschen und Verhältnisse wahrnehmen und situationsbezogen handeln kann,

---

[338] Friedrich Hacker: Aggression. Die Brutalisierung unserer Welt. Frankfurt/M. 1988, S. 38.

präsentieren Dorst/Ehler in Dorothea Merz das Gegenbild einer stillge-
stellten Frau, deren Selbstbehauptung in den typisch weiblichen Formen von Empörung und Schweigen verläuft.[339]
Dorothea Merz kaschiert die Entbehrungen lebendiger sozialer Zuwendung und Akzeptanz mit dem Begriff 'Idealismus': "Und die alte Mutter sitzt da und kann nicht vernünftig werden mit ihrem ganzen Idealismus." (C, 578) Auf dieses Selbstportrait, das dem ersten mißlun-
genen Versuch des älteren Sohns Tilmann, seine Heirat anzukündigen,
folgt - die Situation löste sich in einen grotesken Heiratsantrag an die
Mutter auf - , antwortet der zweite Sohn Heinrich mit der Geschichte
der 'Tschuas'[340]:

> HEINRICH Rattenköpfe. Tschuas heißen Rattenköpfe.
> TILMANN Aha!
> HEINRICH Spitze kleine Köpfe wie Ratten. Es sind Kinder, die werden
> als Neugeborene so bandagiert, daß sie verkrüppeln. Verkümmertes
> Hirn, und die Glieder sind wie weißliche Kartoffeltriebe. Sie werden
> dann verkauft, an Bettler, die sie an der Straße ausstellen. Manche
> Bettler haben vier oder fünf solche Tschuas an verschiedenen Stellen
> in der Stadt ausgestellt. Die sind sehr wertvoll, die kleinen Tschuas,
> kosten einen Bettler viel Geld. (C, 579)

In der Schlußphase ist Dorothea Merz gefangen in einem geschlossenen System, das Dorst/Ehler im Sprachspiel Heinrichs unscheinbar
ankündigen: "Die Kinder der Inder, das sind die Inderkinder" (D, 579).
Im Bild der Tschuas wird das in *Dorothea Merz* entworfene Indien-Bild
aufgenommen. Dort war es ein Sehnsuchtsbild, das Dorothea für Rudolf und sich angesichts der bedrohlichen Krankheit entwirft:

> Ach nach Indien, Rudolf! Wir beide nach Indien!
> <...>
> - Und große rote Blumen und Früchte und Affenbrotbäume und Palä-
> ste und es ist ganz ganz heiß und hell.
> - Und keine bösen Träume nachts.
> - Und keine Angst. (D, 72)

Während die junge Frau Merz durch romantische Vorstellungen, Aben-
teuerlust und eigenwillige soziale Verhaltensorientierung, oder ur-
sprüngliche Aktivität und Kontaktlust in Hackers Worten, gekenn-

---

339 Beatrice Wehrli: "Du wirst meiner Liebe nicht entgehen". Ein Schlaglicht
auf den bürgerlichen Liebesbegriff, in: Peter Grotzer (Hg.): Liebe und Hass.
Zürich 1991, S. 157- 172, S. 166.

340 Vgl. Vestli 1987, S. 226 f., wo sie einen Artikel im Spiegel von 1973 als
Informationsquelle angibt.

142

zeichnet ist, weist die alte Frau Merz Anzeichen massiver sozialer De-
privation auf, die in den Bildern von 'Tschuas', den eingeschnürten,
zu Krüppeln bandagierten Kindern, und der vereinsamten Frau im
Wald, die ihrer Ehe-Enttäuschung in verzweifelten Traumbildern Ausdruck verleiht, kulminiert:

> Dorothea, *immer wütender, schließlich in äußerstem Zorn* Du mit dei-
> nem Schlehdornzweig! Sprich doch! Sprich doch! -- -- Sprich doch!
> Sprich doch! Sprich doch! Sprich doch! Sprich doch! (C, 596)

Dem Zorn auf den toten Mann, der sie alleingelassen hat, sie war
"jung und allein", "als euer Vater im Sterben lag" (C, 584), folgt die
Schuldzuweisung an die Söhne, "Ihr habt mir alles verdorben!" Und
dann "verschwindet sie im dunklen Wald."(C, 599) Ihr Abgang ist ein
Aufbruch - wohin? Ihr Abschied im Zorn endet in der Figur der ent-
machteten und verstörten Potentatin - Medusa, deren Energie in dieser Groteske ins Leere läuft.

Ihre Söhne haben sich von ihr getrennt, sie haben ihr mütterliches
Netz zerrissen: Der Ältere möchte sich verheiraten, der Jüngere kün-
digt den Harmoniekonsens, der auf Verleugnung basiert, auf. Heinrich
Merz entfaltet seine kreativen Möglichkeiten und auch seine Fähig-
keit, normierten Leistungsansprüchen zu entgehen, zwischen
schmerzlicher Erkenntnis, "Ich mache mich nicht lustig. Es ist furcht-
bar. Es ist alles scheußlich. Alles." (C, 591) und komödiantischer
Darstellung, "Ich bin ein Witzbold! <...> Absolut kein Grund zum
Weinen." (C, 596) Psychologisch gesprochen geht die schmerzvolle
Loslösung im kindlichen Trennungsprozeß niemals gerade Wege:
"Symbiose und die ersten Anfänge von Trennung gehen nicht auf einem langen, glatten, nach aufwärts gerichteten Pfad vonstatten. Es
gibt dabei natürlich Aufschwünge und Rückfälle. <...> *Mutter muß
nicht vollkommen* sein. Sie muß mit den Worten des englischen Psy-
choanalytikers D.W.Winnicott nur 'gut genug als Mutter' sein."341
Die Anerkennung der Mutter als "ein Wesen im eigenen Recht"342
geschieht auf dem Wege destruktiver Prozesse, die aber, im günsti-
gen Falle, nach der aggressiven Ablösung zum Überleben beziehungs-
fähiger Partner führt. In *Auf dem Chimborazo* überwiegen die bizar-

---

341 Nancy Friday: Wie meine Mutter. München 1979, S. 52.
342 D.W. Winnicott: Playing and Reality. Harmondsworth, U.K. 1974, S. 105,
zit. in: Jessica Benjamin: Die Fesseln der Liebe. Frankfurt 1990, S. 40.

ren, schwarzen Zerstörungsmomente. Die Kinder sind 'Tschuas', sind tief geschädigte Krüppel, die nurmehr mitleidige Almosen einbringen können. Die Familienbande und insbesondere die Bindung an die Mutter haben sich in einschnürende Bandagen verwandelt, aus denen sich in der Groteske keiner befreit. Dorothea Merz repräsentiert in *Auf dem Chimborazo* das Zerrbild der einsamen sentimentalischen Frau. Sentimentalität ist selbstbezogene Gefühligkeit, und Frau Merz entwickelt aus den konservierten Gefühlsmomenten ihres Lebens ein wirksames System, in dem selbst ihre Söhne verharren bis weit ins Erwachsenenalter - das macht das Bizzare des Textes aus. Im Unterschied zu einer Figur wie Tony Buddenbrook fehlen ihrer 'ungemäßen' Selbstdarstellung jedoch die sozialen großbürgerlichen Rahmenbedingungen. Während Tony Buddenbrook als Inbild zerbrechender bürgerlicher Repräsentation gelten kann, hat Dorothea Merz auch die Last der Legitimation der entschwindenden 'natürlichen Sittlichkeit' personal zu tragen. Die alte Dorothea Merz wird in ihrer 'Umnachtung', sie läuft in die dunkle Nacht, zum Inbild der Verzweiflung bürgerlicher Isolation.

3.3.4 Femme indéfinie

In der Station "IM EINVERSTÄNDNIS" wird Dorotheas 'Wesen' als Unbestimmtheit und unbegriffene Selbstgewißheit beschrieben. Dieser Gewißheit entspricht die Charakterisierung einer Frau durch eine Art von 'Gläubigkeit', die Krechel für die 'deutsche' Frau während der Entstehungszeit der *Deutschen Stücke* in den 80er Jahren formuliert.[343] Der vorgeblichen Beeinflußbarkeit entspricht eine äußere Anpassungsbereitschaft an das, was den jeweiligen "Vorstellungen von Menschentum entsprach" (D, 133). "Vorige Woche sah ich einige Tische weiter in einem Restaurant einer südlichen Hauptstadt eine junge Frau, von der ich auf Anhieb wußte, daß sie eine Deutsche war. Sie trug weder die handelsüblichen Requisiten einer deutschen Touristin mit sich herum, noch war sie das Abziehbild eines Gretchen. Nein, sie war liebenswürdig, und ihr Begleiter wußte es auch. Ich grübelte, warum ich so sicher war über ihre/meine Nationalität. Ich

---

[343] Vgl. die Verbindung zwischen 'Gäubigkeit' und dem Frauenbild und Menschenbild, das der Nationalsozialismus propagiert, wie es in Leni Riefenstahls Filmtitel "Triumph des Glaubens", 1933, deutlich wird.

konnte mir ihr Gesicht als das Gesicht ihrer Mutter vorstellen, aufrichtig, gefaßt, einer Vorsehung ins Auge sehend, aber das war es nicht. Es war etwas Gläubiges in ihrem Gesicht, wenn sie die Bohnen auf ihre Gabel spießte, wenn sie ihrem Begleiter zuhörte, und wenn sie ihn unterbrach, um selbst zu sprechen. Mir kam der Verdacht, sie glaubt alles, was sie sagt. Sie kann alles sagen, weil sie alles, was sie gesagt hat, glaubt. So kann sie sich leichtherzig trennen, trennt sich immer wieder von jedem Trend und behält, was sie nie besaß, worüber sie im Glauben an sich selbst niemandem Rechenschaft schuldig ist: sich selbst."[344]

Krechels Kennzeichnung von Weiblichkeit durch Gläubigkeit, nämlich den Glauben an etwas, was man nicht besitzen kann, und das doch immer präsent bleibt, erinnert an Simmels Kategorie des 'Seienden im Weiblichen'. In Dorst/Ehlers Darstellung der Frauenfigur Dorothea Merz zeigt sich Weiblichkeit in verwandten, präzis diagnostizierten Elementen. Es dominieren willensstarke Bindungen an moralisch formulierte und gesellschaftlich hoch geachtete Vorstellungen, in denen die Sehnsucht nach dem 'eigenen' Leben aufgehoben sein soll, eine von bildungsbürgerlicher Haltung gestützte und beschränkte Lebensführung und die Übernahme eines Schicksalsbegriffs angesichts von Glücksmomenten wie auch von Krankheits- und Todeserfahrungen. Gläubigkeit meint in diesem Zusammenhang die Flucht in 'mobile Projektionen'[345] und das Verharren darin, das das Verdecken von Konflikten und das konstante Ausweichen vor Korrekturerfahrungen impliziert.

In dieser Verbindung von idealisierender Überhöhungsbereitschaft mit mangelnder Welt- wie Selbstreflexion repräsentiert Dorothea Merz den modernen Weiblichkeitstypus der 'unbestimmten Frau'. Dieser Typus soll im Kontext der eingeführten Terminologie der Typologie der Geschlechter, die die 'Femme fatale', die 'Femme fragile', die 'Femme virginale'[346] und die 'Femme incomprise'[347] u.a. umfaßt, die

---

[344] Ursula Krechel: Meine Sätze haben schon einen Bart, in: Kursbuch 73. Berlin 1983, S. 143-155, S. 155.

[345] Vgl. Riha 1982, S. 314.

[346] Vgl. Claudia Balk: Theatergöttinnen. Inszenierte Weiblichkeit. Frankfurt 1994.

[347] Vgl. Kingler 1986.

145

'Femme indéfinie' genannt werden, dem soziologisch der Typus der 'Richtigen', der 'Femme correcte', entspricht. Die vorgebliche Unbestimmtheit präsentiert sich zum einen als Wunsch nach Bestimmung durch andere, vorrangig den Ehemann, und zum anderen als Form von Unabhängigkeit als nie vollständig zu erreichende Bestimmtheit und somit als 'Unbestimmbarkeit'. Die 'unbestimmte Frau' zeigt sich als 'unbestimmbare Frau', die 'Femme indéfinie' ist eine 'Femme indéfinisable'.

Der Begriff der 'undefinierten Frau', wie er im Zusammenhang einer Untersuchung über autobiographisches Schreiben einer Frau erstmals verwendet wird, kann durch die anhand von Dorothea Merz entwickelte Typologie der 'Femme indéfinie' ergänzt werden.[348] Keßlers Kategorie faßt in Anlehnung an Simone de Beauvoirs These von der Frau als 'dem Anderen' gegenüber der männlichen Ordnung die aus der erfolglosen Suche nach sich selbst resultierende 'Leere', auf die die Frau stößt, als Kennzeichen der undefinierten Frau. Dorothea Merzens Unbestimmtheit entspricht nicht nur diesem Leer-Sein, in der Figur ist zugleich die Dimension der Selbstidealisierung - 'Gläubigkeit' - , die die weiblichen Anteile der Selbststilisierung und Selbstinszenierung innerhalb des Geschlechterdiskurses mit aufgreift, akzentuiert. Mit der Struktur der Selbstidealisierung enthüllen Dorst/Ehler die subtilste und vielleicht wirksamste Form der Selbstbehinderung von Frauen: ihre Strategien, der Fülle der Erfahrungen nicht zu begegnen.[349]

Die diesem Frauentypus inhärente Unentschlossenheit und Unsicherheit bedingt die Anfälligkeit für gesellschaftlich herrschende Normen und Werte, die die 'Richtige' auszeichnen. Dorothea Merz bewahrt ihr fiktives Selbstbild, indem sie ihre 'Ideale' an die Zeitumstände anpaßt und indem sie Korrekturerfahrungen ausweicht. Entgegen dem objektiven Bild der 'Richtigen' sieht sie und erlebt sie sich als eine Figur, die allen Widrigkeiten trotzt und an ihren 'unbestimmten' Werten festhält. Auftretenden Schwierigkeiten im lebensreformerisch beein-

348 Susanne Keßler: Die Egozentrik der undefinierten Frau. Zu Marie Luise Kaschnitz' autobiographischem Roman 'Das Haus der Kindheit', in: Uwe Schweikert (Hg.): Marie Luise Kaschnitz, S. 78 ff.; vgl. Inge Stephan: Männliche Ordnung und weibliche Erfahrung: Überlegungen zum autobiographischen Schreiben bei Marie Luise Kaschnitz, in: Dies. u.a. (Hg.): Frauenliteratur ohne Tradition? Neun Autorinnenportraits. Frankfurt/M. 1987, S. 133-157.
349 Vgl. Becker-Cantarino 1987, S. 347.

flußten Idyll der Familie begegnet Dorothea Merz mit der Übernahme von Kulturaufgaben, die geprägt sind durch das Weiblichkeitsbild der bildungsbürgerlichen Hausfrau. Der idealisierende Typus der 'Femme indéfinie' agiert sozialhistorisch als 'Femme correcte'; Dorothea Merzens Geschichte ist eine der Stillstellung in Konventionalität.

4   KLARAS MUTTER

Dorst/Ehler präsentieren mit Anna Falk und ihrer Tochter Klara zwei
facettenreiche weibliche Figuren, in denen sich Erscheinungsformen
und Probleme der lebensreformerischen Vorstellungen der frühen
Jahrzehnte des zwanzigsten Jahrhunderts kristallisieren. Dorst bemerkt in einem Interview 1978: "Klaras Mutter hat so eine selbstge-
strickte Emanzipation, mit der sie es allein nicht schafft. Noch nicht.
Sie will sein wie sie selber, ohne Rücksicht auf die Umwelt. Damit
mußte sie scheitern. Damals."[350] *Klaras Mutter* ermöglicht Aufklärung über den Utopiediskurs der 70er Jahre in der Bundesrepublik, da
die Erzählung eine Art historischer und kultureller Anamnese seiner
vielfältigen Wurzeln und Verzeigungen versucht. *Klaras Mutter* ist eine
"Geschichte, die in ihrem Inhalt, ihrer Sprache, ihrer Bilderwelt und ihrem Aroma sehr deutsch ist. In einem kleinen, armseligen Ort, irgendwo im Fränkisch-Thüringischen gelegen, leben Klara, eine
blaustrümpfige, furchtsame Lehrerin, und ihre Mutter, eine wackere
Frühemanzipierte."[351] Es ist eine Frauengeschichte, in der Männer
nur eine untergeordnete Rolle spielen.[352] Emanzipation meint im Zusammenhang des Stücks finanzielle und intellektuelle Selbständigkeit,
die durch Aspekte erotischer und sexueller Freizügigkeit und mütterliche Machtansprüche ergänzt wird.
Beide Frauenfiguren sind schon bekannt aus dem fragmentarischen
Roman *Dorothea Merz*, wo sie als Freundin der Protagonistin, Klara
Falk, und Gegenspielerin, Anna Falk, auftreten. In *Klaras Mutter* gibt
es ein wörtliches Textzitat von vier Seiten - nur zwei Sätze sind verändert - aus *Dorothea Merz*; die Erzählung nimmt formal den Charakter einer Binnenerzählung innerhalb des gegebenen Rahmens der abgeschlossenen Dorothea-Merz-Geschichte an und kann als Erläuterung
zu dem im Roman berichteten "Unglücksfall", bzw. "unwürdigen Tod"
(D, 203) gelesen werden.[353] Indem Anna Falk mit ihrer Tochter Klara

---

[350] Anne Rose Katz: Ein Schriftsteller, dem es die Frauen angetan haben, in:
Abendzeitung München 15-07-1978.
[351] Petra Kipphoff: Deutsche Bilder, in: Die Zeit. Hamburg 10-03-1978.
[352] Vgl. Wolfgang Paul: Utopie, in: Tagesspiegel. Berlin 17-03-1978.
[353] Da die beiden Frauenfiguren, Anna und Klara Falk, schon in Dorothea Merz
präsent sind, nimmt der Expositionsteil dieses Kapitels auch auf Auftritte
dort bezug und hält sich nicht eng an den Anfang von Klaras Mutter.

148

Ansätze der Lebensreformbewegung praktisch umsetzt, erhält sie in den *Deutschen Stücken* die narrativ-dramaturgische Funktion, die bildungsbürgerlich vom einfachen Leben schwärmende Dorothea Merz zu "denunzieren".[354] Die Idylle, die Dorothea Merz im Rahmen der Familie herzustellen bemüht ist, erweist sich aufgrund des Idealcharakters als Gegenwelt, so daß in der naiven Sehnsucht nach der 'Idylle' eine Variante utopischen Wünschens zu entdecken ist. "Naivitätssehnsucht signalisiert das Leiden an der bestehenden Wirklichkeit, den Wunsch nach Befreiung aus konventioneller Erstarrung. Sie produziert den Traum vom einfachen, nicht entfremdeten Leben wie in den Jugendbewegungen des 20. Jahrhunderts. Sie schafft die poetischen Wunschbilder vom goldenen Zeitalter, paradiesischem Landleben und heiliger Vorzeit; < ... > So unterschiedlich Naivität in verschiedenen Epochen ersehnt und gestaltet wird: immer ist sie Produkt eines sentimentalischen Bewußtseins, Kontrastbild zu der bestehenden Wirklichkeit, die gerade nicht naiv erfahren und reproduziert werden kann, sondern problematisch geworden ist."[355]
Dorst/Ehler folgen in *Dorothea Merz* und in *Klaras Mutter* der innerhalb der deutschen Kulturgeschichte vernachlässigten Traditionslinie der Entfaltung des Idyllischen.[356] "Die Idylle steht im Zusammenhang mit der Naivitäts- und Humanitätsidee des 18. und des frühen 19. Jahrhunderts."[357] Dieser Traditionslinie entsprechen Vorstellungen, die die ideale Sphäre des Glücks und der Freiheit entweder in die bürgerliche Familie verlegen, wie bei Dorothea Merz, oder in gesellschaftliche Idealbilder eines naturrechtlich organisierten Lebens, wie bei Anna Falk.[358] Im Unterschied zur privat begrenzten Idealvorstellung von Dorothea Merz bedeutet die Falksche Zielprojektion 'Gemeinschaft' paradiesische Orte für Gruppen gesinnungsmäßig verbundener Menschen. "Glück mußte den Zustand der Gesellschaft oder wenigstens die Lebensumstände einer größeren Anzahl von

---

[354] Tankred Dorst: Arbeit an einem Stück, in: Spectaculum 11. Frankfurt/M. 1968, S. 328-333, S. 329; vgl. Olgas Funktion in dem Stück Toller.

[355] Jäger 1975, S. 3 f.

[356] Vgl. Friedrich Sengle: Formen des idyllischen Menschenbildes, in: Norbert Fügen (Hg.): Wege der Literatursoziologie, Neuwied 1968, S. 177-195.

[357] Ebd. S. 194.

[358] Historische Verbindungen zu Naivitätsvorstellungen des 18. Jahrhunderts, z.B. bei Geßner und Voß, untersucht Jäger 1975; hier besonders S. 7 ff.

Menschen betreffen, mit denen sie durch ihre Anschauung verbunden war." (K, 252) Konzeptionell ist es keine Entscheidung für das Private, sondern eine, die Lebensweisen jenseits institutioneller Formen, also auch jenseits von Familie und Eigentum, intendiert. Dorst/Ehler kontrastieren diese konzeptionellen Unterschiede in strukturell unterschiedlichen Frauenfiguren: der schwärmerischen, in Idealen eingesponnenen Dorothea Merz wird die resolute Nonkonformistin Anna Falk gegenübergestellt.

4.1 EXPOSITION VON KLARAS MUTTER

4.1.1 Lebensreformerinnen

Anna Falk ist im größten Haus des Dorfes aufgewachsen und hat es als Erbnichte auch übernommen. Als junges Dienstmädchen in eine lebensreformerische Familie am Bodensee verschlagen, nimmt sie die Gelegenheit wahr, sich zur Handarbeitslehrerin auszubilden. Nun bewohnt sie das großes Anwesen ihres Onkels, eines "großspurigen" (K, 225) Händlers landwirtschaftlicher Produkte, und besitzt noch ein "Grundstück draußen" (K, 233), so daß ihre materiellen Verhältnisse als einigermaßen sicher und sie und ihre Tochter Klara, die als junge Lehrerin in der Dorfschule arbeitet, innerhalb ihres Umfeldes als privilegiert gelten können. Aus weltanschaulichen und finanziellen Gründen gibt Anna Falk Strickstunden für die Mädchen des Dorfes und der Umgebung.

Ins Bild vom einfachen Leben, das Anna Falk aufgrund ihrer Kenntnisse und Kontakte entwirft, gehen die entwickelten Humanitätsideale des Sozialismus ein, die dem bestehenden Klassengegensatz, der als Ausdruck unterdrückender industrieller Entwicklung kritisiert wird, als Alternative entgegengesetzt werden. Sie sucht Zuflucht in der Utopie einer außerstaatlichen Sphäre, in der die Menschen sich gemäß ihren natürlich genannten Anlagen frei und allseitig entfalten können. Obwohl sie kommunistisch wählt, distanziert sie sich von dem einzigen Kommunisten des Dorfes:

> Ja, wir wählen KPD, weil wir gegen Eigentum sind, aber mit eurem Zwangssystem haben wir nichts zu tun, wir haben andere Ziele.
> - Euera Saladköpf! hatte Gebhard geantwortet, ihr baud euera Saladköpf an in euerm Baradiesgärdla, bis euch die Nazi in der Daschn ham.
> <...>
> - Wir Kommunisdn, sagte Gebhard, wir können nicht machen was ein

jeder will, wir müssen taktisch denken. Und die Falk, streng aufgerichtet, sah ihn mit einem entschlossenen Blick an und antwortete:
-Wir nicht! (K, 289)

Dorothea Merz beurteilt Anna Falks persönliche Situation in ihrer wü-
tenden Abneigung korrekt:

> Und ihren Kommunismus, den verstehe ich überhaupt nicht. Sie hat
> doch ein Haus und ist Lehrerin, sie hat Reisen ins Ausland gemacht,
> sie war nie arbeitslos. Sie kennt doch kein richtiges Elend. (D, 58)

Zentral sind für Anna Falk die Worte 'Gesinnung', 'Gemeinschaft' und
"Gesinnungsgenossen" (K, 227). "Hier wäre Raum für viele, sagte die
Falk, für zwanzig oder dreißig, für eine größere Gemeinschaft" (K,
226). "Wir kommen ja hier auf dem Dorf sehr selten mit Gesinnungs-
genossen zusammen" (K, 227), sagt Klara. 'Wir' bedeutet für die
Tochter, die Mutter und ich, die Zweiergemeinschaft von Mutter und
Tochter. "Wir sind ja hier bloß zwei" (K, 227), sagt Anna; 'wir' bedeutet für die Mutter die Gesinnungsgemeinschaft, in der Anna und
Klara zwei Teile bilden. Klaras Identität baut sich auf über die Person
der Mutter, Annas Identität gründet in der Utopie freier Menschen, die
sie in der Erziehung ihrer Tochter realisiert sieht.
Durch die utopische Gemeinschaftsidee isoliert sich Anna Falk von der
realen Dorfgemeinschaft, für deren soziale Verelendung Mutter und
Tochter eine globale Erklärung bereit halten: "So wie es jetzt stünde,
sei jeder des anderen Feind, das sei das eigentliche Gesetz des Kapitalismus." (K, 229)
"'Gesellschaftsveränderung durch Lebensreform'"[359] lautet eine for-
melhafte Beschreibung des Konzepts der Lebensreformbewegung,
und diese Kurzform weist darauf hin, daß der Schwerpunkt der sozialpolitischen Bewegung auf der persönlichen Lebensführung liegt. "Die
Gleichung Lebensreform = Selbstreform wird von den Verlautbarun-
gen der Lebensreformer vollauf bestätigt, ja von diesen in schöner politischer Naivität selbst formuliert, besonders dort, wo eine zusam-

---

[359] Wolfgang R. Krabbe: Gesellschaftsreform durch Lebensreform. Strukturmerkmale einer sozialreformerischen Bewegung im Deutschland der Industrialisierungsperiode. Göttingen 1974, S. 11.

menfassende Zielbestimmung der gesamten Lebensreform versucht wurde."[360] Gemäß 'schöner politischer Naivität' und weiterer sozialhistorischer Kriterien ist die Figur der Anna Falk eine typische Lebensreformerin: Sie intendiert eine Erneuerung des gesamten Lebens in ganzheitlicher Hinsicht; sie erstrebt eine Reform der Gesellschaft über die Verbesserung der Lebensbedingungen jedes Einzelnen; sie entstammt den Mittelschichten und zeichnet sich durch eine Mentalität aus, die durch gnostisches Sendungsbewußtsein geprägt wird und sich in eschatologisch-sektiererhaften Verhaltensweisen äußert.[361] Zudem vertritt sie als Lehrerin soziologisch die große Zahl der gebildeten bis halbgebildeten Berufsstände im organisierten Vegetarismus.[362]

> Wir haben uns vor zwei Jahren in der Schweiz kennengelernt, sagte die Falk, bei Zimmermann auf dem Sommertreffen, wie wir da alle auf der Wiese am See gelegen sind, ein paar Tage und Nächte, und gesungen haben. (K, 227)

Durch persönliche Freundschaftsbeziehung zu historisch verbürgten Personen, eine "Ansichtskarte von Zimmermanns" aus "Ascona" (K, 252), wird illustriert, daß die Einbindung der Falks in die Reformbewegung stabil ist.[363] Dorst/Ehler beschreiben, wie sie Kontakt zur Lebensreformbewegung halten durch "reformerische Zeitschriften" (K, 232) und Broschüren oder Bücher, "auf die sie durch eine Anzeige in ihren Zeitungen aufmerksam gemacht worden" waren (K, 242),

---

[360] Frecot 1972, S. 52; - vgl. ebd. die Charakterisierung der Lebensreform durch Friedrich Engels als "Flucht aus der platten Misere in die überschwengliche Misere."

[361] Vgl. Krabbe 1974, S. 171.

[362] Vgl. ebd. S. 139 f.

[363] Vgl. D, 201: Abbildung eines Titelblatts der Zeitschrift "Der Ring" mit einem Beitrag von Werner Zimmermann. "1921 erscheint sein bekanntestes, bis in die Gegenwart immer wieder aufgelegtes Buch 'Lichtwärts. Ein Buch erlösender Erziehung', in dem er seine Ansichten zur sexuellen Aufklärung und zu allgemeinen Lebensfragen niederlegt und dessen erste Ausgaben mit dem 'Lichtgebet' von FIDUS geschmückt sind. <...> ZIMMERMANN, der in unzähligen Büchern, Broschüren und Zeitschriftenbeiträgen für Freikörperkultur und vegetarische Ernährung, Freiwirtschaftslehre, Psychoanalyse und Pazifismus eintritt, ist einer der progressiven Publizisten der Lebensreform." Frecot, 1972, S. 203; - "Werner Zimmermanns 'Lichtwärts' ist vielleicht die einzige lebensreformerische Schrift, der auf dem Gebiet der Erziehung eine relative Bedeutung zukommt." Krabbe, 1974, S. 105.

und verdeutlichen so zugleich das ganze Ausmaß der sozialen Isolation in ihrem direkten Umfeld.

Im Leben der Falks werden die vier zentralen Elemente der Lebensreformbewegung erkennbar: "die Naturheilkunde, die Ernährungsreform und der Vegetarismus, die Siedlungsbewegung und die Freikörperkultur"[364].

1. Sie schlafen auf dem Boden und trocknen Heilkräuter.

> Sie gingen über den Speicher. Ausgebreitete Zeitungen, darauf lagen Lindenblüten zum Trocknen, der ganze Boden war damit bedeckt.
> - Das duftet ja hier! sagte der Kriminalbeamte aus der Kreisstadt. Gesund! (K, 304)

2. Sie ernähren sich strikt vegetarisch, "Wir essen kein Fleisch" (K, 264). Bekannt-berüchtigt sind die beiden Frauen als "Grasfresser" (K, 226, 231, 249), deren vegetarische Lebensweise in der Figur des Metzgerfrieders lebensnah konterkariert wird: "Na ja, rief er, ihr brauchd ja ka Säu, ihr Grasfresser, aber die annern...!"(K, 249) [365]
3. Sie bauen mit einem Gesinnungsgenossen ein Siedlungshaus oberhalb des Dorfes, (K, 233 ff., 240 f.), "an Tempel" (K, 239), wie der Metzgerfrieder weiß.
4. Sie sind Anhängerinnen der Nacktkultur, gemeinsames Baden und Waschen soll Scheu vor Nacktheit vermeiden. "Die Schande hat uns bekleidet, die Ehre wird uns wieder nackt machen - das war ein Teil ihrer Lebensanschauung."(K, 255) Schamgefühl wird abgelehnt als Folge des Zivilisationsprozesses, ihrer Überzeugung nach soll Nacktheit der Förderung des natürlichen sittlichen Empfindens dienen.

Das Programm der Lebensreformer, das rationale Kritik an vorgegebenen Mißständen mit Hilfe von intentionalen Konzeptionen übt, entspricht einer Utopie, die einen Gutteil eschatologischer Elemente, z.B. deutliche Momente von Heilserwartung und Glaubenshaltung, enthält. Anna Falk erscheint den Dorfbewohnern als Sonderling, sie selbst sieht sich jedoch als Erwählte, die sich durch gewisse lebensreforme-

---

[364] Frecot 1972, S. 51

[365] "Der Physiologe G. v.Bunge, der den 'Natürlichkeits'-Begriff der Vegetarier bezweifelte, formulierte deswegen überspitzt das Paradoxon: 'Es gehört eben zur Natur des Menschen, unnatürlich zu leben'". Krabbe 1974, S. 78 Anm. 259.

rische Einsichten ausgezeichnet fühlt.[366] Der Fabrikant Kößwaldt erkennt die Struktur, wenn er bei der Ankunft eines Gesinnungsgenossen "gutgelaunt" ruft: "Die Heilslehre wächst! Jetzt seid ihr ja schon drei!" (K, 233)

4.1.2 Nudistin

Die erzähltechnische Funktion der Figur der Anna Falk, Dorothea Merzens Schwärmerei zu kontrastieren, ist oben schon genannt worden. In den Bereichen Nacktkultur und Siedlungswesen werden die unterschiedlichen Haltungen der beiden Frauenfiguren konkret konfrontiert. Dorothea Merz repräsentiert in *Dorothea Merz* und *Auf dem Chimborazo* die bewußtseinsmäßigen Sperren der etablierten Bürgerin gegen Ideologie und Praxis der Nacktkultur in der Form ästhetisiernder Prüderie und Empörung, in der sich das zwanghafte Verleugnen eigener sexueller Phantasien verbirgt. Erstens regt Frau Zacharias, eine Kurbekanntschaft von Rudolf Merz auf Capri, Dorotheas Vorstellungen und die anderer respektabler Sanatoriumsgäste an als "Femme scandaleuse", von der behauptet wird, "daß sie nackt sonnenbade." (D, 110) Leitmotivisch ziehen sich zweitens Dorotheas Abgrenzungs- und Abwertungsstrategien gegenüber der selbstbewußten Nudistin Anna Falk durch alle *Deutschen Stücke*: Dorotheas Berichte über Anna Falks Verhaftung in Genf, "weil man nicht nackt sein darf". (K, 238)

> 1.
> Oben auf dem Felsen liegt jemand nackt in der Sonne, das muß Frau Zacharias sein, denkt Dorothea. Ob Rudolf sie sieht? Er tut so, als würde er sie nicht sehen.
> Dorothea:
> - Ach übrigens, habe ich dir geschrieben, daß Frau Falk verhaftet worden ist?
> Rudolf.
> - Nein, das hast du nicht.
> Dorothea:
> - In Genf wurde sie von der Polizei angehalten und da war sie unter ihrem Lodenmantel nackt.
> Rudolf lächelt:
> - Da fand die Polizei sie gefährlich?
> Dorothea:
> - Die arme Klara tut mir leid. Das weiß natürlich schon jeder im Ort.
> (D, 125)

---

[366] Vgl. ausführlich Krabbe 1974, Kapitel "Ideologiekritik und endgültige Definition", S. 167 ff.

2.
Nacktkultur, das war ja in Genf und weit weg. (D, 152)

3.
KLARA Sie war eigentlich mehr freidenkerisch.
DOROTHEA Nacktkultur! <...>
KLARA Ja. Sie war auch vegetarisch.
DOROTHEA Sie ist doch auch in der Schweiz verhaftet worden. In Genf.
KLARA Jaja, da hatte sie Verbindung zu einem Kreis gleichgesinnter Menschen.
DOROTHEA Sie ist mitten auf der Straße verhaftet worden. Sie hatte ein Loden-Cape an, und darunter war sie nackt.
KLARA Ach, Dorothea, das ist mir peinlich -
DOROTHEA *triumphierend* Ganz nackt! (C, 583 f.)

Anna Falks stereotyp zitierte Verhaftung entspricht tatsächlichen Vorkommnissen, nämlich den Strafverfahren gegen nackt sonnenbadende Maler, Lehrer und andere Personen vornehmlich aus dem gehobenen Bürgertum, die den Straftatbestand der Erregung öffentlichen Ärgernisses oder des groben Unfugs erfüllen, aber häufig mit Freispruch enden[367]. Auch die praktische Nudistin Anna Falk wird in der Schweiz nicht bestraft. (K, 238)[368]
Dorothea Merz äußert unter ästhetischem Aspekt, "Unästhetisch, so ein alter Körper" (C, 584), Mutmaßungen über Einzelheiten, wie Falten und Narben. Ihr Selbstwertgefühl bleibt gebunden an konventionelle Normen von jugendlicher weiblicher Schönheit, während Frau Falk souverän ihren Körper zeigt. Frau Merz könnte allerdings selbst durch ihre Leidenschaft für das Barfuß-Gehen in die Nähe der von ihr so verfemten Nacktkultur geraten, wenn sehr starre klerikale Moralvorstellungen zugrunde gelegt werden: "Die französische Tänzerin Viola Villany bekam bei ihren Gastspielen in den katholischen Gegenden Deutschlands, vor allem in Bayern, Schwierigkeiten, weil sie barfüßig aufzutreten pflegte."[369]

---

[367] Krabbe 1974, S. 97 f.
[368] Über die tatsächliche quantitativen Beteiligung von Frauen in nudistischen Organisationen gibt ein Beleg beispielhaft Auskunft: "zur ersten Versammlung der Nacktkulturvereinigung 'Hellas' in Berlin erschienen etwa 40 Herren und nur 2 bis 3 Damen, was mit allemeiner Enttäuschung zur Kenntnis genommen wurde." Frecot 1972, S. 49.
[369] Krabbe 1974, S. 97.

4.1.3 Siedlerinnen mit Siedler

Durch den realen Aufbruch aus der Enge des Dorfes in die landschaftliche Weite der Umgebung gewinnen die Falks ein Stück sozialer Unabhängigkeit:

> Sie waren froh, daß ihre Hütte da oben auf dem Hügel stand wie auf der Weltkugel, nicht in einer Mulde wie ihr Haus im Dorf, wo die Leute von oben in den Hof hineinsehen konnten. Für die Falks war es wie ein neuer Anfang. Sie fühlten sich da oben wie Auswanderer, wie Siedler in einer neuen Welt. Es war Frühling. Als die Hütte fertig war, - nur das Dach fehlte noch, über dem Bauwerk blähte sich eine Wagenplane - saß Kupka auf dem Sägeblock und spielte einen Tanz und sang dazu, Klara tanzte mit ausgebreiteten Armen auf der Wiese, sie drehte sich und nahm ihre Mutter, die stumm dabeistand, bei den Händen und wirbelte sie herum. (K, 241)

Eine naturmystisch anmutende Idee der Vereinigung von Mensch und Natur als Teil befreiter Natur klingt an, die Hütte wird zum selbstgeschaffenen Paradies. Wenn die Falks den Aufbruch wagen, sozusagen auswandern aus ihrer dörflich engen Umgebung und "Siedler in einer neuen Welt" werden (K, 241), dann erfüllen sie damit Postulate, die Dorothea Merz im Anschluß an Henry David Thoreaus Rückzug in eine einsame Hütte nur aufgestellt, aber nie umgesetzt hat. "Thoreaus Buch *Walden or Life in the Woods* von 1854 löste eine wahre Thoreau-Manie aus. Seine Hütte war Ausdruck einer Siedler-Mentalität à la Robinson Crusoe, wenn auch eine, im Gegensatz zu dem legendären Schiffbrüchigen, selbstgewählte. Gerade deshalb und weil die Siedlerhütte wohl als Symbol der Neuen Welt galt, erhielt das Buch so eine starke Wirkung."[370] Beide, Anna und Dorothea, stehen in der Tradition des gleichen Thoreau-Kultes mit seiner ritualisierten und ästhetisierten Pionierarchitektur. Dorothea betrachtet Thoreaus Buch als Unterhaltungslektüre, die sie als Naivitätsfiktion genießt, während Anna im Realisierungsversuch die sozial-ideologischen Elemente prak-

---

[370] Antje von Graevenitz: Hütten und Tempel: Zur Mission der Selbstbesinnung, in: Monte Verità. Berg der Wahrheit. Ausstellungskatalog Museum Villa Stuck München. Milano 1980, S. 85-98, S. 85; - "Nicht immer war die Hütte unerläßlicher Bestandteil der Idealkommune, wohl aber für Frederik van Eeden, den holländischen Arzt und Schriftsteller, der 1898 in Bussum bei Utrecht nach Thoreaus Vorbild eine Hüttenkolonie mit dem programmatischen Namen 'Walden' gründete, ebenso auch für die Naturheilanstalt auf dem Monte Verità in Ascona, für Dr. G. A. Küppers-Sonnenbergs Einzelsiedlung Sonnenberg von 1919 in der Lüneburger Heide und für Hans Weisens 1920 gegründete 'Hessische Heimat' am Edersee." Graevenitz, 1980, S. 85.

tisch aufgreift. Wie im zitierten Kommentar vom Metzgerfrieder deutlich wird, er spricht vom "Tempel" (K, 239), gilt die Hütte selbst als eine Art Kultbau. "Rousseaus These aus seinem 1767 erschienenen Roman *Emile* 'Zurück zur Natur' ließ sich in der Hütte verwirklichen und kultivieren, denn nur im Naturzustand - so Rousseau - sei der Mensch frei, gleichberechtigt und sittlich autonom. Auf diese Weise konnte die Hütte Teil eines messianischen Programms werden, ja sogar als ihr Zitat gelten."[371] Für die Falks ist die Planungsphase eine Zeit voll Selbstgewißheit und missionarischem Eifer.

> Auf jeden Fall sollte das Haus ganz anders aussehen als alle anderen, die sie kannten. Sie stellten sich auch vor, daß es schön und für ihre gedankenlosen Mitmenschen nützlich wäre, wenn es durch seine äußere Gestalt in der Landschaft wie ein Zeichen wirkte dafür, daß jeder Mensch, wenn er nur wollte, aus eigener Kraft zu einem freien Leben finden konnte. (K, 237)

Ihr Enthusiasmus schützt sie freilich nicht vor dem Spott der Umgebung:

> Rudolf setzt sich zu Frau Mora:
> - Hat euch Frau Falk wieder ein bißchen mit Silvio Gesell erschreckt?
> Wollschedel:
> - Viel schlimmer! Silvio Gesell geht ja noch, Geld abschaffen, da bin ich absolut einverstanden, ich hab sowieso keins. Viel schlimmer: ich soll mein Treppenhaus zertrümmern!
> Frau Falk:
> - Wenn Sie es unbedingt ins Lächerliche ziehen wollen ... (D, 143)[372]

Die Falks bleiben Einzelgängerinnen, ebenso vereinzelt bleibt Dorothea Merz in ihrer Villa, allein mit ihren Wünschen, die Ideen Thoreaus und die des ästhetischen Art Decos als eine Vereinigung von Kunst und Leben in idealisierter Natur zu verwirklichen.

Die in der Siedlunghütte erreichte Unabhängigkeit der Falks von der dörflichen Umgebung hat eine persönliche, politisch motivierte Bindung zur Voraussetzung: Die Frauen können ihre Siedlungsvorstellungen erst praktisch umsetzen, als ein Schreiner als Gesinnungsgenosse

---

[371] Graevenitz 1980, S. 85.

[372] Zum Haus ohne Treppen vgl.: "Nur oben im Dach sei noch ein Zellchen, hoch im Dach; und führte keine Treppe, noch Stiege und Steig hinauf, als sei es scheuer Vöglein sicheres Nest. Nur ein Tau ist da, ein starkes Sichrecken und Hinaufklimmen zur Ruh." Hans Weisen: Baukunst. Leipzig und Hartenstein im Erzgebirge 1920, S. 63.

zu ihnen stößt, Herbert Kupka. Mit der 'Sache mit dem Kupka'[373] (D, 38 f., 59, 152; K, 285) verhält es sich folgendermaßen: Ein junger Mann aus Polen, den Anna Falk auf einem Treffen der Lebensreformer als Gitarrenspieler kennengelernt hat, taucht eines Tages bei den Falks auf und bleibt auf Annas Wunsch bei der erfahrenen Gesinnungsgenossin. Das erste vertrauliche Gespräch zwischen Anna Falk und Kupka verläuft in großer Scheu:

> dann sagte die Falk:
> - Du kannst auch dableiben. Die Scheune gegenüber und die anderen Häuser lagen draußen im Mondlicht beieinander wie große schwarzglänzende Schuppentiere. (K, 232)

Anna Falk und Herbert Kupka verständigen sich im Schein des Mondes; träumerisch, fast somnambul finden sie zueinander. Das Licht auf den dunklen Dächern des Dorfes erweckt den Anschein, als lebten die Gebäude, als hätten sie sich zusammengeschlossen zu einer abweisenden Gemeinschaft, die den Wunsch nach Nähe bei den Ausgeschlossenen umso stärker hervorruft.

4.1.4 Dörflerinnen

Fast könnte - trotz des anders lautenden Titels - vom Dorf Grünitz als dem wirklichen Thema der Erzählung gesprochen werden. Das Kollektiv des Dorfes, dem Klara und ihre Mutter angehören, dessen spannungsreich integrierter Bestandteil sie sind, bildet in gewisser Weise das Zentrum der Darstellung, die geprägt ist durch die detailscharfe soziologische Sichtweise von Autor und Autorin.
Anna Falk unterscheidet sich durch unkonventionelle Unabhängigkeit und Überzeugungsfestigkeit, die ihr jede Art von gefälligem Verhalten verbieten, von den übrigen weiblichen Dorfbewohnern. Die in der Fremde gewonnene Unabhängigkeit und Meinungsfreiheit führt in Verbindung mit der gleichzeitigen sowohl ökonomischen als auch existentiellen Abhängigkeit von der dörflichen Umgebung zu einem Sonderstatus. Sie gilt als "abweisend" (D, 57) und "verschroben" (D, 58).

---

[373] Zum Namen 'Herbert Kupka' für den jungen arbeitslosen Mann aus Polen vgl. die Figur des Jürgen Kupka in Günter Grass Roman "Katz und Maus", eines Mitschülers des Protagonisten Joachim Mahlke, der, etwa 14jährig bei Kriegsanfang 1939, in Danzig lebt und später nach Kanada auswandert, in: Günter Grass: Katz und Maus. Reinbek 1963, S. 35.

Ob ich das jetzt sagen darf oder nicht, - der Kapitalismus wird ausge-
rottet werden, das ist ein Naturgesetz. Da könnt ihr verbieten was ihr
wollt.
- Ach geh zu, Anna! < ...>
A weng arg eigensinnig bist scho, Anna. (D, 170 f.)

Erich Merz bringt als jovialer künftiger Unternehmer die begrenzte
Nachsicht zum Ausdruck, mit der eine Abweichlerin aus bürgerlicher
Perspektive rechnen darf.
Dorothea Merz dagegen kann auf der Ebene politisch motivierter
Überzeugungen gar nicht argumentieren. Sie ist gezeichnet als weibli-
che Figur, die auf die drei typisch 'weiblichen' Perspektiven be-
schränkt ist: ihre Sichtweise ist persönlich, parteilich und partiku-
lar.[374] Diesen nach bürgerlich-liberaler Konzeption der privaten
Sphäre zugeordneten Sichtweisen entsprechen in der öffentlichen
Sphäre idealiter die 'männlichen' Perspektiven von unpersönlicher,
unparteilicher und allgemeiner Sachlichkeit und Objektivität. Während
Anna Falk 'männlich' über Gesellschaftsformen spricht, antwortet Dorothea 'weiblich'. Sie bezieht den Ausdruck 'Kapitalismus' auf den ihr
persönlich verbundenen Fabrikanten Rudolf Merz, für den sie aufgrund
ihrer partiellen Interessen Partei ergreift: "Kapitalismus und Kapitali-
sten, und Sie wollen sie ausrotten! Dann ist Rudolf doch auch ein Ka-
pitalist!" (D, 170). Frau Merz betrachtet die Situation aus einer perso-
nenorientierten Perspektive. Sie beachtet Rudolf Merzens besondere
persönliche Umstände, speziell seinen Krankenstand, und behält
gleichzeitig ihre individuellen Lebensverhältnisse im Auge: Er ist ihre
Lebensgrundlage. Sie agiert entsprechend diesen personenbezogenen
Handlungsmustern und bleibt so hilflos in ihren Reaktionen auf die
sachlich argumentierende Anna Falk. "Sie ist aufgebracht vor Ärger
und Eifersucht" (D, 170), wie Dorst/Ehler lapidar formulieren. Anna
Falk wird geschildert als politisch interessierte und argumentati-
onsfähige, zugleich aber aggressive Frauenfigur, die das übliche politische Desinteresse der Dorfbewohner empört. Einzig im Gespräch mit
Rudolf Merz hat sie im Dorf Gelegenheit, ihre Kategorien des unabhängigen Sozialismus einzubringen.

---

[374] Vgl. Susan James: The good-enough citizen: female citizenship and independence, in: Gisela Bock and Susan James (Hg.): Beyond Equality and
Difference. London and New York 1992, S. 48-65.

Im Dorf herrscht, jenseits des bildungsbürgerlichen Kreises der Merz-Villa und eines unangepaßten Lehrers, ein latent aggressives Kontrollsystem, gespeist aus undifferenzierter Neugier und diffamierendem Interesse, das allem und jedem entgegengebracht wird und sich nur schwer in Worte kleidet, vielmehr im Schweigen seine passende Form gefunden hat. Symptomatisch ist die Verständigung über einen ins öffentliche Gerede gezerrten kriminellen Vorfall von Kindsmißbrauch eines minderjährigen Mädchens, einer Schülerin von Anna Falk. Das Mädchen hat anschließend eine Fehlgeburt, und alle bewegt die Frage: "Und wer hatte die Herta geschwängert?" (K, 265)

> - Bei der Falk war sie immer in der Strickstund, und was die den Kindern so alles erzählt, Herr Kößwaldt, was die den Kindern so alles beibringt, so unsaubere Sachen, das ist ja kein guter Einfluß.
> Lehrer Kress, auf den sich der Blick von Herrn Kößwaldt richtete, verteidigte aber die Falk, er hatte sogar eine philosophische Meinung über sie: sie sei in der langweiligen Schöpfung Gottes doch so etwas wie ein Original, er, Kress, habe persönlich eine Neigung zu Originalen und studiere sie mit Interesse, übrigens auch die Tochter.
> - Aha! machte der Posaunist bedeutungsvoll. Aber sonst wußte niemand etwas zusagen und so entstand ein verlegenes Schweigen und die Gläser wurden wieder vollgeschenkt.
> -So! sagte Herr Kößwaldt.
> - Bei uns is ja jeder a Original! rief der Feuerwehrhauptmann Strack und sah sich dabei im Kreise um. A jeder von uns is a Original, brauch mich ja bloß umschaun!
> Darauf stießen alle an. (K, 266)

Dorst/Ehler entwerfen in dem Dorf Grüntiz eine deprimierende Szenerie sozialer Beziehungen. Hinter dem Schweigen der Bewohner verbirgt sich emotionale und soziale Rohheit, die sich in bösartiger Schuldzuweisung und brutaler Mißhandlung von Hilflosen äußert:

> Gendarm Gensler, der gern wichtig tat, hatte der Grümmers-Marie gesagt, daß sie sich wegen ihrer Nichte strafbar machte; die Grümmers-Marie, in ihrer Angst und ihrer Wut auf die Falk, schlug auf Herta ein und schrie: Weeng dir Bangerd dir dreggerdn ... mit ihrer hohen Stimme; die Hühner flatterten vom Hof. Herta saß, den Arm über dem Kopf, bewegungslos auf der Bank. (K, 287)

Aufgeschreckt reagieren die Hühner, die angeblich 'dumme' Kreatur; das übrige Dorf verharrt im Schweigen.

4.2 LEBENSPRINZIPIEN VON KLARAS MUTTER

4.2.1 Berufstätigkeit

Die lebensreformerischen Überzeugungen der Anna Falk bilden in der Erzählung *Klaras Mutter* den Hintergrund, auf dem sich die Handlung der Geschichte abspielt. "Ich habe immer alles selber gemacht!", und "ich brauche euch alle nicht" (K, 260) schreit Anna Falk einmal außer sich, damit benennt sie den Kern ihres Lebensprinzips: ihren Freiheitswillen, ihre Unabhängigkeit, ihr Streben nach Souveränität. Diese Souveränität sucht sie durch Berufstätigkeit zu erreichen. Anna Falk ist berufstätig und alleinerziehende, ledige Mutter. Im Gespräch mit dem Ehepaar Merz vertritt sie ihre Meinung zu Frauenfragen, speziell zu Berufstätigkeit und Kinderbetreuung:

> Frau Falk:
> - Klara hat ihren Beruf, sie braucht nichts. Das Haus vermache ich der Arbeiterwohlfahrt.
> Dorothea:
> - Sie wollen, daß Ihr Haus in fremde Hände kommt? Wenn etwas so lang in der Familie ist, hängt man doch daran.
> Frau Falk:
> - Jede Frau braucht einen Beruf, damit sie nicht ein Parasit der Gesellschaft wird.
> Dorothea:
> - Das schöne Haus!
> Frau Falk:
> - Die Frau gehört in die Produktion und die Kindererziehung übernimmt der Staat. (D, 56)

Frau Falk formuliert plakativ programmatische Thesen, die an sozialistische Forderungen anschließen. Ihre Parolen sollen im bürgerlichen Milieu der Merz-Familie, wo gerade das Kind Tilmann geboren ist, provozieren; zu einer fruchtbaren Auseinandersetzung der unterschiedlichen Positionen aber sind beide Seiten weder bereit noch fähig. Abstand und Abneigung zwischen emanzipationsbewußten, berufstätigen Frauen sozialistischer Prägung und bürgerlichen Hausfrauen sind in dieser Szene pointiert dargestellt. Dem ästhetisch-emotionalen, subjektiven Argumentationsmuster von Dorothea Merz, das der Codierung kultureller Weiblichkeit entspricht, setzen Dorst/Ehler Anna Falks abstrakte politische Thesen entgegen, die diese selbst allerdings kaum einlösen kann.

Wichtige Entscheidungen für ein selbstbestimmtes Leben hat Anna Falk getroffen durch ihre Ausbildung zur Handarbeitslehrerin und ihre Ablehnung der Ehe. Den Vater ihrer Tochter hat sie nicht geheiratet: "in so eine bürgerliche Familie hätt ich nicht gepaßt ... Ich so als Madame < ... > Du kennst ja meine Ansichten" (K, 285) erklärt sie ihrer erwachsenen Tochter.

> Erst wie ich am Bodensee in Stellung war, da hat zum ersten Mal jemand mit mir geredet. Mit vierzehn bin ich ja fort vom Onkel. Die haben mir dort auch Bücher zum Lesen gegeben ... wie man leben soll. Wenn mir niemand die Bücher gegeben hätt, dann wüßt ich vielleicht heut noch nichts ... Man muß jemand haben, ders einem sagt am Anfang ... nachher kann man selber weitermachen. Den Leuten im Dorf, sagte die Falk, hat nie einer was gesagt, drum sind sie so. Nur mit den Kindern kann man reden. Klara nickte eifrig:
> - Ja! Kinder sind innerlich gut!
> - Und mit denen red ich auch, wenn sie in meine Strickstunde kommen. (K, 238)

Weil sie selbst durch neue Kenntnisse und prägende Lehrer den Aufbruch in ein eigenes Leben gefunden hat, steht für sie "Am Anfang" die Ausbildung, d.h. die persönliche Beziehung zu wegweisenden Menschen, "Man muß jemand haben, ders einem sagt", und der Umgang mit "Büchern". Aus ihrer Biographie schließt sie darauf, daß aus dem Wissen, wie "man leben soll", auch die Fähigkeit resultiert, dem richtigen Weg zu folgen. Sie setzt weitreichende, aber vage sozialpolitische Hoffnungen auf die Förderung und Verbesserung der Bildungsangebote, und sie ist tatsächlich die einzige unter den wichtigen Frauenfiguren der *Deutschen Stücke*, die konsequent einen nonkonformistischen Bildungs- und Selbstgestaltungsweg beschreitet. Zentrales Element ihrer devianten und widerständigen Lebenform in der aggressiven Dorfsituation bildet die Autonomie durch den Beruf. Die Kategorie Berufstätigkeit wird von Bovenschen bei traditionellen literarischen Weiblichkeitstypen als äußerlicher Zusatz beschrieben: "Neben dem 'Gebrauchstypus' der Mutter (Ehe- und Hausfrau) und dem der Prostituierten existiert in neuerer Zeit noch der der Berufstätigen - dieser ist jedoch kein wirklicher Typus des Weiblichen, denn auf seine Geschlechtsspezifika befragt, wird ihm entweder die Weiblichkeit abgesprochen, oder er wird seinerseits auf die Eigenschaften eines der beiden erstgenannten Typen reduziert - die Berufstätigkeit

162

bleibt also ein äußerliches Akzidens."[375] Diese Bemerkung im Zusammenhang der Untersuchung grundlegender 'Imagines von Weiblichkeit' in den Epochen "einer sich formierenden bürgerlichen Kultur im Deutschland des 18. Jahrhunderts"[376] ist hinsichtlich der Literatur des 20. Jahrhunderts ergänzungsbedürfig. Ungeachtet der auch und gerade bei den untersuchten Frauenfiguren Anna und Klara Falk wirksamen Zuordungsmuster von 'Mutter' und 'Hure'[377] nehmen die Weiblichkeitsbilder der Moderne Züge von Souveränität auf, die die festgefügten Merkmale verändern. Bevor das Spannungsverhältnis im Weiblichkeitsbild der souveränen Berufstätigen unter dem zweiten Prinzip, dem der Gelehrsamkeit, weiterentwickelt wird, folgen zunächst drei geschlechtsrelevante Aspekte von Anna Falks konkreter beruflicher Tätigkeit als Handarbeitslehrerin: 1. das geschlechtspezifische Curriculum dieses Unterichts, 2. die geschlechterbezogene Aufteilung des Arbeitsmarkts und 3. die sozialpolitischen Implikationen.
1. "Handarbeitsunterricht wird erst Ende des 19. Jahrhunderts als Teil des Hauswirtschaftsunterrichts in den Lehrplan der Volksschulen aufgenommen"[378], so daß Frau Falks Arbeitsbereich noch relativ ungewöhnlich ist für das Arbeitermilieu oder "unsere gesunden Bauernkinder" (K, 267) der dörflichen Umgebung. Durch ihre Tätigkeit vermittelt sie den Mädchen nicht nur neue Kenntnisse und Fähigkeiten, sie stabilisiert auch die bürgerliche Geschlechterzuschreibung des 19. Jahrhunderts: "Handarbeit ist das umfänglichste Unterrichtsfach in

---

[375] Bovenschen 1979, S. 58 Anm. 81.
[376] Ebd. S. 16.
[377] Ein wahrlich groteskes Beispiel fortwirkender Prostitutionszuschreibung bei weiblicher Berufstätigkeit findet sich in: Die Zeit, vom 09-12-94. In dem Artikel "Unter Zugzwang", S. 91, schreibt Helmut Höge über berufstätige Frauen, die "alle in Hamburg bei irgendwelchen Zeitungen, Fernsehanstalten, Verlagen oder Werbeagenturen arbeiten. Übers Wochenende fuhren sie zurück 'nach Hause', zu ihren festen Ehepartnern in Berlin. 'Nuttenexpress' wird dieser IC hier mittlerweile genannt, weil die Frauen bloß zum Anschaffen nach Hamburg fahren, ihren echten Liebeschwerpunkt aber weiterhin in Berlin haben". Es handelt sich um "zumeist akademisch gebildete Berlinerinnen", deren vollkommen normale Berufstätigkeit der Prostitution gleichgesetzt wird. Für die Kennzeichnung weiblicher Berufstätiger besteht das Muster Mutter (echter Liebesschwerpunkt) versus Hure fort.
[378] Pia Schmid: Zur Durchsetzung des bürgerlichen Weiblichkeitsentwurfs, in: Ute Gerhard u.a (Hg.): Differenz und Gleichheit. Frankfurt/M. 1990, S. 260- 265, S. 263.

der höheren Mädchenbildung < ... >. Während der Schwerpunkt der Erziehung bei bürgerlichen Knaben auf dem Erlernen klassischer Sprachen liegt < ... >, liegt der Schwerpunkt bei den bürgerlichen Mädchen auf dem Handarbeitsunterricht."[379] Das Curriculum des Handarbeitsunterrichts impliziert Verhaltensweisen und Fähigkeiten, die in hervorragender Weise weiblich konnotierte Merkmale wie Häuslichkeit, Sorgfältigkeit, kurz Ergänzungstätigkeit zeigen. Eine Charakteristik von Handarbeit ergibt: "Frauen und Mädchen sind im Haus"[380], "sie lernen den Blick aufs Kleine" und "Bewegungslosigkeit und Stillsitzen mit Rastlosigkeit zu verbinden"[381]. "Hier, läßt sich sagen, ist das Lernziel im Training Mitmenschlichkeit bzw. Dasein für andere und Selbstverleugnung erreicht."[382] Durch die Anleitung zu Handarbeit trägt Anna Falk, die persönlich die Grenzen der Geschlechterzuschreibung z.T. überwunden hat, dazu bei, ihren Schülerinnen aus der ländlichen Unterschicht die Grenzen, die zum Frauenbild des Mittelstands gehören, erst zu setzen.

2. Um den Aspekt der geschlechterspezifischen Teilung des Arbeitsmarkts zu erläutern, ist der Bezug auf eine Kategorie aus der Mitte des 19. Jahrhunderts nützlich, auf die 'geistige Mütterlichkeit'[383]. Die Geschichte des Terminus, der seit dem Beginn der ersten bürgerlichen Frauenbewegung eine wichtige Rolle spielt, dokumentiert die Akzeptanz des traditionellen Deutungsmusters der Geschlechteranthropologie: Aus der gesellschaftlichen Arbeitsteilung der Geschlechter werden polare Geschlechtscharaktere abgeleitet. Jedoch "rechtfertigt die Autorin < Schrader-Breymann > mit diesem Deutungsmuster nicht das bürgerliche Sozialmodell, demzufolge der Wirkungskreis der Frau im Hause und derjenige des Mannes im Beruf gesehen wurde, sondern sie wandte die polaren Geschlechtsmerkmale auf das Erwerbsleben an und leitete aus ihnen 'weibliche' und

---

[379] Ebd. S. 261.

[380] Ebd. S. 261.

[381] Ebd. S. 262.

[382] Ebd. S. 262.

[383] Begriff erstmals bei Henriette Schrader-Breymann in: Dies.: Zur Frauenfrage. 1868, zit. in: Gerda Tornieporth: Proletarische Frauenleben und bürgerlicher Weiblichkeitsmythos, in: Barbara Schaeffer-Hegel und Brigitte Wartmann (Hg.): Mythos Frau. Projektionen und Inszenierungen im Patriachat. Berlin 1984, S. 307-332, S. 315 f.

'männliche' Berufsfelder ab."[384] Damit kann am Ende des 19. Jahrhunderts - in Fortführung des Gedankens von der 'Spiegelung' der Trennung von häuslicher Sphäre und Berufsarbeit in der Polarisierung der Geschlechtscharaktere im 18.Jahrhundert - der Mythos von der 'geistigen Mütterlichkeit' als Spiegelung des geschlechtspezifischen Arbeitsmarkts bezeichnet werden.[385] Anna Falk entspricht mit ihren Strickstunden dem zeitgenössischen modernen Modell der berufstätigen Frau, die den 'weiblichen' Bereich des Arbeitsmarktes besetzt, ebenso wie ihre Tochter Klara, die als Volksschullehrerin ihr Geld verdient.

3. Anna Falk agiert - trotz ihrer programmatischen Thesen über sozialistische Erziehungskonzepte - in völliger Übereinstimmung mit der bürgerlichen Frauenbewegung und dem Konzept der 'geistigen Mütterlichkeit', wenn sie als weibliche Lehrperson Mädchen aus Arbeiterfamilien das Stricken lehrt, damit die zukünftigen Hausfrauen sparsame Wirtschaftsführung kennenlernen:

> Wenn man a weng Wolle hat und wenn man stricken kann, dann braucht man kein Geld auszugeben. (K, 267)

Im hauswirtschaftlichen Unterricht für Mädchen bilden "bürgerliche Sparwirtschaft und zwanghafte Arbeitsamkeit"[386] den Kern. Ganz im Gegensatz zu Anna Falks konzeptioneller Forderung nach gesellschaftlicher, explizit staatlicher Erziehungsverantwortung unterstützt sie faktisch die Individualisierung der ökonomischen Probleme.[387]
Ihrer Tochter, die als Volksschullehrerin im Dorf ihrer Berufstätigkeit nachgeht, wird speziell Tanzfreude attribuiert: sie wird gezeigt, als sie selbstvergessen tanzt (K, 241). Der Gedanke einer naturgemäßen Leibeserziehung speziell für Frauen, wobei die anmutige Harmonie der Bewegung im Mittelpunkt steht, führt in den ersten Jahrzehnten des 20. Jahrhunderts zu einer Reihe von "Tanzfarmen" von und für

[384] Tornieporth 1984, S. 315.
[385] Vgl. Tornieporth 1984, S. 316; Tornieporth bezieht sich auf Karin Hausens Polarisierungsthese, in: Hausen 1978.
[386] Tornieporth 1984, S. 329.
[387] Vgl. ebd. S. 328 f.

Frauen, die z.T. bis heute bestehen.[388] Das Bestreben, die Neigung von Frauen zu Tanz und Gymnastik unterstützen, verbindet sich in der frühen Frauenbewegung mit demjenigen, die Mädchenbildung auch durch Handarbeitsunterricht zu fördern.

4.2.2 Gelehrsamkeit

Eine Annäherung an den Anna Falk inhährenten Weiblichkeitstypus der 'Gelehrten' ist möglich im Vergleich mit einer frühen Dorstschen Frauenfigur, der Figur der "Olga" in *Toller*. In *Toller* ist es Dorsts dramaturgische Konzeption, den literarisierenden Träumer Toller vom gesellschaftlichen Konsens zu isolieren; dazu dient ihm auch die historisch nicht vorgefundene, sondern poetisch erfundene, aus der Lektüre der Schriften Tollers und der Akten entwickelte Figur der Olga, die deutliche Züge einer historischen Person trägt.[389] Es "mußte das kollektive Einverständis gegen den literarisierenden Träumer Toller verstärkt werden. Die Beiordnung der revolutionsbesessenen Frauenfigur 'Olga' unterstützt diese Konzeption, macht sie vollends zur Groteske. Als Frau vertritt sie einen eher peinlichen politischen Dogmatismus, den sie männlichen Leitbildern entlehnt hat, und bleibt doch zugleich die höhere Tochter, die weggelaufene Fabrikantengattin aus Wuppertal."[390] Die Frauenfigur der Olga konturiert das "Klischee, revoltierende Frauen seien besonders dogmatisch"[391].

Anna Falks Figur ergibt teilweise ein entsprechendes Frauenbild: sie ist von bürgerlicher Herkunft und entwickelt sich zur begeisterten bis rigiden Lebensreformerin. Weil sie sozialpolitische Thesen mit alltäglichem Anspruch identifiziert, gilt sie für ernsthafter als die literarische Schwätzerin Dorothea Merz. Anna Falk vertritt einen politisch-sektiererischen Dogmatismus, den sie von männlichen Vorbildern übernimmt, und bleibt doch zugleich die kleinbürgerlich-puritanische

[388] Die ab 1925 aus der "Frauenbildungsstätte Schwarzerden" entwickelte "Ausbildungsstätte für sozial angewandte Gymnastik und Körperpflege" gilt bis heute als moderne Gymnastikschule, vgl. Linse 1983, S. 157 ff.

[389] Vgl. Ernst Toller: Eine Jugend in Deutschland, zit. in: Schattenhofer, 1985, S. 145; vgl. Dorsts Toller: dort ist es die Figur der Olga, die deutliche Züge von Sonja Lerch trägt, der Frau eines Münchner Universitätsprofessors, die sich politisch engagierte, verhaftet wurde und sich im Gefängnis von Stadelheim erhängte.

[390] Schattenhofer 1985, S. 194.

[391] Ebd. S. 194.

Nichte, die im ererbten Haus des Onkels seinen "Salon" (K, 280) un-
angetastet läßt.[392] Die Gegenüberstellung von Anna Falks nonkonformistischen Souveränitätsversuchen und den von hohem Konformi-
tätsdruck geprägten übrigen Provinzbewohnern gerät in der Erzählung
manchmal sehr plakativ, so daß die Figurenzeichnung der Anna Falk
als ernsthafte und glaubwürdige Person stellenweise darunter leidet.
Die pointierte Darstellung der politischen Aspekte der Figur der Anna
Falk ist "immer dann überzeugend, wenn die Handlungsführung den
Bildern überlassen wird, und wirkt oft verquast, wenn Leitsätze und
Spruchbänder gereicht werden."[393]
Im Bild dieser gebildeten Nonkonformistin werden Analogien erkennbar zum Kulturtypus der 'Gelehrten'[394], der gleichberechtigt gebildeten Frau aus der Anfangsphase der Aufklärungsepoche. Aufgrund von
Ausbildung und moralisch legitimierten Verhaltensweisen, die dem lebensreformerischen Tugendkatalog entsprechen, erinnert ihre Darstellung an die gebildeter Frauen aus der kulturellen Umbruchphase
18. Jahrhunderts, bevor "etwa ab 1800 mit einer zunehmend wissenschaftlich untermauerten Wiedererfindung der Naturkonstante zur
Differenzbestimmung der Geschlechter weibliche Autonomisierungs-
und Individuierungsanstrengungen weitgehend stillgestellt werden
konnten."[395] Silvia Bovenschen klassifiziert die 'Gelehrte' als Kulturtypus im Unterschied zum Literaturtypus, der als Repräsentationfigur
des Weiblichen in der Literatur gefaßt wird. Die Erscheinung der
weiblichen Gelehrsamkeit wird von Beginn an begleitet von dem
"alltäglichen Vorurteil, daß ein hohes Maß an Intelligenz bei Frauen
notwendig mit dem Verlust ihrer geschlechtsspezifischen Attraktivität
einhergehe"[396], so daß sie wenig Anlaß "zu poetischen Koloratu-
ren"[397] bietet. Als Kulturtypus soll sie Wissen und Tugend zu ihrem
Glück und dem der ihr anvertrauten Lieben vereinigen. Dazu führt sie
das an Nützlichkeit und Moral orientierte rationalistische "Diktat"[398]

---

[392] Vgl. ebd. S. 148.

[393] Kipphoff 1978.

[394] Bovenschen 1979, S. 80 ff.

[395] Honegger 1991, S 14.

[396] Bovenschen 1979, S. 81.

[397] Ebd. S. 80.

[398] Ebd. S. 106.

aufklärerischer Schriften, in denen einerseits abschreckende dämonische Weiblichkeitsbilder wie das der Hexe vermieden werden, da es sich dabei um überwundenen Aberglauben handele, anderseits Modell-Bilder gelungener weiblicher Gelehrsamkeit "nichts weiter als ein papierener Entwurf"[399] bleiben. Der Erscheinung des Gelehrte-Typus, der sich historisch zwischen akademischen Ämtern und tugendhafter Hausmutter bewegt, ist eine wichtige außerliterarische kulturelle Traditionslinie für Figuren wie Anna Falk, die die Gleichberechtigung der Frau für sich in Anspruch nehmen. Wie die frühen 'Gelehrten' sieht sich Frau Falk gesellschaftlichen Beschränkungen und sozialem Unverständnis ausgesetzt; Anna Falk erscheint ihrer Umgebung so "pedantisch, hochmütig und eigensinnig"[400] wie die gelehrten Frauenzimmer, vor denen Gottsched in den "Vernünftigen Tadlerinnen" warnt.

Der politisch interessierte und lernbegierige Handwerksgeselle Herbert Kupka behandelt Anna wie eine politische und menschliche Lehrmeisterin. "Ich bin jetzt 452 Tage auf der Universität" (K, 280), schreibt er, der Schreiner gelernt hat, in sein Heft, nachdem er mehr als ein Jahr bei den Falks verbracht hat.

> - Ich lerne so viel von dir, sagte Kupka. Und während sie in dem Buch herumblätterte, als würde sie etwas suchen, setzte er hinzu:
> - Ich habe viel von Frauen gelernt, kannst viel glauben.
> Obwohl sie scheinbar gar nicht zuhörte, fuhr er unbeirrt fort:
> - Aber natürlich nicht von den ganz jungen.
> - Brauchst mir nicht schöntun, brummte sie, kannst auch so dableiben.
> - Aber du bist die beste Frau! Er nahm ihre Hand, sie ließ es einen Augenblick geschehen, schob ihn dann weg.
> - Du lügst ja!
> Sie stand auf, war nun plötzlich verwirrt und unsicher. Wenn Klara da wäre, hätte er das nicht zu ihr gesagt; und wenn sie jetzt unten im Haus am Küchentisch säße, wie sonst, wäre sie nicht in dieser weichen Stimmung gewesen, die sie wehrlos machte. Hier oben fühlte sie sich weit weg von den Leuten, und auch von Klara. (K, 243)

Der Typus der gelehrten, kritischen und politisch engagierten Frau wird erweitert und variiert durch Aspekte eines Typus des Weiblichen, der der Spannung zum sexuell aktiven Mann derart unterworfen ist, daß alle anderen Merkmale davon dominiert werden. Schattenhofer

---

[399] Ebd. S. 107.

[400] J.Ch. Gottsched: Die vernünftigen Tadlerinnen, hg. von Eugen Reichel. Berlin 1902, 5. Stück, S. 41; zit. in: Bovenschen 1979, S. 108.

bemerkt über die Darstellung der Parallelfigur der Olga in Toller: Die "Typisierung als politische Eiferin bricht ein tabuisierender und zugleich neugieriger Blick auf die Frau als Geliebte."[401] Der tendenziell diffamierende Ausdruck 'politische Eiferin' kann als Beschreibungskategorie für die nachweislich durch konkrete kritische Konzepte und Praktiken ausgezeichnete Figur der Anna Falk keine Gültigkeit haben. Aufgegriffen werden soll einzig die latent unversöhnlich gefaßte Verbindung von kritischem politischen Engagement und erotischer Disposition im Frauentypus der gelehrten Nonkonformistin.

Während Kupka im Gespräch unter Männern mit dem Metzgerfrieder auf dessen Frage, ob zu den wichtigen Dingen, die Kupka bei der Falk lernt, auch "die freie Liebe" gehört, leichthin antworten kann: ja, der 'Kommunismus' und die 'freie Liebe' "das ist alles in einem großen Zusammenhang" (K, 349), bekommt die 'freie Liebe' für Anna Falks Leben eine belastende Schwere. Die Aspekte der Gelehrten, der politischen Lehrerin, werden in der Konstellation mit Kupka überlagert von Aspekten der Liebenden und Geliebten, die dazu führen, daß Anna Falks Souveränität und Selbstgewißheit umschlagen in Abhängigkeit und Hilflosigkeit.

Die Figur der 'liebenden' Anna Falk ist im Gegensatz zur verhärteten Nonkonformistin gekennzeichnet durch Scheu, sanfte Bereitschaft und gelassene Erwartung. Sie "brummte" ihre Antwort, sie ist in "weicher" Stimmung. In einer Szene zeigen Dorst/Ehler Anna Falk, die versunken ist in Gedanken an ihre Liebesbeziehung zu Kupka: sie "glättete die verschossen grüne Samtdecke, strich immer wieder und lange darüber hin, als ob sie ein Tier streichelte." (K, 282) Brummig und weich, wieder und wieder und lange eine Decke wie ein Tier streichelnd und die oben genannten beieinanderliegenden Schuppentiere, das sind die Bilder, die Dorst/Ehler von Anna Falks Liebesbegehren geben. Es sind Bilder großer Ruhe, sanfter Gemütsverfassung, liebevoller Zuwendung und einer gewissen Unbeholfenheit, die durch die Verbindung zu tapsigen Tierbewegungen evoziert wird.

Durch den, mit dem Mann gewagten, Aufbruch in die Siedlungshütte außerhalb des Dorfs, das selbstgebaute Paradies, eröffnet sich für Anna Falk ein bis dahin unbekanntes Glück. Ihre "puritanische Grundhaltung schloß <...> jede Art von geistiger und körperlicher Intimität

---

[401] Schattenhofer 1985, S. 148.

aus, besonders aber zwischen Mann und Frau." (K, 253) Nun läßt sie
intime Nähe zu.

> Oben auf dem Hügel in ihrer Hütte, wenn sie allein waren, oder wenn
> sie im Wald lagen, da lachten sie und erzählten sich und Kupka
> kämmte ihr Haar, und sie steckte ihm Waldbeeren in den Mund. (K,
> 253)

Was geschieht, wenn sie im Wald liegen? Anna, der außergewöhnlich
überlegenen und unabhängigen Frau, wird durch die befriedigende Erfahrung von Sexualität eine neue Erfahrungsdimension zugänglich, die
Gegenseitigkeit, Vertrauen, zärtliches Beschenken und Verwöhnen
beinhaltet. Und die neue Dimension bedeutet auch die Erfahrung von
Ausgeliefertsein und von Überwältigung. Anna wird gezeigt als
Angstvolle, der männliche 'Jäger' bestimmt im erotischen Verhältnis
das äußere Geschehen: "Sie bekam Angst, es fiel ihr nicht ein, sich
zu wehren." (K, 250) Das Gewaltsame des sexuellen Überfalls auf
Anna Falk spiegelt sich im 'gewaltigen' Rauschen der Bäume, das sie
nach dem Geschlechtsverkehr vernimmt: "Sie hörte plötzlich auch das
gewaltige Rauschen der Bäume, sie war zufrieden mit dem was geschehen war." (K, 250) Der Mann Kupka bleibt der Aktive, er um-
kreist sie, er berührt sie behutsam, sie schaut ihn nur reglos an:

> Er ging um die Frau, die immer noch regungslos am Boden lag, im
> Kreis herum wie um eine Beute. Dann kniete er sich neben sie hin und
> zupfte alle Nadeln und Blätter ab, die auf der feuchten Haut an ihren
> Beinen klebten. Er tat es sehr sorgfältig, mit ernstem Gesicht. Die Falk
> sah ihn immerzu an. (K, 251)

Das Liebesverhältnis von Anna Falk und Herbert Kupka, das Klara Falk
ausdrücklich ausschließt, berührt Anna Falks Lebensentwurf in zwei-
facher Weise. Zum einen macht sie Erfahrungen, die ihrem Gelehrtin-
nen-Prinzip, individuelles Glück sei eine dem gemeinschaftlichen Glück
gegenüber zu vernachlässigende Größe, widersprechen. Die Integration der neuen Erfahrung gelingt der als kluge und weltgewandte Person gekennzeichneten weiblichen Figur nicht, obwohl die männliche
Figur offenbar eine Reihe von ähnlichen 'Lehrmeisterinnen' kennt -
"Ich habe viel von Frauen gelernt < ... > Aber natürlich nicht von den
ganz jungen" (K, 243) - , die die Rolle der fördernden älteren Freundin
selbstbewußt übernehmen können. Diesen Möglichkeiten entgegen
wirkt in der Figur der Anna Falk die aus der Aufklärungsepoche bekannte Verengung des Tugendbegriffs zur sexualmoralischen Katego-

rie, die Frauen 'lasterhaften' sinnlichen Genuß verwehrt.[402] Zum anderen wird ihr drittes tragendes Lebensprinzip, die ideologische Mutter-Tochter-Symbiose, massiv bedroht.

Auf die Schilderung der "Spannung und Anziehung" (K, 254) von
Anna Falk und Herbert Kupka folgt im Erzähltext die Abbildung eines
Paarbildes von Fidus (K, S. 254)[403]. Fidus ist in den ersten Jahrzehn-
ten des 20. Jahrhunderts der populärste deutsche Maler, dessen
Zeichnungen durch unzählige Postkarten, Buchillustrationen und
Kunstmappen außerordentliche Verbreitung finden und "dessen Akt-
bilder in fast keiner deutschen Wohnung mehr vermißt werden konn-
ten."[404]

In der Erzählung gestalten Dorst/Ehler in präzisen Bildern die neuralgi-
schen Punkte der Sexualtätsproblematik der Zeit, die auch in den
Zeichnungen des Malers Fidus unter der germanisch-heroischen Um-
hüllung und Staffage zu entdecken sind. Analog zu Frecots Analyse
der von Fidus dargestellten Sexualproblematik der Zeit zeigen sich in
Kupkas Überfall auf Anna Falk und in ihrer Einwilligung sexuelle Aggression und Angst sowie Erschrecken des Mannes und der Frau vor
der Sexualität der/des anderen. Bilder sexueller Freude und Gelöstheit
sind auch bei Fidus weit seltener als solche, die Erfahrungen des
Scheitern, des Verzichts, des Verbots und des Versagens ausdrücken.
"Fidus hat in seinen Bildern die bürgerliche Sexualmisere nicht kritisiert und schon gar nicht überwunden; er hat sie nur abgebildet."[405]
Wo Fidus in seinen Bildern "aber die tagtäglichen Probleme, die er und
seine gesamte soziale Schicht mit ihrer Sexualität hatten, mythologi-
siert und heroisiert"[406], da entmythologisieren und veralltäglichen
Dorst/Ehlersche Szenen das unsichere erotische Agieren beider Geschlechter.

4.2.3 Exkurs: Masken des Triebkonflikts

"Die *Wandervogel-Bewegung* wurde in ihrer Zeit als Inbegriff einer
antipuritanischen und antiwilheminischen Natürlichkeit empfun-

---

[402] Vgl. Stephan 1985.

[403] Fidus, eigentl. Hugo Höppener, s. 3.2; - vgl. Fidus-Zeichnung K, S. 229.

[404] Krabbe 1974, S. 107.

[405] Frecot 1972, S. 284.

[406] Ebd. S. 284.

den."[407] Am Beispiel der Betonung von Natürlichkeit seitens der Wandervogel-Bewegung, einer Gruppierung der umfassenden lebensreformerischen 'Jugendbewegung'[408], beschreibt der Psychologiehistoriker Reiche die enge Verbindung von unbewußten Themen und deren bewußt artikulierten Anteilen innerhalb kollektiver Protestbewegungen: eine "Zeiterscheinung, die in der Gegenwartsdiagnose als progressiv oder kritische oder sogar revolutionär imponiert, kann gleichzeitig einen tieferliegenden Triebkonflikt maskieren"[409]. So "wird erst im historischen Rückblick erschließbar, daß in der Wandervogel-Bewegung die Sexualität noch stärker tabuiert war als in der Gesellschaft, die sie umgab. Was sich in ihr als Natürlichkeit ausgab, diente einem zielgehemmten Ausleben einer männerbündlerischen Homosexualität und lief am Ende auf die Verleugnung alles Sexuellen hinaus. Diese Verleugnung ließ sich besonders gut maskieren durch den starken Zustrom von jungen Frauen und Mädchen. Allein die Tatsache dieses Zustroms gab dem Wandervogel den sexuellen Flair, der ihn bis heute umgibt - und der doch auch die Maske seiner zielgehemmten Homosexualität ist."[410] Die hier diagnostizierte unfreie Sexualmoral und Sexualpraxis der Wandervogelbewegung entspricht in psychoanalytischer Betrachtungsweise einem Spaltungsmechanismus: "ein besonders drängendes und hochbesetztes Teilstück aus einem verpönten triebhaften Ensemble erhält Zugang zum bewußten und ausgelebten Verhalten - hier: Natürlichkeit -, der Rest wird mit Hilfe dieses pars-pro-toto desto nachhaltiger verdrängt."[411]
Etwa parallel zur eher ländlich orientierten Wandervogel-Bewegung entwickeln sich im städtischen Ambiente Gruppierungen, die sich der anti-bourgeoisen Haltung der ästhetischen Décadence verpflichtet

---

[407] Reimut Reiche: Triebkonflikte, sexuelle Konflikte - und ihre Masken, in: Freiburger literaturpsychologische Gespräche Bd. 10. Würzburg 1991, S. 55-75, S. 62.

[408] Vgl. Dokumentation der Jugendbewegung Band I. - III. Veröffentlichungen im Rahmen des Archiv der deutschen Jugendbewegung, Leitung: Winfried Mogge. Stiftung Jugendburg Ludwigstein und Archiv der deutschen Jugendbewegung. Burg Ludwigstein/Witzenhausen.

[409] Reiche, 1991, S. 62; vgl. Reimut Reiche: Sexuelle Revolution - Erinnerung an einen Mythos. In: Lothar Baier u.a.: Die Früchte der Revolte. Berlin (West) 1988.

[410] Ebd. S. 63.

[411] Ebd. S. 63.

172

fühlen. Franziska zu Reventlow entwirft unter dem Einfluß von Ludwig Klages und anderer 'Kosmiker' ein Frauenbild, das an die Hetären[412] des Altertums anschließt. Reventlow sieht die Hetären als "freie, hochgebildete und geachtete Frauen, denen es niemand übelnahm, wenn sie ihre Liebe und ihren Körper verschenkten, an wen sie wollten und so oft sie wollten und die gleichzeitig am geistigen Leben der Männer teilnahmen."[413] Die Dominanz männlicher Wunsch- und Angstbilder wirkt in den beiden unterschiedlichen Frauenbildern der Erneuerungsbewegungen um den Monte Verità: Sowohl Franziska zu Reventlows Hetären-Selbstbild als auch Anna Falks Imagination als natürlicher freier Mensch bleibt eingebunden in die unbewußten Strategien von männlichen Macht- und Triebkonflikten, in der weibliche Ambivalenzen Ergänzungsfunktion haben. Da das Dilemma der Frauen nicht Movens, sondern Bewegtes ist, sie Mitgerissene statt Mitreißende sind, finden sie kaum psychischen Zugang zu ihren eigenen Konflikten. Das bedeutet eine massive Beschränkung kreativer, rettender Lösungversuche, für Anna Falk bedeutet es die Katastrophe.

4.2.4 Mütterliche Idylle

Anna Falks Lebensprinzipien haben in der hoffnungsvollen Erwartung des befreiten Lebens ihrer Tochter ihren wichtigsten Ausdruck gefunden; Dorst/Ehler nennen die Tochter Klara die "Utopie"[414] der Mutter. Im Hause Falk gilt eine Form von Matrilinearität[415], der Vater ist ab-

---

[412] Hetären werden z.T. dem Kult der Aphrodite zugeordnet; im Gegensatz zu den durch Recht und Sitte an das Haus gebundenen, vom öffentlichen kulturell-politischen Leben ausgeschlossenen Ehefrauen sind es häufig hochgebildetete, politisch tätige 'Freundinnen', d.h. Lebenspartnerinnen einflußreicher Männer, z.B. Aspasia und Perikles.

[413] Franziska Gräfin zu Reventlow: Viragines oder Hetären? In: Züricher Diskußionen Nr. 22, 1899, S. 1-8, S. 7; zit. in: Christiane Krause: 'Hetärismus' und 'Freie Liebe' gegen 'Bürgerliche Verbesserung': Franziska zu Reventlow in den "Züricher Diskußionen", in: Irmgard Roebling (Hg.): Lulu, Lilith, Mona Lisa. Frauenbilder um die Jahrhundertwende. Pfaffenweiler 1988, S. 77-98, S. 88; - Franziska zu Reventlow reproduziert in dem Artikel z.T. mythologisierende Frauenbilder, die als Abwehr gegen die wachsende Frauenbewegung in Männerzirkeln favorisiert werden.

[414] "Auf Dorothea kann man natürlich besser Hausen", S. VII.

[415] Matrilinearität ist die agnatische, einlinige Verwandtschaft in der Mutterfolge. Kinder gehören nur zur Verwandtschaft ihrer Mutter, nicht ihres Va-

wesend, ohne Einfluß und Bedeutung und der Tochter unbekannt. "Alle Gärten der Wonne wurden ursprünglich von Göttinnen beherrscht"[416], so lautet knapp und klar Robert von Ranke-Graves Forschungsergebnis über Mythologien im Umkreis der Schöpfungsgeschichte aus dem Alten Testament. Die Anna Falk attribuierte Idee der harmonischen Einheit mit der von ihr allein erzogenen Tochter im friedlichen, ländlichen Garten Eden als Zufluchtsort vor dem gehetzten Leben der dörflichen Arbeitswelt nimmt die langen Tradition vom paradiesischen Garten auf. Neben dem Aspekt glückseliger Natur wird in der Erzählung ein zweiter Aspekt aus Ranke-Graves Aussage, nämlich der der Herrschaft, wirksam. Anna Falk ist die Verkörperung alleinigen mütterlichen Besitzanspruchs über ihr Kind, in ihrer vollständigen Herrschaft über das Leben der Tochter drücken sich Allmachtsphantasien aus, die an Schreckvisionen weiblicher Ommipotenzansprüche im Zusammenhang mit Matriachatsvorstellungen[417] anschließen.

Wer ist diese Tochter Klara? Klara, das heißt die Helle, die Reine, und von der Mutter ist sie erwünscht als Vorbotin einer besseren Zeit. Klara zeigt sich in der Geschichte aber vor allem als die Ängstliche, die unter dem Verhalten ihrer Mutter leidet. "Aber Mutter!" (D, 34) kann für ihren charakteristischen Ausdruck gelten, und sie selbst führt sich als 'erschrecktes Herz' in den Text der *Deutschen Stücke* ein. Klara Falk tritt erstmals in Erscheinung, als sie von einer Bemerkung über das Herz berührt wird. Der Arzt Schedewy spricht zu Dorothea Merz über die Schönheit des Herzens als Organ:

> Ja, Frau Dorothea, das Herz ist von einer wunderbaren Schönheit, sehr schön, zierlich, ein zierliches Wesen. So groß wie Ihre Faust. Klara hat angestrengt zugehört.
> - Ach, so groß wie meine Faust?
> Sie ballt ihre kleine Hand zur Faust und macht sie erschreckt wieder auf. (D, 33 f.)

Bei der Vorstellung, erfahren zu können, was es mit dem eigenen Herzen auf sich hat, wie groß es ist, mischt sie sich ein, obwohl sie gar nicht angesprochen ist. Wegen ihrer Schwerhörigkeit muß sie sich

---

ters; vgl. Uwe Wesel: Der Mythos vom Matriachat. Frankfurt/M. 1980, S. 151.

[416] Robert von Ranke-Graves und Raphael Patai: Hebräische Mythologie. Reinbek 1980, S. 100.

[417] Vgl. Wesel 1980.

174

mühen, zu verstehen, was zu dem wichtigen Thema gesagt wird. Zugleich weisen Dorst/Ehler auf den Schrecken hin, der sie angesichts der geballten eigenen Faust überfällt. Sie konzentriert sich auf das zentrale Lebensorgan, das Herz, sie beobachtet angestrengt und wachsam ihre Lebenskraft. Es ist der unkonventionelle authentische Zugang zu ihren eigenen Existenzbedingungen, der die unsichere, ängstliche Klara auszeichnet.

Dem Leben im grauen, grausamen Dorf stellen Dorst/Ehler das identifikatorische Wunschbild einer Mutter-Tochter-Harmonie gegenüber. Im Blütenkranz-Motiv, einer Szene in blühender Natur, in der Mutter und Tochter mit Blütenkränzen im Haar auf einer Wiese sitzen, wird viermal das Wunschbild beschworen. (K, 253, 257, 285, 299) Im schlichten 'Bildchen' der blütenbekränzten Frauen auf blühender Wiese kristallisieren Dorst/Ehler die Verlockung, die idyllischen Orten in ihrer geschützten Abgehobenheit vom Chaos der realen Zeitläufte zu eigen ist. Die Worte 'Wiese' und 'Blüten' gehören zur Terminologie der 'Natürlichkeit', den Schlüsselbegriffen der Lebensreform-Bewegung. Sie verweisen auf die Zielprojektion einer 'natürlichen Lebensweise' als Existenzmodell für alle durch die Industriegesellschaft entstellten Menschen. "Dieses 'Zurück zur Natur' dürfe aber nicht als eine Renaissance arachischer Primitivität verstanden werden, sondern im ganz allgemeinen Sinne als ein 'Streben nach Wahrheit und Tugend, nach Gesundheit und Glückseligkeit'"[418] postuliert der Gesinnungsgenosse und Lehrmeister Werner Zimmermann.

Da das Blütenkranz-Motiv viermal in entscheidenden Abschnitten wiederkehrt, folgt die Untersuchung der Mutter-Tochter-Verbindung diesem betörenden Motiv. Dorst/Ehler zitieren das idyllische Bild immer im Moment seiner Zerstörung, sie spannen Hoffnung und Enttäuschung direkt zusammen, präsentieren in dieser Oppositionsstruktur gleichsam einstürzende Illusionsbauten. In den vier Phasen gestalten Dorst/Ehler das Zerbrechen der symbiotischen Mutter-Tochter-Beziehung parallel zu Klaras weiblicher Selbstfindung in Abgrenzung von der Mutter[419]: 1. die Frage nach dem Vater, 2. das Zeichen weiblicher Sexualität, 3. die Aussprache, 4. die Trennung.

---

[418] Krabbe 1974, S. 77.
[419] Dieses Stück läßt vielleicht Ehlers Mitarbeit deutlicher werden als andere, weil die intimen Kenntnisse über weibliche Verletzlichkeiten und Verletzun-

1. Die Frage nach dem Vater

Eines Tages rief Klara aus dem Nebenzimmer herüber:
- Wie war denn mein Vater?
Warum fragte sie? Sie hatte früher nie nach diesem Mann gefragt, es war in ihrem Zusammenleben noch nie die Rede von ihm gewesen. Für sie hatte es immer nur die Mutter gegeben, sie saßen auf der Wiese mit Kränzen im Haar. Sie mochte sich wohl nicht vorstellen, daß es einen Mann gegeben hatte, einen Liebhaber, mit dem die Mutter in der Umarmung lag. (K, 253)

Anna hat heimlich die Frauengemeinschaft verlassen, sie versucht aber weiterhin den Schein zu wahren. Klara dagegen spricht aus, daß es einen Mann vor dem Frauenbündnis gegeben hat, den sie bislang ausgeschlossen hatten. Mit der Frage nach dem Vater sucht sie auch nach ihrer individuellen Geschichte. Klara erscheint im Traum ein phallisches Zeichen, das am Anfang der Geschichte von Anna als Teil des ererbten Hauses eingeführt wird: Der Onkel "hat einen großen gefleckten Hund gehabt mit gestutztem Schwanz, der manchmal blutete, daran erinnerte sie sich, und an die kleinen blutigen Spritzer unterhalb der Türklinken." (K, 226) In Klaras Traum ist dieser Hund nach dem Tod der Mutter ihr Gefährte:

Ein großer gefleckter Hund ging mit ihr herum und sprach mit ihr und sie sprach mit ihm. Es war der Hund des Onkels. Aber er hatte einen großen buschigen Schwanz. Sie haben ihn dir doch abgeschnitten, ich habe doch die Blutspuren an den Türen gesehen! (K, 269)

Der blutige Schwanzstummel vom Hund des Onkels bewegt Klaras emotional-erotische Phantasie; jeden anderen Hinweis auf Männlichkeit hat die Mutter ihr vorenthalten.

2. Das Zeichen weiblicher Sexualität

Nun saß Klara im Unterrock mit dem roten Fleck im Schoß jämmerlich auf dem Küchenstuhl, die Falk hockte vor ihr auf dem Boden. Sie hielten sich umschlungen und weinten. Die Falk stammelte:
- Was sind wir für arme dumme Luder! Arme dumme Luder! (K, 255)

Anlaß für die Zerstörung der ehemals idyllischen Zweisamkeit der Frauen ist das Auftreten Kupkas. Während sich die Frauen früher im Garten ungeniert den Blicken der Nachbarn aussetzten, Anna sagt immer: "laß sie doch rüberschauen, wir tun nichts unrechtes" (K,

---

gen zwischen Frauen einer Autorin vertrauter und eher zugänglich sein können.

236), hat sich Annas Unschuldsbewußtsein nach Kupkas Ankunft und der sich anbahnenden Beziehung zwischen ihnen verändert. Kupka bringt 'Unrechtes': "Was es hier bloß zu sehen gibt, sagte die Falk ärgerlich." (K, 236) Anna Falk zeigt sich in dieser Hinsicht nicht so unabhängig von der Meinung der Dorfbewohner, wie sie zu sein vorgibt. Auch in der Siedlungshütte, in die sie als freie Menschen aufgebrochen sind, kann sie nicht als souveräre Herrin und Liebende agieren, wenn sie Kupka dort trifft: "Die Falk kam nachmittags, über Nacht blieb sie nie." (K, 242) Der 'Sündenfall' hat stattgefunden. Anna Falk zeigt Gefühle des Schreckens, des Schmerzes, sie ist in ihren Grundsätzen erschüttert. Ihre wiederholten Worte "Was sind wir für arme dumme Luder" bezeichnen die Diskrepanz zu Zimmermanns harmonisierender Vision von einem Menschen, "der mit den Attributen gut, sorglos, frei und autonom, vollkommen und gesund an Körper, Geist und Seele beschrieben wurde,"[420] der sie in ihrer Tochter Realität verleihen wollte. Die Realität der Tochter aber symbolisieren Dorst/Ehler im roten Himbeerfleck auf weißem Gewand; es ist die kreatürliche Realität einer herangewachsenen jungen Frau unter den Zeichen von Menstruation und Defloration, die Realität von angstbesetzten Ansprüchen der jungen Frau Klara an ein eigenes Sexualleben.

> Die Falk war bisher noch nie auf den Gedanken gekommen, daß Klara sich jemals von ihr trennen könnte. Klara gehörte zu ihr, sie saßen auf der Wiese mit Kränzen im Haar. (K, 257)

3. Die Aussprache

> Den Mann hab ich nicht gewollt, fuhr die Falk fort, ich hab bloß das Kind gewollt.
> Und als Klara wiederum mit keiner Regung in ihrem Gesicht zeigte, daß sie davon berührt war oder auch nur zuhörte, fuhr es der Falk hart, wie eine Drohung heraus:
> - Also dich!
> Der Schlag traf. Klara starrte ihre Mutter mit aufgerissenen Augen ins Gesicht, sie rührte sich nicht, aber es war, als ob sie zitterte. Wie dumm sie ist! dachte die Falk, ich kann nicht mit ihr reden, wie soll ich ihr denn die Sache mit dem Kupka erklären, wenn sie mich weiter so anstarrt. (K, 285)

Klaras Wortlosigkeit in dieser erschreckenden Szene ist kein submissives ängstliches Verstummen, sondern dominantes aggressives Schweigen. So wehrt sie sich gegen Annas selbstgerecht-hilflose

---

[420] Krabbe 1974, S. 105.

Forderungen und Bezichtigungen, die analog zum Einfaltsvorwurf in einer früherer Situation (K, 255) strukturiert sind, als Klara ihre entblößte Brust mit dem Handtuch vor Kupka verbirgt: "Da konnte die Falk sich nicht beherrschen und sagte: - Der schaut dich sowieso nicht an." (K, 255) Zwischen den im Blütenkranz-Motiv innig Verbundenen ist blanke Rivalität um den Mann Kupka ausgebrochen, Klara sieht "ihre Mutter abschätzend an, wie eine Rivalin." (K, 277) Anna und Klara werden konfrontiert mit dem Unterschied zwischen idyllischem Bild und disparatem persönlichen Erleben. 'Einfältigkeit' nennt Anna Klaras direkten Ausdruck ihres Schamgefühl, weil die Tochter nicht berücksichtigt, wie ihre sexuellen Empfindungen integrierbar sind in die komplexe labile Konstellation der Dreiergruppe. Die allgemeine Heuchelei unter den Beteiligten, "sie verstellte sich. Merkte Klara etwas?" (K, 253), wird von Klara nicht mitgetragen, obwohl es die Mutter von ihr erwartet. Die Tochter reagiert in ihrer Unerfahrenheit offen auf die erotische Spannung, die Kupkas Anwesenheit hervorruft, sie "kichert" auch "albern" (K, 230, 255), und agiert nicht verhohlen, wie ihre Mutter. Dies elementare, 'natürliche' Bedürfnis wird abgewehrt von der Mutter, die sich damit in eklatanten Widerspruch zur eigenen Theorie begibt. Klara, die in symbiotischer Enge aufgewachsen ist, da die Mutter Kontakte zu anderen systematisch verwehrt hat, spürt entsetzt, daß das postulierte gemeinsame Lebenskonzept der Mutter sie gar nicht trägt, weil es dem Menschen Klara keinen Platz einräumt. Sie fühlt körperlich, "es war, als ob sie zitterte", daß die blütenbekränzte Mutter-Tochter-Symbiose ein Wunschbild der Mutter ist, das Anna Falk starr und gewaltsam, "hart, wie eine Drohung", "Der Schlag traf", gegen die Lebensbedürfnisse von Klara und sogar gegen eigene widersprechende Erfahrungen zu verteidigen sucht.

> Wie freundlich waren sie früher miteinander gewesen < ... > Sie lagen auf einer blühenden Wiese, die Mutter wachte auf und sah Klara an, schlief sie? Auch Klara wachte auf, fast gleichzeitig, so sehr waren sie miteinander verbunden, und sie lachten. (K, 285)

4. Die Trennung

Die vollzogene Trennung von Mutter und Tochter symbolisiert ein vertrockneter Blütenkranz, (K, 299). Nach Kupkas Abschied möchte die Tochter den früheren Zustand wiederherstellen. Sie flüchtet in die abgeschirmte Idylle, die ihr Schutz vor inneren und äußeren Bedrohungen gewähren soll, während Anna den geschützen Ort der idyllischen Mutter-Tochter-Einheit als Vorbereitungsraum für die kommende neue Gemeinschaft betrachtet. Klara fällt zurück in symbiotische Strukturen, wenngleich sie nun auch ihrerseits bereit ist, versorgende, 'mütterliche' Funktionen ihrer Mutter gegenüber zu übernehmen. "Kupka, der Feind, der den Haß der Leute im Ort auf das Haus gezogen hatte, war fort und nun wollte sie der Mutter helfen; sie dachte wohl, nun könnte sie wieder mit der Mutter zusammenleben wie früher." (K, 298) Sie schneidet Brot[421], "was sonst die Mutter machte" (K, 298) und schiebt ihr eine Scheibe zu, "vorsichtig, wie zu einem verschreckten Tier hin, das sie locken wollte." (K, 298) Dorst/Ehler beschreiben Klaras Schutzbedürftigkeit in dieser Umkehrung: Sie erwartet Vorsicht, Behutsamkeit, sie wirbt um Aufmerksamkeit. Aber die Mutter erreicht sie mit diesem Verhalten nicht, die Frauen mißverstehen sich vollkommen. Anna Falks Lebensprinzip, eine Gemeinschaft freier Menschen zu entwickeln und in der Erziehung ihrer Tochter als Vorform vorzubereiten, ist nicht länger aufrecht zuerhalten.

> Als die Mutter weiter schwieg und abwesend vor sich hinstarrte, fing Klara an, ihre Brotscheibe mit Quark zu bestreichen und biß hinein, ohne sich weiter irritieren zu lassen, aß sie das ganze Brot auf. Ich kann ja nichts dafür. Es war, als hätte sie sich mit diesem Satz von aller Not des vergangenen Jahres befreit. (K, 298)

Statt eines emphatisch freien, fordernden Menschens hat Anna Falk einen anspruchslosen Menschen erzogen, selbstgenügsam und anpassungsbereit, der sogar auf die Achtung der Mutter zu verzichten bereit ist:

> Aber dann dachte sie: meine Mutter verachtet mich, sie will mich nicht sehen, weil sie mich verachtet. Und sie zog sich in ihr Zimmer zurück, zu den Heften, zu dem vertrockneten Wiesenblumenkranz der Mutter, der am Schrank hing. (K, 298 f.)

4.2.5 Weibliche Selbstdarbietung

In Klaras Figur ist eine spezifisch weibliche Thematik aus der auch im Werk von Fidus repräsentierten Sexualproblematik der Weimarer Zeit

---

[421] Vgl. das Motiv der Brot schneidenden jungen Frau bei Lotte in Goethes "Die Leiden des jungen Werthers", 1774.

gegenwärtig: die weibliche Selbstdarbietung als Opfer.[422] Klara findet Zugang zu ihrem angstvoll verdeckten Begehren in der Verkleidung als Opfer:

> Wenn Klara sich Kupka hingab, dann würde sie es nicht aus Lust tun, das wäre ihr so niedrig erschienen, daß sie es nicht denken konnte. Sie würde sich opfern, um die Mutter von ihrer unwürdigen Verirrung abzubringen und von der Lächerlichkeit zu befreien. Die Vorstellung von diesem Opfergang erregte sie so sehr, daß sie den ganzen Nachmittag bis in die Dämmerung nichts anderes denken konnte. Sie zog ihr Kleid aus und betrachtete sich in dem kleinen runden Spiegel auf dem Fensterbrett. Es war ein alter Rasierspiegel vom Onkel, sie nahm ihn in die Hand und hielt ihn so, daß einzelne Teile ihres Körpers darin vergrößert, öbzön auseinandergezerrt erschienen <...> Es war ihr dabei, als würden alle Teile ihres Körpers von fremden Fingern schamlos ertastet. Der Gedanke an das Opfer, das sie bringen wollte, machte sie hochmütig und machte es ihr leicht, zu lügen. (K, 277 f.)

Klara blickt sich im Spiegel-Auge des Onkels an mit den - unterstellten - begehrenden Augen des anderen, des Mannes Kupka. Er hat für die Siedlungshütte ein Fenster in Augenform vorgeschlagen, was Klara lachend aufnimmt (K, 236), und das fertige Haus hat als Ungewöhnlichstes, "daß Kupka oben an der Vorderwand sechs Kellerfenster so im Halbkreis aneinandergefügt hatte, daß es von weitem so aussah, als blickte ein großes aufgerissenes Auge in die Landschaft."(K, 240) Klara hat keinerlei erlaubten Zugang zu ihren erotischen Wünschen, der tabuisierte Bereich öffnet sich ihr nur über die Legitimierung als Opfer. Der im öffentlichen Bewußtsein für Frauen versperrte Zugang zu eigenen Begehrensformen findet in Klara eine Repräsentantin. "Nur wer sich als 'Opfer' seines eigenen, ihm immer vom anderen kommenden Begehren weiß, wird sich nicht mehr so leicht zum 'Opfer' anderer machen lassen."[423] Klaras begehrliche Opferbereitschaft führt sie in ihre grausamste Demütigung. Ort des Geschehens ist ein Platz "hinten an den Kellern" (K, 276), dort, wo Kupka heimlich gefangene Hasen aufbewahrt (K, 245, 259):

> Im gleichen Augenblick, als sie den Zipfel des Sackes hochhob, sprang etwas heraus, etwas Widerliches, Nacktes, Schreiendes - jemand hatte ein rotes Ferkel in den Sack gesteckt. (K, 279)

---

[422] Frecot 1972, S. 284.

[423] Jutta Prasse: Die Hysterikerin und ihr Opfer, in: Gudrun Kohn-Waechter (Hg.): Schrift der Flammen. Opfermythen und Weiblichkeitsentwürfe im 20. Jahrhundert. Berlin 1991, S. 261-272, S. 272.

Ein Schweinchen, das rosa und quiekend als Glücksbringer konnotiert ist, verwandelt sich in dieser Szene in ein Sinnbild für die 'rote Kommunistensau', den fremden Geliebten ihrer Mutter, Herbert Kupka. Zugleich wird es zum Zeichen erotischer Wünsche überhaupt. Der derbe Streich trifft die unerfahrene junge Frau als brutale Demütigung und Verhöhnung im Bereich ihres verborgenen Liebesbegehrens. Die beschämende Verspottung durch die Dorfjugendlichen, die ihr die Einladung zum Rendevous zugespielt haben, rüttelt die Ängstliche auf: Einerseits erkennt sie die generell brutalen Umgangsformen der Kinder im Dorf, der die 'Kinder' idealisierende Schleier, "Kinder sind noch innerlich gut!" (238), ist zerrissen: "Klara dachte: Wie roh und gemein sie sind! Waren sie denn immer schon so? Und ich habe es nicht gemerkt!" (K, 280) Andererseits formuliert sie erstmals ihre Aggressionen gegenüber der Mutter, die sie für ihre Demütigung verantwortlich macht. Dorst/Ehler stellen Klara Falk in einen signifikanten Ort der Nacktkultur, die vom vorbereiteten Badewasser dampfende Waschküche. Diesen Gemeinschaftsraum verschließt Klara Falk, sie schlägt der Mutter die Türe vor der Nase zu: "Alle hassen mich wegen dir! Alle hassen mich wegen dir! und Tränen und Schweiß liefen ihr übers Gesicht." (K, 281) Klaras Nacktheit ist Verlassenheit, keine Gemeinschaftsideologie von Nacktkultur bewahrt sie davor, ein elementares Schutzbedürfnis zu empfinden:

> Nackt stand sie da. Sie fror, sie wollte in das Wasser, das in der Wanne dampfte, wollte sich hineinlegen und darin verschwinden wie in einem Grab und nie wieder aus Wärme und Wasser herauskommen. (K, 281)

Die Figur Klara ist gekennzeichnet durch elementare Bedürfnisse und natürliche Schwächen, z.B. ihre Schwerhörigkeit und ihr Wärmebedürfnis, "Klara friert immer" (K, 251), das wärmende Jäckchen begleitet die Figur durch die Stücke (K, 251; C, 571). Wegen ihrer Schwerhörigkeit (C, 557, 581) konzentriert sie sich auf Geräusche und Stimmungen, um sie angemessen einzuschätzen und sich sozial zurechtzufinden. Und mit ihrem kreatürlichen Wärmebedürfnis führen Dorst/Ehler sie in der Badeszene in den Stillstand: das Oxymoron "warmes Grab" bezeichnet die Aporie, in die sie Klara geraten lassen.

4.3   ENDSITUATION VON KLARAS MUTTER

4.3.1 Ungültigkeitserklärung

Klaras Aufbruchwünsche gehen nicht ins Weite, sondern ins Enge. Wenn Klara den unausgesprochenen Vertrag, die gemeinsame lebensreformerische Überzeugung, durch ihr Verhalten kündigt, durch ihre "ungültige" politische Stimmabgabe (K, 293) öffentlich für nichtig erklärt, ist Anna Falks Lebenshoffnung zerstört. Der Aufbruch der Tochter in die Normalität stellt den Aufbruch der Mutter still.

> Das nächst Mal werde ich wie die andern wählen.
> - Die andern! Die andern! Was gehen uns denn die andern an! Wer sind denn die andern! schrie die Falk außer sich. (K, 293)

Klara erfährt nicht offene Feindschaft der Dorfbewohner, sondern beständige Feindseligkeit. Im Unterschied zur Mutter, deren Selbstwertgefühl in gewollter Abgrenzung von der Dorfgemeinschaft durch die lebensreformerisch legitimierte Besonderheit ihrer Lebensführung begründet ist, hat Klara keine eigene Entscheidung getroffen. Klaras Geschichte zeigt, "daß der Wunsch, wie alle zu sein, den exotischen Reiz des Andersseins weit übertreffen kann, vor allem, wenn für dieses Anderssein ein so unmenschlicher Preis bezahlt werden muß."[424] Dorst/Ehler beschreiben beklemmend dicht, wie eine Person ohne eigene Instanzen von Achtung überhaupt, eine Mitläuferin der Mutter, in Situationen vehementer sozialer Verachtung aus Überlebensnot Selbstachtung und Achtsamkeit für sich selbst gewinnt. Zunächst wird Klara gezeigt als Person, die über keine eigenen Instanzen von Achtung verfügt:

> Die meisten Leute hier im Ort sind doch gegen uns eingestellt. Hauptsächlich wegen meiner Mutter und wegen unserer Lebensanschauung, und ich weiß gar nicht, ob ich mich nicht manchmal mehr mit ihr darüber auseinandersetzten müßte.
> - So? machte Kress mit hochgezogenen Augenbrauen.
> Klara:
> - Ja, ich meine.
> - Aber das ist doch das Richtige! Sauerampfer und Nacktkultur!
> - Meinen Sie das wirklich, Herr Kress?
> - Na! rief Lehrer Kress und schwang sich auf sein Fahrrad.
> - Besuchen Sie mich mal in meiner Bude! (K, 262)

---

[424] Heike Hurst: Die Bilder des Stückeschreibers, in: Günther Erken (Hg.): Tankred Dorst. Suhrkamp Taschenbuch Materialien. Frankfurt/M. 1989, S. 300-306, S. 301.

Diese Klara, die Maßstäbe eines eigenen Lebens erst sucht, wird massiver sozialer Verachtung ausgesetzt:

> Des is doch a Schand, Klara, daß die Leut so a Zeuch redn über euch und über dei Mudder und über euch. (K, 263)

Sie wird das Objekt gehässiger Verdächtigung ohne eigenes Erleben, ohne je etwas anderes gewesen zu sein als die Utopie ihrer Mutter. Sie kennt nicht einmal ihre Herkunft, die Mutter verweigert ihr eine eigene Geschichte. Die Außenseiterposition kann die Tochter mit der Mutter teilen, nicht aber die Kosten der öffentlichen Schande, zumal der Nutzen, den Anna Falk als intellektuelle und erotische Anerkennung und Befriedigung erlebt, ausbleibt. Die Szene, in der Klara ihre Selbstachtung unter Tränen erreicht, gestalten Dorst/Ehler wiederum sehr schlicht und wortkarg:

> Nach der Schule ließ sie die Kinder, die mit ihr gehen und die Mappe tragen wollten, stehen, sie rannte nach Hause, hinauf in das Schlafzimmer, riß das Leintuch von ihrer Matratze, nahm Plumeau und Kopfkissen und trug es hinüber in ihr Zimmer. Die Mutter hörte sie rumoren, kam dazu, Klara ging ohne Blicke an ihr vorbei durch den Tanzsaal. (K, 263)

Anna Falk "hatte sich eingeredet" (K, 263), sie könne der 'Sache mit Kupka' durch Stillschweigen eine Art Beiläufigkeit geben, so daß das vorgebliche Zentrum ihres Lebens, die Gemeinsamkeit mit Klara, unberührt bliebe.

> Klara schlug die Tür hinter sich zu, die Mutter stand im Saal und drehte sich herum, zweimal drehte sie sich herum, wollte ihr nachgehen und nicht nachgehen. Und Klara setzte sich in ihrem Zimmer auf das hohe Sofa, hielt das dicke Plumeau umklammert und bewegte sich nicht. Das hatte sie nun getan. Eine halbe Stunde saß sie so, dann weinte sie. (K, 264)

Anna dreht sich, sie ist die Bewegende, die Schwungvolle, aber sie dreht sich um sich selbst. Klara rührt sich nicht, ist gelähmt, erschöpft. Aber die wirkliche innere Bewegung in der Beziehung, die Veränderung geht von ihr aus. Für die Frau, die bislang treffend durch die Aussage: "Aber Klara wehrte sich nicht" (D, 59) gekennzeichnet war, gilt nun: und sie wehrt sich doch! Sie hat widerständig gehandelt: "Durch diese schöne Anstrengung mit sich selbst bekannt gemacht"[425] ist sie nach dem Abschütteln der elterlichen Autorität. Nur ist ihre Motivation nicht die der Kleistschen Figur der Marquise von O..., "sich mit Stolz gegen die Anfälle der Welt zu rüsten"[426], sondern im Gegenteil die, den 'Anfällen der Welt' nachzugeben. Die Endsituation nach dem Tod der Mutter zeigt Klara als junge Frau, die sich in der Welt der 'anderen' zu bewegen weiß. Unauffälligkeit soll ihr Schutz gewähren. "Klara, schwarz gekleidet wie die Frauen im Mittelmeerraum, ist nun die gealterte, nicht mehr begehrenswerte Frau."[427] Als die Mutter Anna im Spritzenhaus aufgebahrt ist, sucht Klara sich einen Platz, "wo sie schicklicherweise sitzen konnte." (K, 303) Aus möglicher Schonung Klara gegenüber ist die Wasserleiche gar nicht in das große Haus der Falks gebracht worden. Klara betritt zwar den Raum, in dem die Mutter liegt, sie vermeidet jedoch jede Annäherung.

> Immer noch tropfte Wasser aus dem schwarzen, schweren Umhang und bildete auf dem Boden eine dünne Lache, die langsam anschwoll und sich in den Unebenheiten des Zementbodens auf die Mitte des Raumes zu, wo Klara bewegungslos, auf ihrem Stuhl saß, ausbreitete. Klara starrte auf die winzigen Veränderungen am Rand der Wasserlache, deren Umriß sich immer wieder neu formte, wenn das Wasser in kleinen Schüben und Sprüngen überquoll und sich in den Ritzen und Mulden neue Bahnen suchte. Sie vermied es, zu ihrer toten Mutter hinzusehen. (K, 303)

Spannungsvoll wartet der Leser/die Leserin mit Klara, ob die Rinnsale aus dem Umhang der Mutter die Tochter noch erreichen werden. Es scheint, daß ihr die 'Schicklichkeit', in die sie sich geflüchtet hat, Schutz gewährt vor den letzten Nachstellungen der toten Mutter. Klara hat sich in schickliche Anpassung retten können, die ihr Schutz bietet vor weiteren Schmerzen. Die junge Frau macht den Eindruck einer Frau, die nach langen Anstrengungen in einer Phase großer Erschöpfung Anspruch hat auf Ruhe und Rücksicht.
Dorst/Ehlers Erzählung schließt mit dem demonstrativen Bild vom Leichenzug der Mutter, und im Hoftor steht die lachende Tochter. Zuvor hat sie die Insignien der Muttermacht, die Zeitschriften und Bücher, noch in der gleichen Nacht verbrannt. "Sie war ganz ruhig dabei, ohne

---

[425] Heinrich von Kleist: Die Marquise von O..., in: Ders.: Werke in einem Band. München 1966, S. 658-687, S. 674.
[426] Ebd. S. 674.
[427] Hurst 1989, S. 301.

184

Rachsucht und ohne Triumph." (KM, 306) Sie "hörte die Geräusche des erwachenden Dorfes und das Geschrei der Vögel in den Bäumen, sie stand da und lächelte", und den grüßenden Arbeitern auf der Straße antwortet sie. "Und Klara lachte und nickte." (K, 306) Die Darstellung von Klaras "Ruhe" nach dieser Todeserfahrung entspricht der von Dorothea Merz in "DIE NACHT" (D, 175- 176). Es ist ein Ausdruck "der abschüttelnden Abstandnahme der 'normalen' Menschen vor dem Unbegreiflichen und Ungeheuerlichen."[428] Wiederum ist das morgendliche Motiv als Zeichen derjenigen zu verstehen, die noch einmal davongekommen ist, und nicht als Zeichen eines emphatischen Neubeginns.

4.3.2 Ecce homo

Anna Falk verkörpert in ihrem Aufbruch als fortschrittsbewußte 'moderne' Frau am Anfang dieses Jahrhunderts ein Bild "der Rebellion gegen die klassischen Imaginationen des Weiblichen, die positiv besetzten Bilder von der Jungfrau und Mutter sowie das negativ belastete der Hure. Es markiert eine Befreiung aus einem marginalen, bloß gefühlsseligen Dasein, dem kein öffentlich relevanter Handlungsspielraum zukommt."[429] Anna gerät aber als Rebellin unter das Hurenverdikt, der befreiende Aufbruch wird stillgestellt. Sie, die das Außerseitertum frei gewählt hat und bewußt lebt, kann nur in einem Bereich in ihrer Selbstgewißheit getroffen werden, in dem äußerer und innerer Bevormundung ausgesetzten Bereich weiblicher Sexualität. Äußerlich werden sie und ihre Tochter von den Dorfbewohnern gedemütigt und verhöhnt, sie selbst wird bedroht und verfolgt. In der 'freien Liebe' mit Kupka finden die Nachbarn den längst gesuchten Angriffspunkt gegenüber der irritierend anderen Figur.

Dorst/Ehler zeigen, daß sich die manifeste Aggression der Dorfbevölkerung aus unterschiedlichen Quellen speist: Die Angehörigen der sozial niedrigen und unstabilen Heimarbeiterschicht, wie die Grümmers-Marie, erleben die Falks als Frauen, die sich unerklärlicherweise Freiheiten herausnehmen, und warten unverhüllt auf Gelegenheiten, selbst erfahrene Verachtung an diese weiterzugeben, während die

---

[428] Lämmert 1968, S. 161.

[429] Carola Hilmes: Die Femme Fatale. Ein Weiblichkeitstypus in der nachromantischen Literatur. Stuttgart 1990, S. XIV.

etablierten Gruppen eher ordnungspolitischen Normierungswünschen nachgeben, wie der Fabrikant Kößwaldt.

Anläßlich der Repressalien, die Kößwaldt aufgrund von Verdächtigungen über ihr Liebesleben während ihrer Unterrichtsstunden ausübt, wird der unabhängigen Antikapitalistin Falk deutlich, daß ihr Überzeugung und Kraft fehlen, sich der gefährlichen politischen Entwicklung im vorfaschistischen Deutschland zu widersetzen oder auszuwandern. "Wie frei man dort leben könnte! - Wir können ja auswandern, sagte Kupka. - Ich bin zu alt, sagte die Falk." (K, 268) Sie ist "niederschlagen und ohne Hoffnung" (K, 268). Historisch konkret werden in Klara Falk, Herbert Kupka und Anna Falk drei bekannte Verhaltensvarianten beim Übergang zum Nationalsozialismus dargestellt: Erstens Anpassung, Klara wechselt über in die 'Normalität' der Zeit, zweitens Exil, Kupka wandert wahrscheinlich aus nach Amerika, oder drittens Freitod, der Weg, der Anna bleibt.

Anna Falks kulturelle Unsicherheit, gleichsam die innere Bevormundung gegenüber eigenen erotischen Neigungen wie denen der Tochter, ist im vorangehenden Kapitel ausführlich thematisiert worden. Hier soll eine Dimension hervorgehoben werden, die auf einen christlich geprägten Zusammenhang von Sexualität und moralischer Schuld, entsprechend religöser Vorstellung Sünde genannt, verweist: "das Matratzenzimmer war < ... > ein Raum, der für die Falk, wenn sie es sich auch nicht eingestand, mit Sünde und Schuld belastet war". (K, 282) Auch in der Geschichte der armseligen Herta, die sich als Parallelgeschichte zu der Anna Falks lesen läßt, wird das christlich beeinflußte Weiblichkeitsmuster deutlich formuliert. Anna weist selbst auf die Verbindung zwischen den Figuren hin:

> Immer bloß rumgestoßen und überallhin zum Arbeiten geschickt und die Tante bringt ihr nichts bei. Der gehts wies mir gangen ist, früher! (K, 239)

Den Spottvers: "Rode Haar und Sommersprossen/sind des Deufels Volksgenossen" (K, 280) rufen die Dorfkinder Herta nach ihrer sexuellen Schändung in litaneiartiger Wiederholung zu. Die im Fränkisch/Thüringischen als 'Schlampe' titulierte Figur der Hexe wird hier evoziert, mit den Kennzeichen 'rotes Haar', 'Sommersprossen', 'soziale Randständigkeit' und 'sexuelle Freizügigkeit', die als Buhlschaft mit dem Teufel den zentralen Topos der Hexenverfolgung bildet. Die Figur Anna wird vermittelt über drei Stufen in den Zusammenhang der Teufelsbuhlschaft gebracht: Ein Lehrerkollege demütigt Klara, indem er den Schulkindern abgelauschtes Gerede über das Liebespaar Anna Falk und Herbert Kupka auf dem Schulhof öffentlich macht: "Der sucht des Deufelshaar?" (K, 263) Annas Falks Aufbruch und Stillstellung kulminieren im Zentrum des Dorfs, in den Konstellationen von heimlichem Auszug und schmählich-schmachvollem Einzug. Nachdem ihr Lebensprojekt, der frohgemute stolze Aufbruch in eine Gemeinschaft von lebensreformerischen Gesinnungsgenossen, gescheitert ist, zeigen Dorst/Ehler sie bei ihrem letzten Aufbruch nochmals als unabhängige Frau, die den Ort des Scheiterns in eigener Verantwortung verläßt. Klara schaut dem Aufbruch zu: "Vom Fenster aus sah sie, wie ihre Mutter unten am Waschhaus ihren Koffer auf dem Fahrrad festband und im Nebel davonfuhr." (K, 299 + D, 198) So verschwindet sie aus dem Dorf, ohne Aufsehen zu machen, doch das ist nicht das Ende. Anna Falk wird dem Publikum der *Deutschen Stücken* noch zweimal vorgeführt, wie sie als totes schwarzes Bündel durchs Dorf treibt.[430] Den Menschen im Dorf zeigt sie sich in erbärmlichem Zustand: "Ezd issa durchn ganzn Ort geschwomma und hod sich überall noch amol gezeichd."(K, 302 + D, 200), unwürdig, "Ein so unwürdiger Tod" (D, 203) Rattenfutter, "Noja die Ratzn" (K, 302 + D, 200), und die Grünitzer rufen: "Des hodsa jezd davoo" (K, 302 + D, 200), recht geschieht ihr. Keine Trauer wird ihr entgegengebracht, weder von den Dörflern noch von der Tochter. Die Szene wirkt, verstärkt durch die Wiederholung, wie ein merkwürdiges Ritual. In dem als ungewöhnlicher Empfangszug, "Sie rannten durch das Dorf und schrien: Die ald Falk! Die ald Falk lichd im Wasser!" (K, 299 + D, 199), gestalteten Versuch, der Leiche im Fluß habhaft zu werden, werden Verbindungen zur Verspottungsszene Jesus vor Pilatus erkennbar, die unter der Bezeichnung Ecce homo[431] seit dem Spätmittelalter als Teil der male-

[430] Wörtliche Text-Wiederholung, bis auf wenige Sätze bzw. einen längeren Einschub, von Teilen aus Dorothea Merz in Klaras Mutter: D, S. 198-203 ist gleich K, S. 299-302 und 303-306.

[431] Vgl. Jesus vor Pilatus: "Und die Kriegsknechte flochten eine Krone von Dornen und setzen sie auf sein Haupt und legten ihm ein Purpurkleid an und sprachen: Sei gegrüßt, lieber Judenkönig! und gaben ihm Backenstreiche. Da ging Pilatus wieder heraus und sprach zu ihnen: Sehet, ich führe ihn heraus zu euch, daß ihr erkennt, daß ich keine Schuld an ihm finde.

rischen Passionsprogramme im christlichen Umfeld große Verbreitung findet. Wenn Dorst/Ehler im Schlußtableau eine Art Apotheose der Anna Falk darstellen, könnten Autor/Autorin in der Rolle des Pilatus gesehen werden: Sie finden keine Schuld bei Anna Falk, müssen von den Dorfbewohnern aber immer wieder hören: Kreuzige sie! Der erbarmungswürdigen Anna Falk wird das peinigende Volk gegenübergestellt. Die Interpretation der Szene mit Hilfe des Ecce-homo-Motiv scheint im Zusammenhang mit dem oben genannten Teufelmotiv, das explizit christliche Traditionen aufnimmt, gerechtfertigt. Entgegen der vorherrschenden Meinung, ausgesprochen von den Kindern im Dorf, Anna gehöre zu den verfemten Hexen, bieten Dorst/Ehler als Würdigung ihres Lebens das christlich geprägte Sinnbild des unschuldig mißhandelten, leidenden Menschen an. In Anklang an das als Motto eines *Deutschen Stückes* zitierten Barockgedichts[432] öffnet sich die Traditionslinie zur Barockmetapher vom 'theatrum mundi'. Die Gestaltung der Figur Anna Falk verweist auf "eine Vorstellung, in der anstelle von Handeln aus subjektivem Wollen die Verstrickung in ein übermächtiges Schicksal tritt."[433] Zugleich kann Dorst/Ehlers Hinweis auf die Tolstoi-Traditon in der Figur der Anna[434] dergestalt aufgenommen werden, daß ihre Geschichte als die einer schuldlos-schuldhaften Verstrickung gesehen wird. Ihr Leben ist bestimmt von außerordentlicher Aufrichtigkeit und ebenso außerordentlicher Verzweiflung. Die Oppositionskonstellation von der risikoscheuen Dorothea und der risikoentschlossenen Anna hinsichtlich gesteigerter Lebensintensität entspricht der 'enthüllenden' Grundstimmung der Dorst/Ehlerschen *Deutschen Stücke*. In der Darstellung von Annas Biographie ist das dargestellte Spannungsmoment für den Leser/die Leserin widersprüchlich: Der Reiz der konsequenten Unbedingtheit wird kontrasiert durch den Schrecken des unausweichlichen Elends.

Also ging Jesus heraus und trug eine Dornenkrone und ein Purpurkleid. Und er spricht zu ihnen: Sehet, welch ein Mensch! Da ihn die Hohenpriester und die Diener sahen, schrieen sie und sprachen: kreuzige! kreuzige!" Bibel, Neues Testament, Johannes-Evangelium, Kap. 19, 2-6, Übersetzung Martin Luther.

[432] Andreas Gryphius: "Ihr irrt, indem ihr lebt", Motto zu Auf dem Chimborazo, (C, 555).

[433] Schattenhofer 1985, S. 31.

[434] "Auf Dorothea kann man natürlich besser hausen", S. IX.

4.3.3 Moralische Normen und wärmender Pelz

Die tragische Heldin ist die Mutter. Anna stirbt, als die festgefügten Leitbilder ihre Lebenswirklichkeit nicht mehr überdecken und verbergen. Klaras Mutter geht an einem Bild der Tochter-Utopie zugrunde, das sie zu einem Teil ihres Selbst verinnerlicht hat und das ihrem Gewissen starre politisch-moralische Normen setzt.[435] Die Tochter ist ihre Utopie, als Klara sich von Annas Lebensweise abwendet, politisch, moralisch, emotional, versinkt die Mutter in absoluter Isolation und Apathie. Klaras emotionale, vertrauliche Zuwendung kann sie als Überlebensbasis nicht akzeptieren.

Dorst/Ehler lenken jedoch zugleich beharrlich die Aufmerksamkeit auf die unscheinbare Figur der 'Jungfrau' Klara. Zeitgenössische Anmerkungen Hesses zur lebenreformerischen Bewegung können den Blick auf die historisch gewonnenen Figuren Anna und Klara Falk schärfen: "Da, wo der Mensch sich seiner Selbstsucht zu schämen beginnt, da fängt er an, von Weltverbesserung zu reden, sich hinter solche Worte zu verstecken. < ... > Dies aber weiß ich: Wenn jemals die Welt durch Menschen verbessert, durch Menschen reicher geworden, lebendiger, froher, gefährlicher, lustiger geworden ist, so ist sie es nicht durch Verbesserer geworden, sondern durch jene wahrhaft selbstsüchtigen, welche kein Ziel kennen, welche keine Zwecke haben, denen es genügt, zu leben und sie selbst zu sein. Sie leiden viel, aber sie leiden gern. < ... > Wenn ihr ehrgeizig sein wollt, Jünglinge, so geizt nach dieser Ehre!"[436] In Angst und Schwäche und Sehnsucht nach Normalität, Mitläuferin-Werden, nach dem Verrat an den Idealen der Mutter, der Beschwichtigung, "Es ist bestimmt ein Unglücksfall" (K, 306) beim dem Tod der Mutter, scheint Klaras moderates Verhalten ein Zeichen von mühevoll gewonnener innerer Balance zu sein. Wo die Sehnsucht nach Anerkennung und Liebe durch zu große Demütigungen abhanden gekommen ist, entsteht mit behutsamer Selbstbeachtung auch Selbstachtung. Nach langjährigem unauffälligen Schuldienst in der DDR verwandelt sie ihre gesamte Habe in einen

---

[435] Vgl. Peter Horst Neumann: Der Preis der Mündigkeit. Stuttgart 1977, S. 50; zit. in: Stephan 1985, S. 20 Anm. 22.

[436] Hermann Hesse: Weltverbesserung, in: Ders.: Zarathustras Wiederkehr. Ein Wort an die deutsche Jugend. Berlin 1920, zit. in: Dokumentation der Jugendbewegung Band III. Die Deutsche Jugendbewegung 1920-1933. Die Bündische Zeit, hg. von Werner Kindt. Düsseldorf/Köln 1974, S. 19.

riesigen einhüllenden Pelzmantel, mit dem sie als Rentnerin in die BRD kommt. So hat sie zu einer ihr zuträglichen Form der Bedürfnisbefriedigung gefunden.

Angesichts der Falkschen Katastrophe ist Dorst/Ehlers Sympathie bei der unauffälligen, schwachen Klara, deren Verzicht, deren Leiden sich äußerlich eher undramatisch vollziehen. Klara ist aufmerksam aus Mangel an Fähigkeiten, z.b. gut zu hören, stark zu sein, sie ist sehnsüchtig nach Freude und Anerkennung - und zieht sich zurück nach Verachtung und Verhöhnung, in anspruchsvolle Einsamkeit. Sie wird die treue Freundin, die alte Frau mit ihren harmlosen Gewohnheiten, Ticks, während Dorothea Merz ein altersstarrer, tyrannisch-komischer Quälgeist wird. *Auf dem Chimborazo* zeigt die grotesken Formen, die den vergeblichen Versuchen beider alter Frauen anhaftet, jeweilig mißlungene Lebensgestaltung als gelungene behaupten und diese Behauptung kommunikativ durchsetzen zu wollen. Dorothea Merz und Klara Falk sind Liebe und Anerkennung abhanden gekommen. Sie haben es als 'Schicksal' oder als 'Unglücksfall' gedeutet, sie haben sich damit arrangieren können. Sie balancieren ihr stabiles Unwertgefühl auf unterschiedliche Weise aus: Dorothea Merz hat ein elastisches Korsett aus hochmütiger Empörung und Verleugnung, Klara Falk einen gut funktionierenden Schutz aus geschmeidiger Anpassung.

Die 'blaustrümpfige' Klara erweist sich als eine irritiernd verstörte schmerzensreiche Nachfolgerin des ehemals gefürchteten Typus der Gelehrten. Klara gehört zu den guten 'alten Mädchen' in Dorst/Ehlerschen Stücken, alten Jungfern, wie Pauls Schwester Fräulein Adele (*Mosch*; später Luise in *Herr Paul*), die aus Entbehrungen und Schmerzen mild und nachsichtig geworden sind. Ihre soziale Verträglichkeit ist aus Not erwachsen, aus notwendiger Rücksicht auf eigene Befindlichkeiten; es ist eine selbsterhaltende Wachsamkeit gegenüber realen Gefahren für ihr 'Herz'.

- Aufbruch und Stillstellung der Frauenfiguren Anna Falk und Klara Falk werden von Dorst/Ehler hart kontrastiert, Szenen idyllischer Harmonie und Szenen bitterer Verzweiflung stehen unmittelbar nebeneinander. Angesichts der starken Gefühlsspannungen und der sozialen Dichte der Erzählung möchte ich Autobiographisches anmerken zu diesem Kulturerbe. Personen wie die Falks sind meiner Generation, Jahrgang 1946, als naturbegeisterte, rigoros wohnlichen Komfort und modischen Firlefanz verachtende Lehrerin, Buchhändlerin, Apothekerin oder auch Fürsorgerin begegnet: Gesund und etwas angestrengt munter funktionierten die von der Lebensreform und Jugendbewegung geprägten, äußerlich anpruchslosen und innerlich hehren Anschauungen verpflichteten Frauen in beiden Teilen Nachkriegsdeutschlands. Sie lebten in jener seltsamen sozialen Verlorenheit, die der historischen Disparatheit ihrer Vorstellungen entspricht.

5   ELSA BERGK

Ich bin Künstler, ich beschäftige mich mit dem Leiden der Menschen.
Leid! Das ist das Geheimnis des Menschen! (V, 439)[437]

verkündet der Schauspieler und Regisseur Herzog im werbenden Gespräch mit zwei jungen Männern, nämlich Heinrich Merz, dem un-
schlüssig ambitionierten Künstler, und Robert Scharwenka, einem in
der Villa einquartierten Studenten mit rigoroser kommunistischer
Überzeugung. Das Zitat erinnert daran, daß in den Dorst/Ehlerschen
Stücken nicht nur Frauen leidende, scheiternde Figuren sind, vielmehr
der Aspekt Scheitern für Dorst/Ehler konstitutiv ist für das Mensch-
sein überhaupt. Was die Protagonistin der *Villa*, Elsa Bergk, im besonderen auszeichnet, sind sowohl komplexe literarhistorisch aus-
gewiesene Zuschreibungen weiblichen Wünschens und Scheiterns
und deren spezifische Dorst/Ehlersche Verwendung, als auch Ort und
Relevanz innerhalb der Entwicklungsgeschichte des heimlichen Helden
der *Deutschen Stücke*, Heinrich Merz.

INHALTSÜBERBLICK: DIE VILLA

Das Theaterstück spielt an einem Wintertag des Jahres 1948 in einer
Villa in Thüringen nahe der Zonengrenze. Die thüringisch-oberfränki-
sche Grenze, die Grenze zwischen den beiden entstehenden deutschen Nachkriegsstaaten, ist das Kennzeichen des Schauplatzes, und
diese Grenze ist "weniger ein politisches Faktum als ein Existenz-
Symbol. 'An diesem Schnittrand unseres Landes bröckeln die Häuser
ab, knicken die Bäume ein, zerfallen die Straßen wie am Ende der
Zeit.'"[438]

---

[437] S. "o wir Menschen" (V, 450); - vgl. August Strindberg: Ein Traumspiel,
erschienen 1902, Uraufführung Stockholm 1907, Dritter Akt: "Oh, nun
kenne ich des Daseins ganzes Leid, weiß nun, wie schwer es ist, ein
Mensch zu sein"; - vgl. auch ebd., Erster Akt: "Es ist schade um die Menschen!"; - vgl. dazu Hinweis der Autorin Kerstin Specht in einer Fernseh-
sendung des Hessischen Rundfunks im April 92, wo sie ihre Sicht der
Menschen mit diesem Strindberg-Zitat beschreibt. Specht erwähnt in dem
Interview direkt Tankred Dorst, der ihr durch seine Stücke habe deutlich
werden lassen, daß "das eigene bißchen Leben" Stoff für Literatur sein
könne.

[438] Hurst 1989, S. 304.

Was Dorst anläßlich der Veröffentlichung von *Eisenhans*[439] 1983 über das Grenzland sagt, wird in *Die Villa* in seiner Entstehungphase beobachtet. Aktuelle soziokulturelle Probleme aus der Entstehungszeit der Stücke - z.b. gesellschaftliche wie individuelle Beziehungslosigkeit und Kommunikationsstörung und Kommunikationsnot der 70er Jahre[440] - haben mit der jüngsten Geschichte zu tun, das ist die beharrlich unbequeme politische Quintessenz aller *Deutschen Stücke*. Die Situation nach dem Ende des zweiten Weltkriegs, die angebliche Stunde Null der deutschen Geschichte, wird in einem "vielschichtigen Vexierbild"[441] gefaßt.

Vorbereitungen für die Geburtstagsfeier der Hauptfigur Elsa Bergk, der ehemaligen Herrin der Villa, bilden das Zentrum der Handlung. Sie ist die junge Frau des durch einen Betriebsprüfer der Industrie- und Handelskammer Weimar von Enteignung bedrohten Unternehmers Kurt Bergk, in dessen Villa mehrere Flüchtlinge einquartiert sind. Personen unterschiedlichster Herkunft, Bildung und Überzeugung arrangieren sich miteinander, jede in einer ganz persönlichen Übergangssituation befindlich. Trotz der relativ lockeren Abfolge von 23 Szenen gelten in diesem Theaterstück von 1980 die klassischen dramaturgischen Einheiten von Handlung, Ort und Zeit.

Dorst/Ehler rekurrieren in dem Stück direkt und indirekt auf Arbeiten von Denis Diderot, wobei Dorst auf eine eigene Übersetzung und Bearbeitung von "Le neveu de Rameau"[442] von 1963 zurückgreifen kann, die als Spiel im Spiel in der vorletzten Szene teilweise zur Leseaufführung kommt. Hinsichtlich der inhaltlichen Konzeption des Orts und des Ambientes zeigt sich eine enge Verwandtschaft von

---

[439] Tankred Dorst/Ursula Ehler: Eisenhans. Ein Szenarium. Köln 1983; Buch und Kinofilm.

[440] In Günther Krämers Stuttgarter Inszenierung (1980) verdeutlicht "die fehlende zwischenmenschliche Kommunikation", die Selbstbezogenheit der Figuren; - vgl. Vestli 1987, S. 163.

[441] Ruf 1980.

[442] Denis Diderot: Rameaus Neffe, übersetzt und für die Bühne bearbeitet von Tankred Dorst. Köln/Berlin 1963, enthalten in: Werkausgabe Bd. 3. a.a.O.; in Szene 22, der vorletzten des Stücks, kommen Elemente dieses Theaterstücks zur improvisierten häuslichen Geburtstagsaufführung.

Dorsts Theaterstück[443] und Diderots drame bourgeois, dem das bürgerliche Trauerspiel der deutschen Literatur folgte. "Wo das drame bourgeois ein Drama des Privatbereichs ist, ist es eines des häuslichen Bereichs. In Analogie zu Diderots Dramen bildet Dorst diesen häuslichen Bereich nach und läßt seine Figuren im Saal einer Villa agieren."[444] In *Die Villa* wird nicht nur die Enteignung der Fabrik vorbereitet, "sondern auch die Inbesitznahme des im bürgerlichen Trauerspiel geradezu geheiligten Privatbereichs. Das Haus ist durch die Einquartierung verschiedenster Parteien im wahrsten Sinne des Wortes Auftrittsort".[445]

Zugleich zeigt sich eine Nähe der Arbeitstechniken. Diderot prägt den Begriff des 'tableau'[446], des szenischen Gemäldes, dessen Merkmale leicht in *Die Villa* in den ausführlichen Regieanweisungen, z.b. dem pantomimisch akzentuierten Handlungbeginn, wiederzufinden sind: Erst nach gestenreichem Spiel spricht die erste Person.

5.1 EXPOSITION VON ELSA BERGK

5.1.1 Schmerzlich lächelnde Hausfrau

> *Tilmann, ein kleiner schüchterner Mensch mit leidendem Ausdruck auf dem Gesicht, sitzt still lächelnd auf dem Sofa. Er hat einen Mantel an. Elsa trägt Holzscheite zum Ofen, geht in die Küche nebenan, nimmt dabei unterwegs Wäsche von der Leine mit. Kommt wieder herein mit Holz, das sie jetzt schichtet. Sie wirkt nervös, abgespannt; schöne Bewegungen, sie ist eine Schönheit mit Neigung zum Theatralischen. Ihr schwarzes Haar ist damenhaft zurechtgesteckt. Sie trägt ein Kleid, das für ihre Tätigkeit zu elegant und zu empfindlich ist, es hat Flecken bekommen. Um die Hüften hat sie sich einen großen Wollschal geschlungen. (V, 381)*

Die Frau, die als eine Schönheit mit Neigung zum Theatralischen vorgestellt wird, hat sich zuvor durch eine rationale Handlung als ausgesprochen praktische Person erwiesen: Während sie mit "schönen Bewegungen" durch die Halle geht, nimmt sie ohne Aufhebens nebenbei

---

[443] Vgl. Vestli 1987, S. 144 ff.; Vestli entdeckt besonders Entsprechungen zwischen Die Villa und Diderots "Der Hausvater" und "Der natürliche Sohn".

[444] Vestli 1987, S. 147.

[445] Ebd. S. 150.

[446] "Gegenbegriff des tableau ist in Diderots Dramaturgie der coup de théâtre, der 'Theaterstreich'." zit. in: Vestli 1987, S. 177, Anm. 17.

Wäsche von der Leine und trägt sie auf dem Weg, um Holz zu holen, mit in die Küche. Sie kümmert sich um die Kleidung und das wärmende Feuer im Ofen, übernimmt die klassischen Aufgaben der idealen Frau, die durch Heim und Herd definiert wird. Wir erkennen in dem ersten pantomimischen Auftritt die Spannung zwischen der Figur der tüchtigen Hausfrau mit ihrer alltäglichen umsichtigen Sorge für das Hauswesen und der Figur der eleganten Hausherrin mit ihrem Anspruch auf und ihrer Pflege von Schönheit. In einer späteren Situation gelingt es Frau Bergk, die elementaren Lichtverhältnisse in der Halle aufrechtzuerhalten, indem sie denjenigen der Mitbewohner zur Kooperation motiviert, der fähig ist, die defekte Lampe[447] zu reparieren:

> Robert bringt die Leiter zurück.
> ELSA zu Robert Ach, Herr Scharwenka, ich wollte Sie eben schon fragen, ob Sie uns nicht den Draht da oben reparieren wollen, die Lampe geht nicht.
> ROBERT Können Sie das nicht selbst?
> ELSA Ich dachte, weil Sie nun schon die Leiter haben.
> Kurt Ach laß...
> Robert stellt die Leiter unter die Lampe und steigt hinauf und beschäftigt sich mit der elektrischen Leitung. Pause.
> ROBERT lacht Gut, daß ein Prolet im Haus ist.
> ELSA Sie sind doch kein Prolet, Herr Scharwenka, ein Student ist doch kein Prolet.
> <...>
> ROBERT lacht Brennt!
> KURT Vor dem Elektrischen hab ich immer eine Heidenangst.
> ELSA Ach danke, Herr Scharwenka. - Bleiben Sie doch da, es gibt gleich einen Kaffee. (V, 404)

Die genannte Spannung zwischen Alltagskompetenz und ästhetischen Allüren führt zum gewünschten praktischen Ergebnis, weil sie manierierte Umgangsformen, z.B. das betonte "Herr Scharwenka", geschickt mit beiläufiger, vereinnahmender Nonchalance, "Ach", "ob Sie uns nicht", "reparieren wollen", "weil Sie nun schon", kombiniert, so daß der unsichere junge Mann ihrer suggestiven Taktik nicht ausweichen kann.

Wenn sie später in der Eingangsszene langsam den Kopf zurücklegt, weint, und "*in der erstarrten Pose weiterweint*" (V, 384), ist das

---

[447] Vgl. intertexueller Bezug zum Lampen-Motiv in Auf dem Chimborazo, wo Dorothea Merz ihren Vetter Paul erwähnt, der die Leiter im Zimmer jahrelang stehen läßt, als er eine Glühbirne einschraubt (C, 593), "ein ganz verkommener, fauler Mensch". (C, 594)

ebenfalls nicht allein Ausdruck von Manieriertheit, sondern zugleich Ausdruck von natürlicher Erschöpfung. Auch in ihrem Seufzen, "ELSA *lächelt schmerzlich* Ach Tilmann" (V, 384), verbinden sich echtes schmerzliches Gefühl und stereotype sentimentale Geste. Aktuell steht die Enteignung des Fabrikanten Kurt Bergk bevor, und sie merkt, daß die Ehepartner in diesem Veränderungsprozeß nicht gewinnen können. Im folgenden Dialog wird zum einen deutlich, wie beweglich Elsa ist und wie unbeweglich Kurt, sowohl geistig wie geographisch, und zum andern, daß Kurt zu Eingliederungsmaßnahmen bereit ist, um seine Fabrik behalten zu können. In komischer Unkenntnis der politischen Entwicklung meint er, durch Schmeicheln, Buckeln, Anbiedern opportunistisch zum Ziel zu kommen:

> KURT <...> Wirtschaftsverbrechen, das heißt Enteignung, aus ... und Verhaftung. Verhaften werns mich.
> ELSA Dann gehst du eben in den Westen, Kurt.
> KURT Was soll ich denn da? Westen! Osten! Was soll ich denn da! Ich will bleiben, wo ich bin! Da bin ich und da bleib ich! Und du auch.
> <...>
> ELSA Du sollst dich nicht so anstrengen, dich solchen Leuten gefällig zu machen.
> KURT Der Rebhan <ein Arbeiter in der Fabrik> war ja immer ganz anständig.
> ELSA Ich habe dich beobachtet. Du warst wie ein anderer Mensch.
> KURT Ja?
> ELSA Ja, gewiß.
> KURT Paß nur auf, die machen, daß wir alle ganz andere Menschen werden.
> ELSA Das wäre vielleicht auch gut.
> KURT Das verstehe ich nicht.
> ELSA Ich kann dir überhaupt nicht helfen.
> KURT Da ist unsere Fabrik, die hat der Großvater gegründet und der Vater hat sie weitergeführt und jetzt ich, da werd ich bleiben. Das geb ich nicht auf! (V, 403)

Und ähnlich später:

> Ich will ja gar ned fort, ich will ja gar ned fort, ich will bleiben, wo ich bin und mei Zeuch machen! - - Des is es ja! Daß ich dableim will, - Elsa, sag du! (V, 413)

Der Einsicht in die opportunistische Borniertheit des Mannes, auf den sie sich bisher verlassen hat, führt zu der von Selbstmitleid und schmerzlicher Selbsterkenntnis geprägten Pose der Weinenden. Sie erschrickt vor den notwendigen Veränderungen, für die eine Basis von elementarer Verständigung gebraucht würde, die das Ehepaar nicht entwickelt hat. Sie weiß sich und ihrem Mann mit den gewohnten Verhaltensformen nicht mehr zu helfen.

In der Eingangsszene nennt Tilmann das zentrale Stichwort für ihre gesamte Situation in *Die Villa*, er verwendet den Ausdruck 'Käfig':

> TILMANN < ... > Du rennst immer hin und her.
> ELSA Muß ich ja.
> TILMANN Wie in einem Käfig. *Lacht verlegen.*
> ELSA Ja. Wie in einem Käfig. Genau so. Und vollkommen sinnlos. *Sie setzt sich und hin und bleibt sitzen.* Ach, Tilmann. (V, 382)

Unmittelbar wird die Assoziation vom Hamster evoziert, der unermüdlich in seinem Käfig umherrast, häufig in einem genormten Rädchen, geschäftig und sinnlos. In Romanen der Gegenwart ist sowohl das Motiv weiblich-häuslicher Einengung als auch die Metapher 'Käfig' geläufig, z.B. bei der Zeitgenossin Dorsts, Marlen Haushofer[448], die in ihrer Erzählung "Wir töten Stella" die Metapher 'Käfig' steigert zum 'Kerker': "hat sich der goldene Käfig in einen Kerker verwandelt"[449] und "die völlige Ausweglosigkeit des Kerkers".[450]
Seit der Verbreitung der bürgerlichen Institution der Ehe wird in der Literatur des 19. Jahrhunderts, z.B. in dem schon erwähnten Roman "Effi Briest" von Fontane (1894/5) und im frühen Beispiel "Madame Bovary" von Flaubert (1857), die Fragwürdigkeit der mit hohem moralischen Anspruch versehenen Lebensform der Ehe, vor allem für die Frau, deutlich beschrieben. Die Protagonistinnen erleben die Ehe als Zwang, Langeweile, den bekannten 'ennui' der Emma Bovary[451], und Einengung: Sie suchen häufig Auswege aus den inneren Konflikten zwischen individuellem Glücksanspruch und gesellschaftlichen Konventionen durch Liebesaffairen, finden sich aber dann als Geliebte trotz z.T. romantischer Liebeserfüllung individuell und gesellschaftlich nicht mehr zurecht. Zentrales Thema wird vor allem die Verführbarkeit der unglücklich verheirateten Frau, es entwickelt sich zu einem beliebten, bald zum Klischee gerinnenden Sujet.

---

[448] Geb. Frauenstein/Oberösterreich 1920, gest. Wien 1970.

[449] Marlen Haushofer: Wir töten Stella (1958), in: Dies.: Wir töten Stella und andere Erzählungen. München 1990, S. 53-101, S. 70.

[450] Haushofer (1958) 1990, S. 60.

[451] Vgl. Kingler 1986, S. 69.

5.1.2 Seelenfreundin und Geliebte

Dorst/Ehler bedienen sich bei der Figur der Elsa Bergk der Elemente dieses Klischees der Verführbaren in Verbindung mit dem der Verführerin. Die Brüder Merz sind in den Rollen Seelenfreund und Geliebter die verführten Verführer. In dem Theaterstück werden die Stereotypen der verführerisch hilfsbedürftig sich gebenden Frau und die der hilfreichen Retter jedoch kritisch gebrochen dargestellt. Tilmann gegenüber zeigt Elsa die Attribute Koketterie, Vertraulichkeit und Kummer, die günstige Bedingungen für einen tröstenden Freund bieten.

> ELSA Alt, alt komme ich mir vor. <...> Ich glaube, ich habe keinen Mut. Ich glaube, das haben wir gemeinsam.
> TILMANN Wer?
> ELSA Du und ich. (V, 383)

Elsa bietet mit dem Geständnis der Mutlosigkeit eine freundschaftliche Intimität zwischen den beiden Zaghaften an, aber Tilmann Merz sucht eine andere Gemeinsamkeit. Sie hat dem Schulfreund Tilmann ihren Aufsatz "Wie ich mir meine Zukunft vorstelle" (V, 382) in dem Moment geschenkt, als sie anläßlich der Eheentscheidung meint, eigene Zukunftsvorstellungen seien für sie unnötig, überflüssig geworden. Tilmann erinnert Elsa nun daran, betrachtet sie als Verbündete auf der Suche nach der noch nicht gefundenen Zukunft, er klammert sich an einen vergangenen Status, an ein obsolet gewordenes Projekt; damit verfehlt er die gegenwärtig mögliche und für Elsa notwendige Kommunikation. Sie weiß, daß die Bedingungen ihres Lebens sich total verschoben haben, er möchte zurück zu einer verlorenen Position. Sie dagegen möchte sich aussprechen, Vertraulichkeiten mitteilen, Wehmut äußern, Mitgefühl spüren:

> ELSA Meine Haare, und das Kleid ... sieh mich mal an. Sieh dir das Kleid an ... Die Hände, siehst du meine Hände?
> TILMANN Ja.
> Elsa Meinst du, daß ich das bin?
> TILMANN Warum denn nicht?
> *Elsa antwortet nicht. Sie hat langsam den Kopf zurückgelegt und bleibt so, unbeweglich, eine lange Zeit. Sie weint.* (V, 383)

In diesem Gespräch sorgt sich Elsa um ihre weibliche Identität. Dorst/Ehler benennen das gängige Repertoire der Zeichen von Feminität, die Kultivierung von Haaren, Kleidern und Händen, präzis und un-

aufdringlich. Es sind nach außen gerichtete Zeichen der Selbstdarstellung, es sind jedoch zugleich Zeichen innerer Selbstvergewisserung; äußere Verwahrlosung bedroht die instabile Identität. Ihre erstarrte Pose ist die Antwort einer Frau, die ihr soziales und ihr seeli-
sches Gleichgewicht verloren hat. Tilmann Merz hat kein Verständnis
für ihre Situation, da er in einem eigenen Selbstfindungsprozeß befangen ist. Er sieht in Elsa eine fördernde Freundin, die ihn stützen
und von seiner Mutlosigkeit befreien könnte, wenn sie die Rolle einer
'lichtbringenden' Herrin[452] in dem huldigenden Verehrungsinszenario
übernähme. Sein Bruder Heinrich nennt diese Bemühungen Tilmanns:
"Hat er dir wieder einen Antrag gemacht". Elsa ihrerseits spricht im
Umkehrverfahren von ihrer statt von Tilmanns Rettungssehnsucht,
wenn sie Tilmanns Verhalten erklärt mit den Worten: "Er denkt, er
müßte mich retten" (V, 416), nämlich davor, von Heinrich Merz verführt zu werden.
Innerhalb des amorös konnotierten Spiels des Paars Elsa-Tilmann
zeigen Dorst/Ehler Tilmann als typischen Vertreter einer patriacha-
lisch-maskulinen Verhaltensweise. Während Elsa arbeitet, mit der
Wäsche, für die Wärme in der Halle, rührt er nicht nur keinen Finger,
um ihre Tätigkeiten zu unterstützen, er ignoriert und leugnet sogar die
Bedeutung dieser Aktivitäten. "Ich habe ja den Mantel an", gibt er auf
ihre Frage: "Ist es nicht grausam kalt hier?" zur Antwort (V, 382). Er
moniert als Höhepunkt sogar ihre Geschäftigkeit, weil er das Ziel verfolgt, ihre Aufmerksamkeit ganz für sich allein zu gewinnen. Seine
vielen vergeblichen Ansätze, ihr umständlich etwas mitzuteilen, machen es ihm unmöglich, ihre Bedürfnisse auch nur wahrnehmen zu
wollen. Als sie weint, wird seine hilflose Abwehr vollends sichtbar.
"Ich geh, glaube ich, jetzt" (V, 383), ist seine spontane Reaktion.
Dorst/Ehler haben damit eine prägnante Formulierung gefunden, um
männliche Totalverweigerung gegenüber weiblicher Affektartikulation
darzustellen. Von Tilmanns Seite folgen nur weitere verlegene Pein-
lichkeiten. Elsas Angebot zu einem Gespräch unter Gleichen, "Du und
ich" (V, 383), das entsprechend dem Intim-Code unter Freundinnen
sowohl die Gemütsverfassung als auch die Frisur thematisiert, wird
von Tilmann abgewiesen. Elsa aber verklärt Tilmanns stille Egozentrik,
die sich ihr gegenüber als Rücksichtslosigkeit zeigt, zu den großen

[452] Vgl. Becker-Cantarino 1979.

Gefühlen eines empfindungsstarken Freundes: "Er ist ein Mensch mit so tiefen Empfindungen" (V, 416) Tilmanns Verklärung ist Teil ihrer kontinuierlichen kleinen Täuschungsverfahren, in die sie sich unmerklich mehr und mehr verwickelt.

Ihre Gunst gehört dem unsteten Heinrich, von dem sie weiß: "Du kommst immer und gehst ... verschwindest wieder." (V, 416) Heinrich Merz ist Elsa Bergks idealisierter Geliebter. So "alt" und "mutlos" sie mit Tilmann erscheint, so jung und abenteuerlustig wirkt sie in Heinrich Merzens Gegenwart. Die liebenswürdig-kokette Rolle der Gastgeberin spielt Elsa Bergk an diesem Abend nur scheinbar vor dem Betriebsprüfer Weiss; heimlicher Adressat ihrer charmanten Höflichkeiten (V, 393 f.) ist der sehnlich erwartete Heinrich Merz. Mit ihm besteht Komplizenschaft bezüglich seiner verbotenen Menschentransporte, "Ich bringe heute nacht Leute rüber" (V, 398), und der nützlichen Schmuggelgeschäfte, die er als Grenzgänger auch für sie tätigen kann. Es ist eine abenteuerliche, gefährliche Beziehung, die geflüsterte Worte (V, 415) und verschlossene Türen (V, 397) verlangt und - vor dem Ehemann - erlaubt.

Diese Komplizenschaft wird von Elsa aber verkannt: sie deutet ihre verstohlenen Treffen als geheimes Liebesbündnis, sie möchte seine Partnerin sein beim Neuanfang jenseits der Grenze, und sie hofft auf seine Hilfe, "Aber du wärst doch da!" (V, 416), während Heinrich Merz ihre Beziehung als Teil seiner "Experimente" - die Schauspielerin nennt seine Lebenshaltung: "Immer machst du so Experimente!" (V, 429) - versteht.

> ELSA Ich sage dir ein Thema.
> HEINRICH Ja, sag mir eins.
> ELSA Ich.
> HEINRICH Du?
> ELSA Ja. Mein Leben.
> HEINRICH Ich glaube, wenn man ein berühmter Schriftsteller ist, dann kommen immerzu Leute und sagen zu einem: schreiben Sie doch über mich! Mein Leben ist so interessant, so lesenswert! -
> ELSA Früher hast du immer gesagt, du bewunderst mich. Bewunderst du mich noch?
> HEINRICH Ja. Und wie!
> ELSA Warum bewunderst du mich? Sag es!
> HEINRICH Weil du bewundert werden möchtest.
> ELSA Wenn ich mit dir rübergehen würde ... (V, 421)

Die Szene zeugt zum einen von der hohen Meinung, die Elsa von sich hat: sie könnte sein Thema sein. Sie spricht ihn direkt sehr persönlich

200

an mit Forderungen, Wünschen, die ein gemeinsames Leben betreffen. Die Erkenntnis der veränderten Lebensumstände, "daß ich keine
'gnädige Frau' mehr bin" (V, 420), führt bei ihr zur Umbruchstim-
mung. Sie erwägt, daß sie "rübergehen würde", sie erwägt ihren Aufbruch. Ihrer Offenheit begegnet Heinrich mit Ausflüchten, ihre verbindlichen Vorstellungen beantwortet er mit unverbindlichen Bemerkungen über sich als möglichen Schriftsteller. Diese Formen von Zu-
rückweisung, von Absage übergeht Elsa Bergk geschickt, so daß wieder selbstbetrügerische Anzeichen in der Figur sichtbar werden.

5.1.3 Herrin des 'offenen Hauses'

'Salon' wird die Halle der Villa in den letzten Bühnenanweisungen genannt, (V, 448, 450) in Anknüpfung an die Tradition des bürgerlich-liberalen 'offenen Hauses'. In Ergänzung der Pflege des geradezu geheiligten Privatbereichs des bürgerlichen Hauses übernehmen die etablierten Familien in ihren Privaträumen eine Art von öffentlicher, ge-
selliger Aufgabe.
Tilmann Merz beschreibt mit Elsa Bergks Anziehungkraft auf andere,
"Es sind doch immer alle wegen dir in das Haus gekommen" (V, 382),
die in der Frühromantik entstandene und idealisierte Realität 'Frau',
den weiblichen Sozialcharakter des Bürgertums.[453] In "Lucinde", der
Titelfigur des gleichnamigen Romanfragments, stellt Friedrich Schlegel diesen sozialhistorisch wirksamen Typus dar: Der Mann Julius
zieht mancherlei Menschen an, gewährt ihnen Zutritt zu seinem Haus:
"Julius sprach seltener mit ihnen, aber Lucinde wußte sie gut zu unterhalten."[454]
Psychohistorische Voraussetzung einer solch gefälligen weiblichen
Rolle ist Disponibilität. Disponibilität kann eine Fülle von produktiven
Bedeutungen umfassen, die den Konnotationen von Empfänglichkeit,
Gestimmtheit und Verfügbarkeit entsprechen. Im Zusammenhang mit
einschränkenden Weiblichkeitszuschreibungen ist Disponibilität jedoch
seit Rousseau ein sowohl naturhaft gesetztes, als auch qua Erziehung

[453] Vgl. Sabine Gürtler und Gisa Hanusch: Tischgesellschaften und Tischszenen in der Romantik, in: Athenäum. Jahrbuch für Romantik 2. Jg.. Pader-
born/München/Wien/Zürich 1992, S. 223-241, S. 224 f.
[454] Friedrich Schlegel: Lucinde, in: Ders: Dichtungen, hg. von Hans Eichner.
München/Paderborn/Wien 1962, S. 57.

herzustellendes, als auch glanzvoll verklärtes[455] Bedürfnis des Mädchens, des weiblichen Menschen. Für diese weibliche Person ist konstitutiv, sich immer in Abhängigkeit vom fremden Blick zu fühlen, sich einseitig an einen fremden Willen zurückzubinden, nicht zu wissen, wo sie etwas will oder lieber nicht will. Unbedingte Verfügbarkeit bedingt eine Verunsicherung im Innersten. Ein solches weibliches Idealbild verfügt demzufolge über keine eigene Entschlußkraft.[456] Elsa Bergks disponible 'Kunst der Geselligkeit' wird im Stück eingefordert, eingesetzt und zur Karikatur verwandelt durch die ungeschickten Bemühungen des Fabrikanten Bergk, mit allen Mitteln den Betriebsprüfer zu beeinflussen, von einer Enteignung abzusehen. Vor dem Krieg sind alle wegen der liebenswürdig eleganten Dame des Hauses gekommmen, bildete weibliche Attraktivität und Gunst den legitimen Kristallisationspunkt für Gäste mit unterschiedlichsten Absichten und Neigungen (V, 382). "Zu uns sind die Leut immer gern gekommen, wir haben immer ein offenens Haus gehabt" (V, 412), betont der Hausherr gegenüber den Sympathisanten des neuen sozialistischen Staats, die "die Gründe, warum die einzelnen Leute ins Haus kommen" (V, S. 412) kennen wollen, weil sie die Besucher antisozialistischer Interessen verdächtigen. Kurt Bergk erwartet, daß seine Frau den Betriebsprüfer Weiss "nur richtig behandeln" wird (V, 382), wie sie es bei russischen Offizieren geschafft hat, besonders beim Oberst Trofinov:

> KURT <...> Von dem hat sie auch a weng russisch gelernt. Gell, Elsa?
> ELSA *lacht* Doch nur ein paar Worte ... einen Abzählvers.
> KURT Sags nur!
> ELSA Gori gori jasno
> ctoby nie pogaslo
> raz dwa tri
> KURT *ahmt russischen Akzent nach*
> "Brenne brenne klar
> daß nicht Licht ausgeht..."
> Das sagen die Kinder in Rußland, hat er uns erzählt... hat uns so manches erzählt aus seiner Kindheit, gell Elsa?
> ELSA Ja. (V, S. 386)

---

[455] Vgl. Verena Ehrlich-Haefeli: Zur Genese der bürgerlichen Konzeption der Frau: der psychohistorische Stellenwert von Rousseaus Sophie, in: Freiburger literaturpsychologische Gespräche Bd. 12. Würzburg 1993, S. 89-134, S. 99 f.

[456] Vgl. Ehrlich-Haefeli 1993, S. 117.

Diese peinliche Demonstration der Sprachbegabung seiner Frau, die an eine Papageiendressur erinnert, entlarvt grotesk die Entwicklung, die die konventionelle Rollenzuweisung der Geschlechter genommen hat: Der töricht auftrumpfende Mann verlangt von seiner Frau, alberne Kunststückchen vorzuführen, und sie erfüllt seine Forderung. Als später auf Anregung ihres Mannes ein improvisiertes Theaterstück aufgeführt wird, ist sie nicht mehr anwesend:

> Und der Burgschauspieler gibt jetzt die Festvorstellung extra für meine Frau zum Geburtstag. Und dann ist alles so wies früher war, vor dem Krieg. (V, 436)

Dorst/Ehler knüpfen mit der improvisierten Theateraufführung an eine besondere Tradition häuslich-bürgerlicher Geselligkeit an, an die 'Tableaux vivants'. An der Wende vom 18. zum 19. Jahrhundert etabliert sich diese Kunst der 'Tableaux vivants', oder auch Attitüden-Darstellung. Meist Frauen präsentieren eine zwischen Kunst und Gesellschaftsspiel changierende Darstellung von historischen Bildern, Monumenten und Szenen, in denen bereits Indizien bürgerlicher Doppelmoral erkennbar werden: Das bürgerliche Haus, der Hort der Tugend, bietet den erotischen Attitüden-Darstellerinnen zur Belustigung der Gäste ein öffentliches Forum.[457] Die erotische Dimension des privaten Theaterspielens bleibt Kurt Bergk verborgen. Er setzt auf die entlastende Unterhaltungsmacht der Kunst und ist ohne Blick für die reale erotische Dramatik, in die seine Frau, die Schauspieler und die anderen Bewohner und Gäste verwickelt sind.

Der Schauspieler Herzog dagegen greift die erotische Dimension geschickt auf. Die Hausherrin hat die Halle, das Zentrum des offenen Hauses, verlassen, als die Lesung beginnt: "Jetzt ist die ned da, wos doch speziell für sie ist!" (V, 442) Nachdem sie fortgegangen ist von dem ehemals durch Frauen zu belebenden Ort, dem Salon, nutzt der Schauspieler Herzog die desolate Situation sogleich für eigene künstlerische und persönlich-erotische Passionen:

> HERZOG *kommt mit einem Textbuch "Rameaus Neffe" zurück* Ich spiele einen Heuchler ... einen Parasiten, der sich in die Gesellschaft einschmeichelt. Ein geniales Schwein, ein Genie der Anpassung. Ver-

---

[457] Vgl. Hannelore Schlaffer: Erotik im lebenden Bild. Lady Hamilton und Henriette Hendel-Schütz - Zur Kunst der Attitüden-Darstellung. In: Stuttgarter Zeitung am 16.12.1975; zit. in: v.Hoff/Meise 1987, S. 84 f.

stehn Sie?
ROBERT Ja, ich verstehe. (V, 441)

Der aus dem Tritt geratene Schauspieler unterhält sich mit dem zu-
künfigen sozialistischen Herrn im Land, dem Studenten Robert
Scharwenka. Damit zeigen Dorst/Ehler, wie am Ende der bürgerlichen
Epoche, die geprägt war durch eine "Art 'Verweiblichung der Kultur'"[458], in dem Moment, in dem 'die Frau', die Hausherrin Elsa
Bergk, den ihr zugeschriebenen Ort, den Salon, verläßt, sogleich andere den freigewordenen Platz einnehmen, um, im Unterschied zu einer idealisierten Integrationsfigur wie Lucinde, ihre persönlichen Neigungen und Interessen durchzusetzen. Frau Bergk entledigt sich der
Aufgabe, die das weibliche Ideal in den geselligen Zirkeln zu erfüllen
hat. Die bürgerlichen Konventionen sind zur Farce verkommen in diesen Umbruchzeiten, die Hausherrin verschwindet: "Elsa geht die
Treppe hinauf." (V, 440)
Die dargestellte Variationsbreite von Elsa Bergks Verhalten reicht von
natürlicher Vertraulichkeit, Herzlichkeit bis zu Koketterie, erstarrter
Pose, Verweigerung; und sie schwankt geschwind zwischen den Extremen, die Mitte, ein gemäßigtes Verhalten, scheint schwach aus-
gebildet zu sein. Für Elsa Bergk stehen in der Umbruchsituation Entscheidungen an. Was sind ihre Entscheidungsprinzipien? Dorst/Ehler
haben sie in einer Villa situiert, deren desolater Zustand,
"heruntergekommen, aber immer noch elegant" V, 381), dem Elsa
Bergks zu entsprechen scheint. Frau Bergks Ziele sind nur angedeutet,
ihr Entscheidungsradius scheint abgesteckt zwischen den durch Männer repräsentierten Möglichkeiten: Kurt Bergk mit Ehe und wahrscheinlich ohne Betrieb und den Brüdern Merz, Tilmann mit Vorstellungen von Zukunft und Heinrich mit Experimenten.

5.2 LEBENSPRINZIPIEN VON ELSA BERKG

5.2.1 Im Zeichen von Mme Bovary

Dorst und Ehler haben von Elsa Bergk als einer "Emma Bovary"[459]
gesprochen; die Analyse der Lebensprinzipien der Elsa Bergk folgt die-

---

[458] Gürtler/Hanusch 1992, S. 225.

[459] "Auf Dorothea kann man natürlich besser hausen", S. VII; - Es gibt auch
eine Entsprechung der Initialen der Figuren: Elsa Bergk und Emma Bovary.

ser kulturhistorischen Verwandtschaftlinie und verdankt ihr eine Fülle
von fruchtbaren Deutungsansätzen. Als ästhetischer Typus ist Mme
Bovary Abbild und Vorbild zugleich, er gilt als Inbegriff moderner
Weiblichkeitsvorstellungen, als "literarischer 'Archetyp' weiblicher
Sexualität"[460], "Archetypus der 'Emanzipation', der sich bei all seinen Bemühungen doch stets in den Fesseln der weiblichen Geschlechterrolle bewegt und verfängt".[461] Mme Bovary läßt sich charakterisieren durch die ständige Anstrengung, dem jeweiligen sozialen Zustand
zu entkommen. Den sozialen Zuschreibungen entgeht sie jedoch
nicht, sie verkörpert diese vielmehr unwissentlich: Emma Bovary ist
eine "Gefangene der weiblichen Stereotypen, die in ihrer Gesellschaft
das Idealbild der Frau ausmachten"[462], sie hat sich "in die Sklaverei
eines Stereotyps normaler Weiblichkeit begeben".[463]
Es ist der Schulfreund Tilmann Merz, der sich die Begründung der
Partnerwahl von Elsa Bergk - sie ist eine Angehörige der ehemals bürgerlichen Mittelschicht in Thüringen 1948 - gemerkt hat und sie in der
Eingangsszene daran erinnert:

> TILMANN <...> da hast du mir plötzlich gesagt, du heiratest Kurt.
> "Er versteht mich am wenigsten, deshalb heirate ich ihn." (V, 383)

Mit dem Ausdruck "berufsmäßig unverstandene Frauen" ironisiert Karl
Kraus verheiratete Frauen des gehobenen Wiener Bürgertums, in
denen er um die Jahrhundertwende einen modernen kulturellen Ge-
schlechtertypus erkennt.[464] Bettina Klingler legt in ihrer an Mme
Bovary orientierten Studie, "Emma Bovary und ihre Schwestern. Die
unverstandene Frau: Variationen eines literarischen Typus von Balzac
bis Thomas Mann"[465], erstmals detaillierte Forschungergebnisse zur
Bestimmung des literarischen Typus vor. Klingler faßt die Femme incomprise ausdrücklich als sozio-kulturellen, d.h. durch gesellschaft-
lich-historische Strukturen bedingten Typus, der in einer Phase ent-

---

460 Monika Becker-Fischer und Gottfried Fischer: Emma Bovary - eine Männerphantasie, in: Freiburger literaturpsychologische Gespräche Bd. 12. Würzburg 1993, S. 135-166, S. 157.
461 Becker-Fischer/Fischer 1993, S. 147 f.
462 Kaplan 1991, S. 9
463 Ebd. S. 560
464 Karl Kraus: Die Fackel Nr. 73, 1901, zit. in Wagner 1982, S. 46.
465 Klingler 1986.

205

steht, in der "das traditionelle physiologische Rollenverständnis keine unbedingte Gültigkeit mehr besaß".[466] Dem sozialen Kontext gibt sie die Bedeutung des Hintergrunds im Sinne von Kulisse und Erklärung, die "weibliche Verwirrung" klassifiziert sie als Handlungskonflikt, der auf die Gesellschaft zurückweist.[467] "Die *femme incomprise* stellt als Komplementärerscheinung zum vielbeschworenen Ideal < ... > einen Antitypus dar. Ihre Darstellung im 19. Jahrhundert bedeutet Anmaßung und Tabuverletzung zugleich < ... > und nimmt neben Frauenverherrlichung und Frauenverhöhnung eine neuartige Stellung ein. Opfer ihres gesellschaftlichen und kulturellen Umfeldes, rächt sich in der *femme incomprise* das Bild vom weiblichen Objekt, auf das die Handelnde, sei es mit oder ohne Eigenverschulden, zurückgeworfen wird."[468]

Klingler arbeitet in ihrer Untersuchung mit der Opposition von Illusion und Desillusionierung: "Illusion und Desillusionierung markieren dabei die wesentlichen Eckpunkte der Unverstandenheit."[469] Und: "immer kennzeichnet die Illusion zugleich einen Verlust an 'Realitätskompetenz'; dieser ist Ursache einer grundsätzlichen Fehleinschätzung alles und jeden, so daß es für die Betroffene kaum eine Möglichkeit gibt, dem circulus vitiosus des Wahns aus eigener Kraft zu entkommen."[470]

Flauberts Romanheldin Mme Bovary reflektiert vor der Geburt ihres Kindes die Entfaltungsmöglichkeiten männlicher und weiblicher Menschen:

> Ein Mann ist doch wenigstens sein freier Herr. Ihm stehen alle Leidenschaften und alle Lande offen, er darf gegen alle Hindernisse anrennen und auch die allerfernsten Glückseligkeiten erobern. Ein Weib liegt an tausend Ketten. Tatenlos und doch genußfreudig, steht sie zwischen den Verführungen ihrer Sinnlichkeit und dem Zwang der Konvenienz. Wie den flatternden Schleier ihres Hutes ein festes Band hält, so gibt es für die Frau immer ein Verlangen, mit dem sie wegfliegen

---

[466] Ebd. S. 28.

[467] Vgl. ebd. S. 30.

[468] Ebd. S. 1; die "Objektstellung der Frau umfaßt nach Simone de Beauvoir (1949, Bd. I, S. 15) alles, was aus der Perspektive des absoluten, männlichen Subjekts als 'das Andere' empfunden wird". zit. in: Ebd. S. 1, Anm. 1.

[469] Ebd. S. 31.

[470] Ebd. S. 32.

möchte, und immer irgendwelche herkömmliche Moral, die sie nicht losläßt. (Flaubert, S. 126 f.)

Mme Bovarys "Aussagen über das Unglück der Frauen sind immer zugleich Rationalisierungen ihrer eigenen Passivität und Untätigkeit".[471] Diese Bemerkung der Soziologin Ulrike Prokop betont die aktiven Anteile der Femme incomprise bei der Aufrechterhaltung ihres Objekt-Status. Ihr Verhalten kommt einer Kapitulation vor der Macht der gesellschaftlichen Geschlechterrollen gleich, einem Arrangement mit der eigenen Ohnmacht und einem Verzicht auf Autonomie. Der Typus der "unverstandenen Frau", der Femme incomprise, wird in *Die Villa* als bekannt vorausgesetzt und variiert.

Die Grundspannung dieses Stücks wie der genannten 'realistischen' Romanvorgabe entsteht aus Elementen des Stoffs. Beide Frauenfiguren werden dem Spannungsfeld von ästhetisch geprägten Illusionsmustern und in dramatischer sozial-politischer Veränderung begriffener Wirklichkeit ausgesetzt. Klischee und Authentizität bilden die Eckpunkte der Figurengestaltung.

5.2.2 Schwindel

Die Figur der Elsa Bergk verfügt über keine Ausbildung oder Vorgeschichte, die über eine illusionäre Ansprüche ans Leben nährende Mädchenerziehung hinausginge. Als die Faszination des Kurt Bergk sie erfaßt, heiratet sie ihn:

> ELSA Mir wurde ganz schwindlig, wenn ich ihn draußen vor der Schule stehen sah, wenn er da wartete um mich abzuholen in seiner Luftwaffenuniform. <...> Und er erzählte von Nachtflügen. - Alle Mädchen in der Klasse haben mich beneidet. (V, 382 f.)

Das "Schwindlig-Werden" ist die Grundbedingung ihrer ehelichen Lebenswirklichkeit, es bezeichnet die Möglichkeiten und Beschränkungen ihrer Handlungsweisen. Wenn eine ein Schwindel erfaßt, fällt sie als extremste Form in Ohnmacht, verliert sie das Bewußtsein; in milderen Formen hat sie nur Schwindelgefühle.[472] Alles dreht sich, die gewohnten Ordnungskategorien geraten in Bewegung, wirbeln durcheinander. Mit den veränderten Wahrnehmungsmustern schwindet die

---

[471] Prokop 1976, S. 181.
[472] Vgl. Kluge/Mitzka 1963, S. 694.

Bedeutung der objektiven Realität zugunsten eines subjektiven Emp-
findungstaumels, eines Mitgerissenseins, einer Entgrenzungserfah-
rung. Das von Kindern geliebte Karussell-Fahren kann im Bild einer
Reise im kleinsten Kreise die Merkmale von Bewegung und Stillstand
veranschaulichen.

Kurt Bergk versetzt sie in diesen Taumel, als sie noch ein Schulmäd-
chen ist. Erstens wartet er auf sie, er ist damit einer, der nach ihr
verlangt, der ihr öffentlich, vor der Schule, huldigt, der sich in ihren
Dienst stellt, auf den sie sich verlassen kann. Er ist zweitens, es handelt sich um die ersten Kriegsjahre, als Soldat ein Held, einer, auf den
sie stolz sein kann, um den sie beneidet wird, und er ist drittens in der
Luftwaffenuniform ein besonderer Held, dem als gefährdetem Aufklä-
rer oder gefährlichem Bomber außerordentliche kollektive Bewunderung zuteil wird. Sie befindet sich in Übereinstimmung mit den gesellschaftlichen Wertmaßstäben, sie entspricht dem weiblichen Stereotyp
perfekt.

Daß in dem Ausdruck 'Schwindel' auch die Konnotation falsche Vorstellung, oder, um es umgangssprachlich zu sagen, 'Alles Lüge' mit-
klingt, hat sich für Elsa Bergk in der Situation 1948 in Thüringen
längst bitter bewahrheitet. Die gründliche Zerstörung der kollektiven
Bewunderungsstereotyppen des Nationalsozialismus, denen sie verfallen ist, ist Teil ihres persönlichen Dilemmas.

Klingler entwickelt ihre Typologie der Femme incomprise an Texten
des 19. und frühen 20. Jahrhunderts, in denen der Illusionierungspro-
zeß hinsichtlich 'weiblicher' Identität relativ konsistent erscheint.
"Dieser < Begriff der Femme incomprise > selbst kennzeichnet dabei
das Trauma, das die Erfahrung der Wirklichkeit hinterläßt - eine Wirklichkeit, die sich mangels anderer Möglichkeiten der Realitätserfahrung für die Frau sehr häufig erst in der Ehe offenbart." Dorst/Ehlers
Frauengestalt Elsa Bergk sind als einer Tochter der Weimarer Republik
Desillusionierungserfahrungen innerhalb der Ehe vor ihrer Heirat bekannt. Sie geht bei ihrer Partnerwahl aus von einem Verhältnis der
Geschlechter, in dem die Ungleichheit der Geschlechterhierachie den
Frauen unerträglich vertraut ist. Ihre Energie konzentriert sie auf kom-
pensierende Arrangements. Als "schönes Eigentum"[473] erwartet sie
einen angemessenem Lebensstil, den der gesellschaftlich angesehene

---

[473] Vgl. Duden 1977.

Mann garantiert, und ihren Verpflichtungen kommt sie relativ unbetei-
ligt nach. Elsa Bergk geht die Ehe unter der Prämisse ein, daß ein
Mann, der sie nicht versteht, ihr die Bewahrung eigener Vorteile insofern gewährleisten kann, als er von ihr in achtungsvoller Distanz zwar
Pflichten erwarten, ihr aber zugleich Rechte in Form gewisser Frei-
räume zugestehen wird.

Ihre Aufgaben als Ehefrau beziehen sich nicht nur auf den Helden der
Luft, sondern auch auf den Mann auf der Erde, den "armen Kurt" (V,
382, 399, 433). Diese Aufgaben umfassen im Stück drei Bereiche: 1.
Repräsentation, 2. Fürsorge und 3. permanente Bestätigung.

1. Der Abschnitt "Die Herrin des 'offenen Hauses'" enthält schon einige Hinweise auf den ersten Bereich der Repräsentation. Elsa Bergk
ist eine "Schönheit" (V, 432), auf die ihr Mann stolz sein will, deren
ästhetische Ansprüche allerdings in klaren Grenzen bleiben sollen. Als
Elsa sich wegen ihrer, der Kälte im Haus geschuldeten, improvisierten
Kleidung entschuldigt, weist Kurt sie zurecht, indem er der opportuni-
stischen Solidarität mit dem Arbeiter Rebhahn das Schönheitsbedürf-
nis seiner Frau opfert: "Laß nur, laß nur! Wenn wir immer an unsere
Schönheit denken täten, was Rebhahn?" (V, 385)

2. Den zweiten Bereich zeigen Dorst/Ehler in einer Szene von starker
gestischer Aussagekraft. Die Stimmung ist entspannt, ja geradezu
freundlich. Elsa sucht ihren Mann, der sich betrunken im Garten in
den Schnee gelegt hat, und hilft ihm ins Haus zurück. Verständnis,
Fürsorge, Geborgenheit bietet sie ihm, sie kümmert sich liebevoll um
ihn: "Komm, jetzt hauche ich die die Hände warm. Ach Kurt, wie
kannst du sowas machen" (V, 431), mit einer Geste, die Zuneigung in
Form von dienender Unterordnung darstellt, "ELSA *kniet vor Kurt und
massiert seine Finger*" (V, 432). Aus einer Phase destruktiver Regres-
sion, Alkoholrausch und Verkriechen im Schnee, "Der Schnee fällt
lautlos runter auf dir und deckt dich zu, bis du ganz verschwunden
bist" (V, 442), in der Kurt Bergk versunken ist, holt sie ihn behutsam
zurück in die Gruppe.

3. Der dritte Bereich, die permanente Bestätigung, ist tatsächlich von
so andauernder Präsenz, daß alle Szenen, die Auftritte des Ehepaars
enthalten, genannt werden können. Kurt Bergks Aussagen schließen
entsprechend der charakterisierten Beziehungsstruktur häufig mit Un-
terstützungswendungen an seine Frau. Dorst/Ehler binden Elsa damit

an einen Mann, der einer extrem schlichten Variante des Denksche-
mas 'weibliche' Einbildungen versus 'männlicher' Realität verhaftet
bleibt. Seine Beziehung zu luftigen Höhen ist auf kriegstechnische Er-
oberungsflüge beschränkt. Kurt Bergk möchte, wie Frau Wienkötter in
Dorothea Merz, "mit seinem Mittelmaß ganz zufrieden sein" (V, 391);
er beobachtet, daß sich der Mensch "Illusionen" macht (V, 390) und
gibt Gemeinplätze von der Art "Alles Einbildung ... muß gar nicht
sein" (V, 384) zum besten. Seiner Frau gegenüber ist seine Formulierung drastischer: "KURT Du mit deinen Nerven! Du bist bloß hysterisch! Du hast immer deine Einbildungen!" (V, 437) Er respektiert nur
die sozial integrierbaren Funktionen illusionärer Tätigkeiten, wie Elsas
gesellige Fähigkeiten und den Unterhaltungswert der Theaterschau-
spieler. Sein Interessensradius ist so eng, daß ihn überhaupt keine
Fragen erreichen, die über sein persönliches, alltägliches Umfeld hin-
ausgehen: "Ich interessier mich gar nicht für Politik. Ich interessier
mich bloß fürs Überleben". (V, 437) Klinglers Bemerkung: "In allen
Fällen erweist sich dabei die Desillusion <...> als Folge einer auf
weiblicher Seite vorliegenden Fehleinschätzung einerseits und männlicher bzw. gesellschaftlicher Unzulänglichkeit andererseits"[474], trifft
bezüglich der Unzulänglichkeit des Fabrikanten Bergk ins Schwarze.
Wenn Frau Bergk mit diesem Mann nicht mehr im Osten bleiben will,
ist das offensichtlich ein Zeichen von Hellsichtigkeit, also Realitätskompetenz, der ein zweiter Desillusionierungsprozeß vorausgegangen
ist:

> ELSA Ich halte es nicht mehr aus.
> HEINRICH Aber du weißt nicht ...
> ELSA Ich will leben! (V 440)

Klinglers Studie zufolge handelt es sich bei dem geistigen Zustand einer Femme incomprise in neutraler Formulierung um "Verwirrung"; sie
benutzt auch die Termini "Wahn" und "Trauma", die der klinischen
Psychologie zugeordnet werden können. Dem entspricht Dorst/Ehlers
Figur nicht. Wie anhand Elsas Sorgfalt für Wärme, Wäsche, Licht und
günstige Schmuggelware im Haus deutlich wurde, ist sie schwierigen
Situationen praktisch und theoretisch eher gewachsen als ihr Mann
und die anderen Hausbewohner. Es ist eher der Mangel an Autono-

---

[474] Klingler 1986, S. 200.

210

mie, eine permanente Schwäche von Ich-Instanzen, die den 'Verwirrungen' dann und wann Einhalt gebieten könnten, die das Erscheinungsbild der 'Schwindeligen' konstituieren. Das 'Schwindlig-Werden' ist als eine Grundbedingung ihres Lebens bezeichnet worden, es bildet auch die Voraussetzung für die Möglichkeiten und Beschränkungen ihrer weiteren Handlungsweisen.

5.2.3 Maskerade

"Früher konnte man überall barfuß gehen" (V, 386), sagt Frau Bergk dem Betriebsprüfer, und sie bezeichnet dieses Verhalten wie ihre Vorliebe für dünne Seidenkleider als "schlechte Angewohnheit...noch von früher" (V, 386). Im Gespräch mit Heinrich aber nennt sie ihren Hang zum Luxus lebensnotwendig: "Sieh mal, ich habe mich wieder maskiert! <...> Ich halte es sonst nicht aus." (V, 398)

Bevor dem von Elsa Bergk genannten Stichwort der 'Maskerade' nachgegangen wird, um Verkleidungsstrategien als Formen ihres Lebensprinzips zu verdeutlichen, soll der metonymische Gebrauch von Bekleidung als spezifisches Dorst/Ehlersches Stilmittel kurz gezeigt werden. Autor und Autorin setzen in dem Theaterstück mehrfach Kostüme, Bekleidungsstücke als prägnante Zeichen ein. Peter von Matt hat anläßlich einer Szene im *Parzival*[475] über Tankred Dorsts Umgang mit Gewändern bemerkt: "Hier nämlich wird das Gewand als solches figurativ, wird zum Signifikanten für alles, worin wir uns einrichten und von den anderen als dergestalt Eingerichtete bestätigen lassen. Das Gewand wird zur Metapher, genauer wohl: zur Metonymie für die zurechtgeschneiderte Lebens-Rolle, den Status jeder Art, und für den zurechtgeschneiderten Lebens-Sinn, die Wahrheit jeder Art."[476] Auch *Die Villa* zeigt die metonymische Verwendung eine Reihe von Bekleidungstücken.

Der Ehemann gefällt zunächst wegen seiner Uniform (V, 382), sie nimmt also einen Uniformierten zum Ehemann, den sie später als Mann in Livree, als Lakai beschuldigen wird (V, 433). Dabei werden

[475] Tankred Dorst: Parzival. Mit Robert Wilson und Ursula Ehler. Uraufführung Hamburg 1987; vollständiger Text in: Programmheft 21 des Thalia Theaters Hamburg 1987.

[476] Peter von Matt: Parzival rides again. Vom Unausrottbaren in der Literatur, in: Deutsche Akademie für Sprache und Dichtung. Jahrbuch 1990. Darmstadt 1991, S. 33-41, S. 37.

intertextuelle Ironisierungen und plakative Übertreibungen eingesetzt, z.B. in der stereotypen Verwendung des Barfuß-Gehen-Motiv (vgl. Dorothea Merz). Elsa Bergk verwandelt sich von der Luxusdame, die barfuß über weiche Teppiche schreitet, zur Flüchtenden, die mit Gummischuhen die Zonengrenze überqueren will. Entgegen der Behauptung, "HEINRICH Ich bringe sie nur bis zum Fluß" (V, 398), spürt sie, daß sie sich an diesem Abend den Grenzgängern anschließen muß, wenn sie mit Heinrich aufbrechen will. Die Fragen nach dem Schuhwerk, "ELSA *leise zu Heinrich* Muß ich Gummischuhe anziehen?" (V, 439), "Soll ich Gummischuhe anziehen?" (V, 440) enthält nicht nur die Entscheidung über die passende Fluchtkleidung, sondern die folgenreiche, ernsthafte Entscheidung über die mögliche vollständige Veränderung der Lebensumstände und nicht zuletzt über ein gemeinsames Leben mit Heinrich.

Das von Elsa Bergk genannte Stichwort 'Maskerade' bezeichnet ein Spiel mit Kleidung, und es bezeichnet zugleich ein Spiel mit Rollen und Identitäten. Hinter der Maske verbirgt sich das echte Gesicht, wird es unkenntlich. Es geht um etwas, das sich als Ergebnis von Verhüllung und Enthüllung herstellt. In der Bedeutung als "Scherz"[477], den man mit der Maskerade treibt, verweist der Ausdruck Maskerade darauf, daß es sich um ein vergnügliches und freies Spiel mit Kleidung handelt, d.h. daß man eine Maske nach Belieben aufsetzen und auch wieder abnehmen kann. Von der einfachen Verkleidung unterscheidet die Maskerade, daß ein relativ festes Kostümprogramm vorgegeben ist und daß den einzelnen Kostümen bestimmte Bedeutungen zukommen. Wenn Elsa Bergk davon spricht, daß sie sich "maskiert", sagt sie, daß sie in eine vorgegebene Maske schlüpft. Mit der Übernahme einer Maske ist das zeitweilige Verschwinden der wirklichen, der authentischen Person eben hinter dieser Maske verbunden; die Verhüllung in der Maske erlaubt die Enthüllung von Handlungsweisen in den der Maske zukommenden Bereichen.

Für Elsa Bergk bedeutet ihre Maskierung rettende persönliche Überlebensstrategien: ohne das individualisierte Vergnügen der Verkleidung "hält sie es nicht aus". Sie benutzt die Maskierung, um ihren grauen Alltag zu verlassen:

---

[477] Kluge/Mitzka 1963, S. 464.

Alles ist so grau und häßlich. Wenn ich über die Straße gehe, wenn
ich die Leute ansehe. <...> Da lauf ich dann in die Kleiderkammer
oben und reiße die Tür auf und seh mir das an, die vielen Kleider, ge-
stickt und aus Seide und farbig und schimmernd und fasse sie an, die
glatten Stoffe und die weichen und und dann gehe ich ganz rein - laß
mich da richtig reinfallen. <....> Ich will dann gar nichts anderes
mehr wissen. (V, 399)

Elsa Bergk liebt den feinen, reichen Lebenstil, und sie genießt die Anzeichen einer sinnlich-schmeichelnden Luxussphäre. Für ihr körper-
liches Wohlbefinden schafft sie sich in der Kleiderkammer der ver-
schwundenen Schwiegermutter eine Ersatzwelt, in der sie die Täu-
schungen einer schimmernden Scheinwirklichkeit auskostet. Die
schönen Kleider befriedigen ihre Sehnsucht nach Reichtum und Über-
fluß, nach Fülle und Ganzheitlichkeit, die sinnliches Aufgehoben-Sein,
schmeichelndes Verwöhnt-Werden in märchenhafter Pracht verspricht. Das Betreten der Kleiderkammer der Schwiegermutter bedeutet in ihren Worten die Wahl einer Maske, die sie tragen oder ablegen
könnte; ihr Umgang mit den schönen Kleidern und Stoffen gerät aber
zum Eintritt in eine Wunschwelt, in der sie versinkt. Wenn sie vom
'Versinken' spricht, wird die Gefahr deutlich, daß das der Maskerade
inhärente Moment von kreativer Freiheit umschlägt in die Weiblich-
keitsfalle vom "schönen Schein", dem Elsa Bergk als Steroetyp des
Luxusweibchens erliegt.[478]
Das Weiblichkeitsklischee, das Dorst/Ehler in Elsas Schönheitsmaskerade als Kleiderpassion verwenden, entspricht einer Art von Ästheti-
zismus, der als eine in den 90er Jahren aktuelle Version des Weiblich-
keitskults durch die Selbst- und Fremdattribution der Frauen noch an
Bedeutung gewonnen hat. Diese Aufwertung 'neuer' Weiblichkeit
folgt der Überzeugung, daß weibliche Identität "nur mehr als ästhetischer Wert gelten"[479] kann, da 'Weiblichkeit' völlig der Beliebigkeit
der sich Zwecke setzenden Person anheimgestellt wird, so daß sie
sich "nur mehr in Form einer Ästhetisierung selbst inszenieren kann,
einer Ästhetisierung, der es freilich an Geist und wahrer Lebendigkeit
fehlen muß".[480] Es wäre dann eine Sache des Spiels, "sich aus dem

---

[478] "Mit so einer Sehnsucht nach Schönheit" ist Elsa laut Dorsts Aussage ausgestattet. "Auf Dorothea kann man natürlich besser hausen", S. VII.

[479] Charlotte Annerl: Das neuzeitliche Geschlechterverhältnis. Frankfurt/M.
1991, S. 171.

[480] Ebd. S. 175.

Fundus der männlichen und weiblichen Charakterrollen ein weibliches Requisit auszusuchen".[481]

Den intimen Umgang mit Stoffen und Kleidern stellen Dorst/Ehler nicht nur bei Elsa Bergk dar, sondern auch in einer Szene mit der jungen, um Heinrich konkurrierenden Schauspielerin. In der kleinen Szene ist die Atmosphäre greifbar, wie Frauen mit Worten und Gesten und Accessoires ihre Beziehung zu Kleidern ausdrücken:

> FRÄNZCHEN *zu Elsa* Haben Sie ein schönes Kleid an!
> ELSA Das sind die Gewänder meiner Schwiegermutter.
> FRÄNZCHEN Ach, wunderbar! Stellen Sie sich vor, ich habe mir ein Damasttischtuch mit Tee gefärbt und hab mir ein Kleid draus gemacht, das sieht richtig feudal aus! Das ziehe ich vielleicht heute abend an, Ihnen zu Ehren.
> ELSA So?
> FRÄNZCHEN Das Oberteil ist ziemlich gestückelt, aber man sieht es nicht, ich hatte ein bißchen Borte, die hab ich draufgenäht, hier *Sie deutet es an* - und rechts und links vom Ausschnitt. Das sieht aus wie Absicht.
> *Elsa lächelt.* (V, 394 f.)

Neben der Maske "Schönheit", die sie in den schönen Gewändern der Schwiegermutter zur Verfügung hat, ist "Verrücktheit" die zweite Maske, die Elsa Bergk verwendet. Sie schlüpft hinein, um die Sehnsucht nach anderen ästhetischen und sozialen Zuständen zu artikulieren und um Kontakt herzustellen zum Selbstbild der verführten Verführerin. Elsa charakterisiert sich selber:

> Ich bin verrückt! - Ich bin oberflächlich und genußsüchtig und unnütz!
> HEINRICH *küßt sie* Ja. (V, 399)

Der unmittelbare Gewinn dieser Selbstbeschreibung in Form der scheinbaren Selbstbezichtigung wird sogleich sichtbar: ihre Attraktivität für Heinrich, Heinrichs zärtliche Zuwendung. "Ich bin verrückt" bedingt die Möglichkeit, ihr erotisches Begehren zu zeigen, was Heinrich Merz vor dem verabredeten heimlichen Treffen aufnimmt: "Du bist verrückt, du bist verrückt." (V, 440)

Kultursoziologisch wird in dieser Selbstdarstellung der Figur der Herrin der *Villa* die kompensatorische Seite weiblicher Schönheitsmaskerade pointiert deutlich. Elsa Bergk verkörpert Anteile des weiblichen Kulturcharakters, der die genormte Zivilisation ergänzen soll, der eine Alternative bieten soll und sich also gerade dadurch legitimiert, daß er

---

[481] Ebd. S. 172.

dieser Realität entrinnt. Frauenfiguren wie Elsa Bergk und Emma Bovary "artikulieren ein gesellschaftliches Bedürfnis: nach Schicksal, nach Schönheit, nach Stil, nach Ironie, Bedürfnisse, die im alltäglichen Leben nicht befriedigt, die aber auch nicht aufgegeben werden können."[482]

Auf der Ebene der Figur Elsa Bergk ermöglicht die Maske "Verrücktheit" wie die Maske "Schönheit" Abstand von alltäglichen Ordnungen; speziell Elsas "Verrückt-sein" bezeichnet eine Sehnsucht einer neuen Ordnung, nach Entgrenzungserlebnissen.

In der im Kapitel 'Exposition' gezeigten Szene:

> ELSA Früher hast du immer gesagt, du bewunderst mich. Bewunderst du mich noch?
> HEINRICH Ja. Und wie!
> ELSA Warum bewunderst du mich? Sag es!
> HEINRICH Weil du bewundert werden möchtest. (V, 421)

gelingt Dorst/Ehler eine präzise Darstellung dieses Kulturcharakters, der hier ausdrücklich einzig durch die Bewunderungssehnsucht der Frau legitimiert wird. Der Vorgang des Bewundern erfüllt diejenige, die sich dem Bewundert-Werden widmet, und denjenigen, der sich der Bewunderung hingibt, mit Befriedigung. Daß sich beide bei diesem 'verrückten' Treiben außerhalb der allgemein verbindlichen Normalität befinden, erhöht nicht nur den Reiz des Unternehmens, sondern fördert für die Beteiligten auch seine Bedeutsamkeit. Gelingen kann dieses Bewunderungsverfahren jedoch nur in Gegenseitigkeit, die oben genannte 'Hohepriesterin' bedarf des Anbetenden; sobald Heinrich Elsa nicht mehr 'vergöttlicht', sondern sie ihn nahezu zu Huldigungen nötigt, wird das Täuschungselement im Arrangement überdeutlich. Der Wunsch nach Anerkennung, nach achtsamer, liebevoller Geborgenheit, der in der Maske der verführerischen "Verrückten" verborgen liegt, wird enttäuscht.

Maskeraden sind Illusionsveranstaltungen, sie erzeugen Trugbilder, und es ist ihre Absicht und ihre Aufgabe, Abwesendes vorzustellen, den Zugang zu einer sich erweiternden Welt zu öffnen. Die Kleiderkammer der alten Frau Bergk schafft aber nicht nur den illusionären Schutzraum für taktil-sinnliche Ausflüge ins Reich von Schönheit und Geborgenheit, sondern sie dient Elsa Bergk mit ihren reliquiengleichen

---

[482] Prokop 1976, S. 198.

Requisiten auch zu stereotypen Rückzügen aus der Realität. Im geheimnisvollen "schönsten" Kleid (V, 399) kristallisiert sich das Amalgam von Schönheit und Verrücktheit und seiner Entsprechung von Erotik und Tod. Von dem Kleid wird dreimal gesprochen, von dem "blauen Paillettenkleid", "ein wunderbares nachtblaues Abendkleid", "wunderbar blaues Paillettenkleid" (V, 399, 433, 449). Das schönste Kleid bleibt den Zuschauern/Lesern verborgen, es bleibt ein fernes, fremdes, gefährliches Zeichen, das in seiner Gesamtheit so verlockend glitzert und funkelt wie die einzelnen aufgenähten "wunderbar blauen" Metallblättchen. Der glänzende Stoff wird zum Symbol verlockender Freiheit und bedrohlicher Ausschweifung.

Im *Parzival* wird dem Helden die Einsicht erlaubt: "so fragwürdig und vorläufig, wie das gewonnene Zeug dann um ihn herumhängt, so fragwürdig und vorläufig ist aller Sinn und alle Wahrheit."[483] In *Die Villa* ist die Einsicht für die Hauptfigur nicht möglich; sie verharrt in der Fixierung an das gesuchte und tödliche Endgültigkeit gewinnende Kleid. Die Aussage über Mme Bovary, "Emma fand sich selbst, indem sie sich in einem Stereotyp verlor"[484], hat auch Geltung für die Figur der Elsa Bergk. Sie findet sich, indem sie sich in der Maskerade[485] verliert. Das mythologisierte Klischee der leidenschaftlichen unglückseligen Frau, das den Frauen die Männer appliziert haben, erstellt Elsa für sich neu in der Maske der polnischen Schwiegermutter, in der sie ihre Freiheit verliert. Von dieser Maske vermag sie sich nicht mehr zu lösen. Sie will den Ehe-Käfig verlassen und gerät in den endgültigen Klischee-Kerker. Das 'scherzhafte Spiel' wird bitterer Ernst, die Stereotypen weiblicher Maskierungen sind Formeln der Unfreiheit.

---

[483] Ebd. S. 37.

[484] Kaplan 1991, S. 232.

[485] Maskerade zeigt sich in literarischen Kunstwerken von Frauen als zentrales Thema von Weiblichkeit in diesem Jahrhundert; Beispiele sind die Texte von Else Lasker-Schüler bis zu Elfriede Jelinek; vgl. Else Lasker-Schülers Gesamtwerk: geb. 1869 Elberfeld/Rheinland, gest. 1945 Jerusalem; sie ist die wichtigste Vertreterin der poetischen Maskerade zu Beginn des 20.Jahrhunderts in ihrer virtuosen Liebe zu Kostümierung, Verzauberung, Phantasieländern, ihrer Suche nach der Welt der 'Wunder'; vgl. Elfriede Jelinek, die in einem ihrer jüngsten Theaterstücke mediale Maskierungen von Mozarts "Cosi fan tutte" darstellt (Elfriede Jelinek: Raststätte oder Sie machens alle. Eine Komödie. Köln 1993).

5.2.4 Revolte

Die Verachtungsszene zeigt in aller Schärfe die destruktiven Energien, die dem "Bild der Frau als Objekt" innewohnen. So "kennzeichnet das Empfinden der eigenen Unverstandenheit grundsätzlich eine innere Revolte."[486] Als ihr Mann Elsa ruft, es ist der erste Kontakt des Ehepaars im Stück, antwortet sie kaum; sie tritt auf als die, die sich verbirgt:

> KURT ruft draußen Elsa!
> ELSA *zu leise, als daß Kurt sie hören könnte* Ja, ich bin hier.
> KURT Wie?
> ELSA *laut* Ja! (V, 384)

Eine zweite Szene bestätigt den Eindruck, daß sie von ihrem Mann nicht entdeckt werden möchte:

> Kurt *rüttelt, von draußen kommend, an der äußeren Küchentür.*
> KURT *ruft* Elsa!
> *Elsa rührt sich nicht.*
> <...>
> KURT <...> Ich steh draußen vor der Tür und du läßt mich nicht rein.
> Wie a Aff steh ich da draußen!
> ELSA *kalt* Schrei nicht so. (V, 400)

Sie will ihn nicht 'hereinlassen'. Ihre Passivität ist eine Art Rache, ein aggressives Ignorieren, eine Strategie, den Wert und die Bedeutung des Mannes herabzusetzen, eine getarnte Mißachtung. Wenig später konstatiert sie befriedigt, daß sie ihn in Wut gebracht hat; ihre Ablehnung wird offenkundig: "*Elsa sieht ihn verächtlich an.*" (V, 401) In der Figur der Abwesenden, Unerreichbaren, Indifferenten bedingen distanzierende Ferne und sehnsüchtiges Begehren einander. Verlockend, anziehend, stimulierend kann diese Figur wirken auf die phantasievollen Annäherungen des Liebhabers. Von solchen Bemühungen eines werbenden Liebhabers ist der Ehemann Kurt Bergk weit entfernt.

Das katastrophische Verhältnis der Ehepartner wird vollends evident in der vorletzten Szene des Stücks, als Elsa der Tatsache nicht mehr ausweichen kann, "daß sie in ein Vergeltungsszenario verwickelt ist."[487] Sie rächt sich an dem, der über sie bestimmen will, dem sie sich ausgeliefert fühlt, sie handelt aus den einander widersprechenden

---

[486] Klingler 1986, S. 199.
[487] Kaplan 1991, S. 281.

217

Haltungen von Abhängigkeit und Abscheu, die in Rachsucht umschlagen. Die Konfrontation zeigen Dorst/Ehler in dieser Szene, indem sie unterschiedliche Weiblichkeitsstereotype kreuzen: Elsa Bergk verhält sich entsprechend Aspekten der Femme incomprise, der Revoltierenden, während Kurt Bergk sich auf die disponible Frau bezieht, deren Einbildungen durch ihre Gefügigkeit im Zaum gehalten werden sollen. Die diffuse Geschlechterspannung trägt das Zusammenspiel der Partner, bestimmt die einzelnen Schritte, produziert die präzis treffenden Verletzungen.

Fast wörtlich wiederholt der Ehemann seine Meinung zum Thema Ost-West-Wechsel, mit autoritärer Vereinnahmung von Elsa: "Wir lassen uns nicht einfach nehmen, was wir haben: Da bin ich, und da blieb ich. Und du auch!" (V, 432) Die alkoholbedingte Penetranz und Schwerfälligkeit Kurt Bergks führen zu Elsa Bergks latent aggressivem Demutsverhalten: "ELSA Entschuldige, Kurt." (V, 432)

Sie hat versäumt, 'ja' zu sagen. Indem sie die Rolle, ihren Mann zu bestätigen, ihm also ständig automatisch zuzustimmen, verläßt, wird die unausgesprochene Übereinkunft der Eheleute aufgekündigt. Sie macht Kurt dadurch, daß sie etwas zu entschuldigen versucht, darauf aufmerksam, daß sie eine eigene Person ist. Sie kann versagen in seinem System, sie könnte ihre unterdrückte, verschwiegene Meinung ausdrücken.

> KURT *in einem plötzlichen Wutanfall* Immer diese Rätselhaftigkeit! Und das Augenrunterschlagen! Immer so Stimmungen! Das ist doch bloß überspannt, Krampf ist das bloß, weiter nichts. Keine Unterstützung hat man von seiner Frau, -- immer bloß alles negativ. *Redet sich in Wut.* Es ist ja nicht so einfach, optimistisch sein! Man weiß ja ned was ma machn soll, was richtig is! Was noch alles kommt, da bei uns! Es sind ja keine rosigen Zeiten! Und wenn ich amal a weng optimistisch bin, dann guckt sie, und dann denk ich gleich ich bin a Kasper! "Entschuldige Kurt..." Was soll das heißen? Sag mir mal, was das heißen soll? "Entschuldige, Kurt!" -- Ich bin ja überhaupt a primitiver Kerl für die! Ich bin gar ned wert, daß ich überhaupt da sitz! Ist es so oder ist es nicht so? Los, sags nur! (V, 432)

Auf die Schimpftirade antwortet Elsa Bergk scheinbar überlegen:

> ELSA *sieht ihn lange an, sagt dann leise ein polnisches Wort* Bjednjak. *Kurt springt auf, will auf sie losgehen und sie schlagen, tut es aber nicht, schüttelt sie.* *Fränzchen und Herzog sind aufgesprungen, Fränzchen trennt Kurt und Elsa.* ELSA *wehrt sich gegen Fränzchen, wiederholt immer wieder verbissen* Bjednjak! Bjednjak!

KURT *schreit* Hör auf! Hör auf mit dem Wort!
ELSA *ganz ruhig* Was habe ich denn gesagt? Warum schreist du? (V,
433)

Die bedrückenden Wohnverhältnisse und Kurt Bergks unbeholfener
Überlegenheitsanspruch sind der Anlaß ihres Ausbruchs. Entscheidend
jedoch ist, daß der Spannungsbogen zwischen ihren Veränderungs-
wünschen und den realen Verhältnissen, der mit den Prinzipen der
Unverstandenheit, des Schwindels und der Maskerade stabil gehalten
worden war, zerbricht, als die Verkörperung des Neuanfangs, Heinrich, und die lähmende Alltagsfigur, Kurt, in Bewegung geraten, zu
nahe aneinander gerückt sind:

HERZOG *zu Heinrich* Na, Heinrich, Sie betrachten ja so aufmerksam
ihre Hände!
HEINRICH *verlegen* Wieso?
Elsa *hat aufgehört, sich mit Kurts Händen zu beschäftigen, bleibt neben ihm am Boden sitzen. Sie wirkt nun teilnahmslos.* (V, 432)

In gezügelter Leidenschaftlichkeit versucht sie sich von dem zu befreien, an den sie sich gebunden hat. Sie demütigt ihn:

ELSA *höhnisch* Das Wort, das deine Mutter zu dir gesagt hat! <...>
Wissen Sie, was das heißt? Lakaienseele heißt das! Lakaienseele.
KURT Sags nur! Sags nur!
ELSA Verachtet hat sie dich! Verachtet hat sie dich und deinen Vater!
Wie leid hat er mir da getan, der arme Kurt! <...> Sie war doch ver-
rückt, nicht war? Kurt!
KURT Hör auf, hör auf!
ELSA Weil sie im blauen Paillettenkleid draußen herumlief und dem
Gärtner Anträge machte, - nur aus Haß gegen euch! Weil sie euch
verachtet hat, - feige, kleine Bjednjak .... So verrückt war sie, - hat
euch lächerlich gemacht in der ganzen Stadt. Und so verrückt bin ich
auch! Schlag mich nur! Sperr mich ein, in das Zimmer mit den Milch-
glasscheiben! (V, 433)

Sie plädiert auf "Verrücktheit" statt opportunistischer, politisch-sozi-
aler Anpassung, sie agiert als moralisch überlegene Frau bei gleichzei-
tiger gesellschaftlicher und sozialer Unterlegenheit. Ihr Wertsystem
entspricht offenbar nicht den gängigen Normen, sie beansprucht, wie
die alte Frau Bergk, ein höheres eigenes Recht gegenüber der Lakaienseele und ihrer Moral. Damit agiert sie entsprechend den Vorstellungen der Femme incomprise, die das Gefühl, unverstanden zu sein,
grundsätzlich mißt an einem illusionären, für sie verbindlichen, relativ
unbeweglichen Wertsystem.

Sie übernimmt die Maske der Schwiegermutter, indem sie ihre Sprache spricht und sich mit ihrem Verhalten identifiziert in dem Machtkampf der Ehepartner. Die Voraussetzungen, die für die Aktionen der alten Frau Bergk gelten, sind aber für sie ungültig. Ihr Mann hält Elsa erstens nicht für politisch gefährdet und damit sozial gefährlich für die Umgebung, was seine exzentrische polnische Mutter im Nationalsozialismus war. Zweitens zeigt sich, daß die emotionale Bindung Kurt Bergks an seine Mutter die an seine Frau deutlich überwiegt. So wird der Ehemann seine Frau nicht einsperren, weder aus Gründen der Sicherheit noch aus Gründen emotionaler Verbundenheit.

> KURT Ich sperr dich doch nicht ein! Von mir aus ... geh nur hin, wo du hinwillst! Von mir aus über die Grenze - geh! (V, 433)

Elsa Bergk wäre frei, wenn sie die nötige Entschlußkraft besäße. Dazu müßte sie aus der Abhängigkeit vom fremden Willen heraustreten, die Haltung der Disponiblen abschütteln, ihren Einsichten folgen.
Dorst/Ehler attribuieren Elsa Bergk aber Aspekte der Femme fatale, die sie in eine andere Richtung leiten. "Worin liegt das der Femme fatale Spezifische?" fragt Carola Hilmes in ihrer Studie über diesen Weiblichkeitstypus, und ihre Antworten verweisen auf das "sie umwitternde Rätselhafte", den "Reiz des Sinnlich-Sündigen" und die "mit dem Geheimnisvollen und Verbotenen verknüpfte Bedrohlichkeit".[488] Die Aura der Geheimnisvollen, Rätselhaften verbindet Elsa mit diesem Typus seit Anfang des Stücks, "geheimnisvoll" ist eines ihrer ersten Worte (V, 381), und ihr Mann benennt mit ihrer "Rätselhaftigkeit" (V, 432) das zentrale bedrohliche Ärgernis dieser Frau für ihn. Der zweite Aspekt einer Femme fatale, die Hypertrophierung des Sexus, wird vor allem in der Figur der Schwiegermutter Bergk gestaltet. In knapper, doch sehr stereotyper Überzeichnung erscheint das kultivierte Lustwesen Frau in der Paillettenkleid-Gärtner-Szenerie begehrlich auf der Suche nach Naturburschensexualität, triebhaft und ausgeliefert "irgendeinem fremden Soldaten, der zwanzig Jahre jünger war als sie, eine alte Frau mit einem Zwanzigjährigen." (V, 434) In Elsa Bergks Maske der 'Verrückten', der Schwiegermutter, verbinden sich ästhetisch-verfeinerte und antikonventionell-dämonische Weiblichkeitsimaginationen, die die Frau in die Selbstzerstörung treiben. Da Dorst/Ehler

---

[488] Hilmes 1990, S. 3.

die Figur der Elsa Bergk in ihrer Maskerade wie in ihrer Revolte deutlich mit erotischem und /oder sexuellem Begehren verbinden, schließen sie an dämonisierende Weiblichkeitsbilder von Typ der Femme fatale an, in denen Formen weiblichen Revoltierens und Scheiterns ausschließlich sexuell motiviert werden. Neben dieser Lesart, die die Figur der Elsa Bergk reduziert auf das bedrohliche Lustwesen, bieten Dorst/Ehler noch eine weitere Lesart an.

5.2.5 Aufbruch

Während Flaubert die Protagonistin Mme Bovary in der Spannung von Verlangen und Konvenienz beläßt, die der bei Dorothea Merz und Tony Buddenbrook entwickelten Spannung zwischen Phantasie und Gesetz der väterlichen Tradition entspricht, führen Dorst/Ehler Elsa Bergk in Situationen, in denen diese Spannung zerreißt. Schon in der Eingangsszene ist ELsa Bergk 'gegürtet': "Um die Hüften hat sie sich einen großen Wollschal geschlungen." (V, 381) So tritt sie zwar nicht im Kostüm, aber doch mit einem Accessersoire der Reisenden auf.

Sie wird gezeigt in Aufbruchstimmung; der männlichen Beharrlichkeit und Unbeweglichkeit Kurt Bergks setzt sie die weibliche Intuition notwendiger Veränderung entgegen. Ihr Freiheitswillen erwächst aus der Käfig-Erfahrung. Anknüpfend an Figuren des aufbrechenden Menschens wird deutlich, daß diese Figur in der abendländischen Tradition gewöhnlich männlichen Geschlechts ist. Die Fahrenden zu Land und zu Wasser, von Abraham bis zu Odysseus, sind Männer, während Frauen beim Aufbruch zu fremden Ländern keine Vorgängerinnen finden. Allerdings gibt es eine Tradition von Frauen, die diese 'männliche' Freiheit einfordern. Erinnert sei an Annette von Droste-Hülshoffs Gedichtzeilen:

> Wär ich ein Jäger auf freier Flur,
> Ein Stück nur von einem Soldaten,
> Wär ich ein Mann doch mindestens nur,
> So würde der Himmel mir raten;
> Nun muß ich sitzen so fein und klar,
> Gleich einem artigen Kinde,
> Und darf nur heimlich lösen mein Haar
> Und lassen es flattern im Winde! [489]

---

[489] Annette von Droste-Hülshoff: Am Turme, 4. Strophe, 1841/42.

Und erinnert sei an die Erfahrung einer literarischen Frauengestalt, die den schwierigen Aufbruch wagt, Franziska zu Reventlows Romanfigur einer heimatlosen Bohemienne:

> Bahnhöfe und Hotelzimmer - ich bin glücklich. Ein unschätzbares Gefühl: Nicht hier und nicht da, sondern einfach fort zu sein.[490]

Die Figur der Elsa Bergk ist gekennzeichnet durch ihre Anfälligkeit für ästhetische und erotische Entgrenzungserfahrungen; ebenso ist sie entgegen dem Topos von der Haus und Hof, also Heimat behütenden Frau geneigt, räumlich-geographische Grenzen zu überschreiten: "Ich hänge an nichts." (V, 403) Ihr Mann ist der Verweilende, Unbewegliche, Verhaftete. Verschiedene fremde Länder bzw. Erdteile werden im Stück als Sehnsuchtsorte aufgerufen: neben dem genannten Zielort 'Westen' die Ziele Afrika und Neuseeland.
Afrika:

> HEINRICH Sie <eine Frau aus Heinrichs Menschentransport> hat gesagt, sie will so weit wie möglich fort, am besten nach Afrika.
> ElSA Wenn ich mir vorstelle ... in Afrika ist es jetzt heiß ... vierzig Grad!
> HEINRICH In Afrika wäre ich auch gern. <...>
> ELSA Ich finde es wunderbar, wenn Menschen irgendwohin gehen und etwas Neues anfangen.
> HEINRICH Wohin denn?
> ELSA Aus ihrem Leben einfach fortgehen.
> HEINRICH Afrika?
> ELSA Wo man ganz fremd ist. (V, 415 f.)

Neuseeland:

> ELSA <...> Was liegt denn auf der anderen Seite?
> HEINRICH Auf der anderen Seite von was?
> ELSA Von uns! Auf der anderen Seite der Erdkugel!
> HEINRICH Ach so! Da liegt Neuseeland. (V, 417)

Die Orte werden assoziativ gestreift statt präzise angestrebt, und sie bleiben geographisch vage; sie sind definiert über die Entfernung, den Unterschied zum Ausgangspunkt. Afrika bedeutet "so weit wie möglich fort" (V, 415), wo es im Gegensatz zum kalten Schneewetter

---

[490] Franziska Gräfin zu Reventlow: Von Paul zu Pedro. Amouresken (1912), in: Dies.: Gesammelte Werke in einem Band. München 1925, S. 917-991, S. 951; zit. in: Krause, 1989, S. 95. - Der zitierte 'weibliche' Aufbruch verrät allerdings spürbar die Härten dieser widerständigen, experimentellen Existenz, parallel zum Schicksal des Feminismus, "als Expedition ins Ungewisse". Rossana Rossanda: Einmischung. Frankfurt/M. 1983, S.35.

"vierzig Grad" (V, 415) Wärme hat, "Wo man ganz fremd ist" (V, 416), und Neuseeland liegt gleich "auf der anderen Seite der Erdkugel" (V, 417). Die von der Reisesehnsucht belebten Konnotationsräume Afrika und Neuseeland repräsentieren das ganz Andere in Elsas Vorstellungswelt.

In einer Globus-Szene zeigen Dorst/Ehler, wie Elsa tatsächlich versucht, in die weite Welt zu entkommen. Sie will sich "mit dem Globus" (V, 417), den sie von Kurts Schreibtisch genommen hat, auf und davon machen, - dem Globus, der den ganzen Erdball und zugleich die Orientierung darauf repräsentiert: ein schwindelerregendes Weltkarussell als Symbol für Elsas weltumfassende Sehnsucht.

> ELSA < ... > Er <ein Reisender> war weg. Da blieb ich auf dem Schemel neben dem Waschkessel sitzen, saß zwischen den Zinkwanne die ganze Nacht, mit meinem Rucksack und mit dem Globus.
> HEINRICH Mit dem Globus?
> ELSA Ja. Von Kurts Schreibtisch. - Verrückt! - Als es hell wurde, habe ich mich ins Haus zurückgeschlichen.
> HEINRICH Und Kurt?
> ELSA Der fragte am andern Morgen: wo ist denn der Globus hingekommen? Den hatte ich im Waschhaus vergessen -- Das war meine Neuseelandreise. *Sie lacht.* Ach, es ist alles so lächerlich ... alles ...
> HEINRICH Finde ich nicht. (V, 417 f.)

"Verrückt" nennt Elsa neben der belebenden Erregung der Liebesaffaire auch dieses Mitgerissensein durch eine reale Fluchtchance. Sie will eine Weltreise antreten mit einer Zufallsbekanntschaft, einem Flüchtenden, der in der Dunkelheit vor der Volkspolizei Unterschlupf in der Villa sucht und bald unerkannt verschwindet. Der versuchte Aufbruch wird von ihr als lächerliche Unternehmung abgewertet, aber diese Erzählung vom Aufbruch ist Elsas einzige authentische Erfahrung im Stück, und Heinrich findet sie auch nicht lächerlich. Es ist eine komische Geschichte, die sie gut erzählt und aus der sie auch gut, d.h. unbeschadet, herausgeht. Im Unterschied zu Dorothea Merz, die ihre Erlebnisse in Momentbildern oder Anekdoten stilisiert, erzählt Elsa glaubwürdig und zuverlässig von dem, was ihr geschehen ist. Sie gewinnt diese Authentizität gegenüber Dorothea jedoch um den Preis der Gestaltlosigkeit. Es mangelt ihr an geformtem Erleben, an der Umarbeitung von Erfahrenem. Bei Dorotheas Geschichten führt ein Zuviel an selbststilisierender Gestaltung zur Trivialisierung, während bei Elsas Geschichte ein Zuwenig an gestalterischer Selbstgewißheit dazu führt, daß ihre bedeutsame Erfahrung versinkt im Strom bedeutungsloser Ereignisse.

Eine andere Geschichte, ein Märchen, das vorangestellte Motto des Theaterstücks, ruft der Schauspieler Herzog ihr in Erinnerung:

> HERZOG *zu Elsa* Haben Sie die sardischen Märchen gelesen?
> FRÄNZCHEN *zu Herzog* Märchen? Von der Seite kenne ich dich ja gar nicht.
> HERZOG "Ein Bauer kam vom Feld nach Hause, da lag ein Toter vor seiner Tür. Um Gottes Willen, sagte er da, sie werden sagen, ich habe es getan und mir den Kopf abschlagen. So lief er in die weite Welt hinaus." - Wundervoll als Anfang für eine Geschichte!
> ELSA Ja.
> FRÄNZCHEN Wie geht sie denn weiter?
> HERZOG *spöttisch* Abenteuer ... und er ist König geworden, natürlich.
> (V, 435 f.)

Ein Kennzeichen märchenhafter Imagination ist, daß sie "immer der Bewältigung eines Mangels dient".[491] Der Künstler Herzog bietet mit seinen Möglichkeiten Elsa Bergk die Aussicht auf einen Ausweg aus ihrem tiefen Dilemma, einen Ausweg, der in der poetischen Geschichte zu entdecken ist. Die vielfältigen Deutungsmöglichkeiten, die das Märchen hinsichtlich des Stückes bietet, können hier nicht entwickelt werden. Der für das Thema zentrale Kern besagt, daß es Situationen gibt, in denen es gut und richtig ist, sich schleunigst auf und davon zu machen. Etwas Unerklärliches, Schreckliches hat sich ereignet, und da scheint es im Märchen vernünftig, daß 'ein Bauer' und 'die weite Welt' zusammen passen, obwohl sie gewöhnlich Gegensätze sind. Die vorliegenden Fakten sind erdrückend, die Leiche vor der Tür - und alle möglichen untergeschobenen Leichen im Keller dazu - werden trotz des eigenen Unschuldsbewußtseins für ein Verschulden sprechen. Also ist es nicht ratsam, der Wahrheitsfindung zu vertrauen, Untersuchungen anzuzetteln; förderlich ist es vielmehr, alles zu verlassen, das Wagnis einzugehen, das die weite Welt bietet, wo man sogar, vielleicht, König oder Königin werden kann.

Das Märchen könnte Elsa Bergk den nötigen Impuls geben, sogleich den Aufbruch zu wagen, nochmals Authentizität zu gewinnen. Ihrer fehlenden Autonomie entspricht jedoch, daß sie sich immer anschließen muß, sie nur günstige Gelegenheiten abwarten, erkennen und er-

---

[491] Gabriele Schwab: Die Subjektgenese, das Imaginäre und die poetische Sprache, in: Renate Lachmann (Hg.): Dialogizität. München 1982, S. 63-84, S. 72.

greifen kann. Nach dem mißglückten Aufbruchversuch mit dem geheimnisvollen Unbekannten, scheint ihr in Heinrich Merzens exaktem Fluchtplan die letzte Gelegenheit gegeben. Elsas Beschwörung des wunderbaren Neuanfangs klingt ahnungsvoll zögerlich aus:

> ELSA Wo man ganz fremd ist. Aber ich glaube, ich kann das nicht.
> HEINRICH *lacht* Nein.
> ELSA Aber du wärst doch da!
> HEINRICH *halbherzig* Ja. (V 416)

Dorst/Ehler binden Elsa Bergks lebensentscheidende Aufbruchsabsichten speziell an ihre Liebesbeziehung zu Heinrich Merz, an die erotische Maskerade. Das bekannte Sinnlichkeitsmuster Flauberts[492] schimmert also kräftig durch die moderne Dorst/Ehlersche Textur von Weiblichkeit - das Scheitern inbegriffen.

5.3 ENDSITUATION VON ELSA BERGK

5.3.1 Stillstand

Frau Bergk begeht Selbstmord unter dem unmittelbaren Eindruck, den Heinrich Merzens Zaudern ihr gegenüber und seine Zuwendung zur jungen Schauspielerin auf sie machen. Die verführerischen Aspekte, die Tilmann und Heinrich an Elsa binden, reichen nicht aus: die fast domestizierte Sirene kann ihren Künsten nicht mehr trauen. Von 'Wahn' war im Zusammenhang der Femme incomprise die Rede, und auf einen 'Wahn' spezifisch weiblicher Art bezieht sich eine Tradition, die von Frauen und ihrem Tod erzählen, die Dido-Tradition[493]: "Wahn und Wahnsinn, Verrücktheit" nennt von Matt die innere Bewegung der Dido-Figur. In der Erinnerung an die mythisch-literarische Figur wird eine Darstellungtradition 'weiblicher' Verstörung sichtbar, an die Gestalten wie Anna und Elsa anschließen. Von Matt führt die Traditionslinie von der "Schlüsselgestalt"[494] Dido über alle Verlorenen

---

492 "Emma maskierte sich als hörige *femme évaporée*, um vor der Welt und vor sich selbst ihre aktiven sexuellen Wünsche und intellektuellen Ambitionen zu verbergen, die in ihrer Welt Privileg der Männer waren." Kaplan 1991, S. 259.

493 Dante Aligheri: Die göttliche Komödie. Übers. von I. und W. von Wartburg. Zürich 1963 - Vergil: Aeneis. Übers. von Emil Staiger. Zürich 1981; beide zit. in v.Matt, 1989, S.79-101.

494 v.Matt 1989, S. 100.

und Verlassenen zu den einsamen Frauen der Moderne. "Zu Dido gehört der Suizid. Sie ist die Präfiguration aller Selbstmorde aus verratener Liebe und des heftigen Seelengeschehens, das ihnen vorausgeht."[495]
Elsa Bergk erleidet klassischen Liebesverrat. Sie, die erwachsene Frau, bindet ihre Hoffnungen an die Zuneigung zu einem unsteten jungen Mann. Als sich die 'verrückte' Liebesbeziehung wirklich als so unstabil erweist, wie sie ahnt, zeigt sich, daß Elsa Bergk ohne schützende und täuschende Maskerade nicht überlebensfähig ist. Das Motiv der verlassenen Frau wird schon frühzeitig im Text eingeführt, als Elsa beim ersten Aufbruchversuch von sich spricht als die "Zurückgelassene, die 'Sitzengelassene', wie das schnöde und merkwürdige Wort heißt"[496]: "Da blieb ich auf dem Schemel <...> sitzen." (V, 417)
Dorst/Ehlers Gestaltung von Elsas Schritt weist auch im Detail Ähnlichkeit auf zum Tod der antiken Figur der Selbstmörderin aus Liebesverrat. So wie Dido das Abschiedsgeschenk des Liebesverräters benutzt für ihren Selbstmord, das Schwert des Aeneis, so greift auch Elsa Bergk zurück auf das "Geburtstagsgeschenk" (V, 398) ihres enttäuschenden Freundes für den Freitod, auf die geschmuggelten Schlaftabletten aus dem Westen. Sie nimmt sich mit den vom geliebten, idealisierten Freund Heinrich besorgten Schlaftabetten im Moment der Theaterimprovisation das Leben. Der Tod ist ein Geschenk, nicht von eigener, sondern gleichsam von Heinrichs Hand. Sie stirbt nicht nur von fremder Hand, sondern auch, in wiederholter Brechung des Authentischen, im fremden Gewand, im Abendkleid ihrer Schwiegermutter, "Das wunderbar blaue Paillettenkleid". (V, 449) Handlungfähigkeit bedeutet für Elsa Bergk in der Todszene wie in der Verachtungsszene die paradoxe Bindung an die Fesseln weiblicher Stereotypen, tödliche Stillstellung in der Maskerade statt Aufbruch aus dem Käfig voller Kostüme.
Die moderne Literatur ist gekennzeichnet durch die psychologische Dimension des Inauthentischen; das Unechte im scheinbar Echten wird erkennbar. Dorst/Ehler begleiten die poetische Darstellung der seelischen Verästelungen der Protagonistin mit ironischen Tönen und

---

[495] Ebd. S. 98.
[496] Ebd. S. 93.

Distanzierungen. Speziell das Sprechen in Klischees verhilft zur Distanzierung, da die von sich potenzierender Klischeehaftigkeit getragenen Kommunikationprozesse unmittelbar den beklemmend-komischen Charakter der menschlichen Beziehungen enthüllen. In der präzisen Darstellung von Elsa Bergks inauthentischem Verhalten entschlüsselt sich zugleich der kulturelle Codierungsprozeß von Weiblichkeitsbildern der Nachkriegszeit.

Dorst/Ehler erinnern in der Überzeichnung an die Befangenheit Elsas in den Strukturen von Weiblichkeitsstereotypen der Femme fatale. Die "Femme fatale ist nicht nur für die Männer, sondern auch für sich selbst fatal. Immer dann, wenn sie aktiv wird, werden ihr die eigenen Handlungen zum Verhängnis."[497] In Elsa Bergks 'Stunden der Wahrheit', der leidenschaftlich-kalten Entlarvung ihres Mannes und dem Moment des Todes, agiert sie im fremden Kleid, in der Inszenierung eines fremden Lebens, geprägt von rebellischen Weiblichkeitsstereotypen. Damit entspricht sie den der Femme fatale zugeschriebenen Fremd- wie Selbstzerstörungsaspekten. "Es muß festgehalten werden, daß mit der Femme fatale nicht nur eine Frauenfigur präsentiert wird, die durch ihre Sinnlichkeit eine verderbenbringende oder gar tödliche Macht über den Mann ausübt, sondern sie selbst ist stets auch das Opfer."[498] In der gezeigten Gefühlsintensität ist sie trotz aller Irritationen in ihrer 'Verrücktheit' und Ausweglosigkeit eine anrührende und erschreckende Figur.

Wenn Elsa Bergk dem 'Schwindel' von Entscheidungen verfällt, sie handelt beim Globus-Unternehmen "ohne zu überlegen" (V, 417), wie sie ausdrücklich betont, dann läuft dieser erste Versuch von Spontaneität und Entschlossenheit bei der Fluchtabsicht ins Leere: Der fremde Mann, dem sie sich plötzlich anschließen will, verschwindet so überraschend wie er aufgetaucht ist, dem Motiv vom hektischen Aufbruch folgt das Motiv der Sitzen-Gebliebenen. Der zweite Aufbruch ist ein Aufbruch in den endgültigen Stillstand, den Tod. In den Worten des blinden Hausbewohners Dussek,

> Man nimmt einen Anlauf und springt und dann ist man gegen eine Betonwand gesprungen, und liegt blutig auf der Erde. (V, 414)

---

[497] Hilmes 1990, S. 225.
[498] Ebd. S. 224.

wird das Thema schmerzlicher Vergeblichkeit jeglicher Aufbruchsversuche schon früh im Stück bildhaft formuliert. Frau Scharwenka, die Mutter des rigorosen Kommunisten, nimmt bei ihrem Auftritt als Botin - die Katastrophe ereignet sich im Off - Dusseks Bild wieder auf: "Die Frau ist niedergefallen uff de Erde! <...> Se liegt uffm Gesichte!" (V, 448)

Im Unterschied zu Frauenfiguren wie Ibsens Nora bewohnt Elsa Bergk kein Puppenheim, das verlassen werden könnte, sondern einen Käfig, ein Gefängnis, und im Unterschied zur periodischen Reduktion Noras im Puppenheim wird sie in eine absolute Ohnmachtssituation gestoßen, aus der sie sich nicht zu retten vermag. Die Reise um 'ganze Welt' bleibt Illusion.

5.3.2 Provokation

"Rollenverhalten als Protest und Ersatz: Elsa"[499], nennt Vestli Elsa Bergks Verhalten. Sie betont, Frau Bergks Verhalten sei nicht nur der Versuch, ihre sinnlose Gegenwart zu fliehen oder sie zu ästhetisieren, sondern auch die Erscheinungsform eines Protests.[500] Von Aufbruch war die Rede am Ende des vorigen Abschnitts und von Revolte und zuletzt von der tödlichen Art, von der dieser Protest ist. So wäre Elsa Bergks Suizid ein Signal der Not, eine Provokation für die Zurückgebliebenen, ein Skandalon. Dorst/Ehler gestalten auch hier die Leere menschlicher Beziehungen, das Mißlingen der Kommunikation: der Skandal bleibt aus. Gegenüber der Tragik, der Erschütterung, die in Vergils und Dantes Texten von Didos Schicksal zum Ausdruck kommt, bleibt in diesem modernen Stück nur das Gefühl der Scham: "HERZOG *verlegen* Ich schäme mich." (V, 450) Die anderen Beteiligten bleiben angesichts der Provokation in ihren gewohnten Verhaltensmustern befangen, Verständis für die Tote wird nicht erkennbar. Für Kurt Merz ist sie weiterhin die, die "immer so Stimmungen" hat (V, 432). Er versucht nicht einmal, ihr Verhalten zu verstehen, und indem er sich wieder niedersetzt, signalisiert er, daß sich seine Aufwendungen für diese Frau erschöpft haben: "KURT Was ist denn, was hat sie denn jetzt schon wieder! *Er setzt sich wieder hin.*" (V, 448)

---

[499] Vestli 1987, S. 173.
[500] Vgl. ebd. 1987, S. 173.

Tilmann Merz, der Elsa Bergk in der Eingangsszene mit dem Schulaufsatz "Wie ich mir meine Zukunft vorstelle" Selbstentfaltungsabsichten attribuiert, der das Thema Zukunft also ausdrücklich für Elsa formuliert, muß sich von Kurt Bergk, unfreiwillig korrekt und komisch, zu Recht sagen lassen: "Da kommst jetzt a weng sehr spät mit deim Aufsatz." (V, 446) Eher tragisch als komisch ist seine Reaktion auf den Tod der Freundin:

> HERZOG <...> Sie waren nicht oben?
> TILMANN Nein.
> HERZOG Warum denn nicht?
> Tilmann *antwortet nicht*. (V, 449)

Tilmann Merz reagiert wie Klara Falk in Klaras Mutter auf den Selbstmord der geliebten Person mit dem Ausdruck 'Unglück':[501]

> TILMANN Es ist etwas passiert... Es ist ein Unglück passiert. <...>
> Es ist ein Unglück passiert. (V, 449)

Die unglückliche Geschichte der Elsa Bergk wird als Einbruch, als Zugefallenes eingeordnet, das Einflüssen der beteiligten Personen weitgehend entzogen bleibt. Die bedrohliche Dimension eigener Verantwortung, nämlich Nachlässigkeit, Unaufmerksamkeit, Unentschlossenheit, wird verleugnet, die eigene Leidens- und Enttäuschungsgeschichte findet mit einem vom Schicksal gesendeten Unglück ein beruhigendes (Klara) oder verzweifeltes (Tilmann) Ende.
Klara Falk hat tatsächlich Ursache zur Dankbarkeit. Anna Falks Verantwortung ihr gegenüber zeigt sich auch in der Art, wie sie stirbt. Sie schenkt ihrer Tochter die Möglichkeit, an ein sinnloses Unglück zu glauben, sie gibt ihr sogar noch die passende Geschichte dazu als Erläuterung, damit Klara Falks Aussage überzeugend wirkt. Während Anna Falk ihrer Tochter die Peinlichkeit eines offiziellen Selbstmords erspart, so daß die ängstliche Klara für diesen sie entlastenden Umstand des Ertrinkens dankbar sein kann, es als letzte Rücksichtnahme und auch als Fürsorge ihr gegenüber wahrnehmen kann, macht Tilmann Merz unredlichen Gebrauch von dem Wort.
Die Sinnlosigkeit und Zufälligkeit, die das Wort Unglück meint, werden von Tilmann wider besseres Wissen gebraucht: Er weiß am be-

---

501 "Es ist bestimmt ein Unglücksfall gewesen. <...> Es ist bestimmt ein Unglücksfall." (K, 306)

sten, wie Elsa Bergk zu diesem Schritt kam, sie hat ihm ihren Kummer, ihre Mutlosigkeit offenbart. Aber er erstarrt in seinem persönlichen Erschrecken: Egozentrik und emotionale Hilflosigkeit aus der Eingangsszene widerholen sich. Er ist unglücklich; davor weicht er ebenso aus wie vor Elsas Unglücksausbruch zuvor, indem er von einem 'Unglücksfall' spricht. Elsa Bergk hat jedoch im Unterschied zu Anna Falk den Skandal selbst inszeniert. Elsa Bergks Achtung vor Tilmanns 'tiefen Empfindungen' wird vollends zur Farce, wenn Tilmann behauptet: "Ich bin eigentlich nur zufällig..." (V, 449) Heinrich Merz sieht Elsa Bergk als ein "Experiment", einen Erfahrungswert, eine Etappe seiner Selbstfindung. "Ich möchte, daß einmal jemand auf der Bühne wirklich stirbt" (V, 397), sagt er, um seinen künstlerischen Ambitionen Gewicht zu verleihen. Der fiktive Autor Heinrich Merz macht Elsa Bergk tatsächlich in diesem Stück zum Thema, aber zu einem, das überwunden wird. Heinrich Merz läßt Elsa Bergk gestrandet als eine seiner Geliebten am Wegesrand zurück, er könnte sie mitnehmen, aber er schreitet ohne sie voran. Schon Dorothea Merz mußte nach dem Tod des kränklichen Ehemanns unter der Aufsicht des eifersüchtig wachsamen Sohns Heinrichs ohne Liebespartner zurückbleiben.

5.3.3 Doppelte Stillstellung

Elsa Bergk wird zweifach stillgestellt: Einmal durch die Selbsttötung, die den gescheiterten Aufbruchplänen folgt, zum anderen durch das Stillschweigen des Skandalons dieser Aktion, dadurch, daß der Protest ins Leere läuft, von der Umwelt nicht aufgenommen wird. Deshalb kann von der individuellen und der kollektiven Stillstellung ihrer Ausbruchsversuche gesprochen werden. Sie ist eine der hellsichtigen, realitätstüchtigen Personen des Stückes, auch und gerade kraft ihrer durch Imagination gestützen Veränderungsbereitschaft; zugleich mangelt es ihr an den nötigen Fähigkeiten und Möglichkeiten, diese Veränderungsbereitschaft umzusetzen in selbstbestimmte, wirksame Handlungen. Elsa Bergks Scheitern ist dem Verlust ihres Selbstbildes als 'unverstandene Frau' geschuldet, die der besonderer Aufmerksamkeit und der Anerkennung bedürfig und würdig ist. Es mangelt ihr an Selbstachtung, - psychologischen Ich-Funktionen - , die sie in einer

Position relativer Selbständigkeit in die Lage versetzte, zwischen trügerischen Fluchtwelten und Überlebensstrategien zu vermitteln. Die ästhetischen Selbstvergewisserungen dieser Tüchtigen und Eleganten haben ihren Ort in der besonderen häuslichen Sphäre, dem Reich der Affektivität, der Körperlichkeit, der Schönheit, "der täglichen Reaffirmation des Lebens"[502]. In Verbindung mit den Elsa Bergk attribuierten erotischen Anerkennungswünschen und Abhängigkeiten, den Attributionen Sinnlichkeit, Sexualitätsgebundenheit oder sogar Triebschicksal, und der Attribution Entscheidungsschwäche und Mutlosigkeit, repräsentieren die ästhetischen Selbstvergewisserungen zum einen das bekannte 'weibliche' Minderwertigkeitsrepertoire. Sie repräsentieren zum anderen aber auch die Ansprüche einer 'weiblichen' Frauenfigur wie Elsa Bergk auf Wahrnehmung und Anerkennung, hier durch die abwertenden und ablehnenden Männer Kurt, Tilmann und Heinrich. Die Parallelfigur Mme Bovary, "dieser Archetypus der 'Emanzipation', der sich bei all seinen Bemühungen doch stets in den Fesseln der weiblichen Geschlechterrolle bewegt und verfängt"[503], ist nicht allein "ein überdrehtes, unnützes Geschöpf, das kein Überlebensrecht hat", sondern sie verkörpert wie "die rebellische Sünderin jene apriorische Überlegenheit über die Welt des Vaters und der Männer, die der muttergebundene Knabe Flaubert ihr verleiht".[504] Das Stück ist folglich nicht nur zu verstehen als Darstellung einer ästhetisch verblendeten jungen Frau, sondern auch als die Darstellung der Verblendung von verständnislosen Männern, die sich gegen die Ansprüche einer weiblichen Person, ihre Absichten und Gefühle, verschließen.[505]

---

[502] Rossanda 1983, S.34.

[503] Becker-Fischer/Fischer 1993, S. 147 f.

[504] Ebd. S. 155.

[505] Vgl. Rossanda 1983, S.38.

6 SCHLUSSBEMERKUNGEN

6.1 WEIBLICHKEITSBILDER DER SUBORDINATION

Die in der Neuzeit entwickelte Vorstellung einer 'weiblichen Sonderanthropologie'[506] impliziert, daß sich eine 'vernünfige' Frau in einem gesellschaftlich untergeordneten Bereich aufhält. In den *Deutschen Stücken* haben Dorst/Ehler mit den Stilmitteln komischer bis
grotesker Überzeichnung vier Varianten dargestellt, wie Frauen sich
dieser Theorie der freiwilligen Selbstunterwerfung gegenüber verhalten: die Weiblichkeitsbilder entsprechen zum einen den innerhalb des
sozialphilosphischen Beobachtungsrahmens genannten Strukturen, 1.
der Repräsentation natürlicher Sittlichkeit, 2. des gelehrt-utopischen
Moralismus und 3. des ästhetisch-illusionären Protest, und zeigen
zum anderen 4. einen Dorst/Ehlerschen Weiblichkeitsentwurf von
schmerzlicher Heiterkeit.

1. DOROTHEA MERZ

Dorothea Merz ist die 'vernünfige' Frau, die die Unterwerfung unter
männlich-väterliche Gesetzmäßigkeiten durch eigenes ideologisieren-
des Zutun stabilisiert. Ihr Aufbruch in das 'schöne wahre Leben' einer
bürgerlichen Hausfrau gerät unter dem kulturellen Signum des unkri-
tisch auf den harmonisierenden 'Schein der Humanität' verpflichteten
Frauenideals des 'schönen Eigentums', das seinen "Kultureinfluß"[507]
als gesellschaftliche Aufgabe erfüllt, zur Stillstellung. Sie repräsentiert
das Frauenbild der "Richtigen"[508]. Für sie bedeutet richtiges Leben
ein Leben in Unterstützung des 'richtigen' Mannes, an den sie die
Verantwortung für ihr Leben delegiert; Dorothea Merz erfährt Krankheit und Tod des 'Richtigen', ihre Wünsche nach Anerkennung und
ihre Bitten um Welterklärung bleiben unerfüllt. Dorothea hält mehrere
Katastrophen aus, sie überlebt marginal und unentbehrlich. Als gesellschaftliche Randfigur mit familiärer Macht ausgestattet, findet sie
weder Anerkennung noch Selbstachtung. Im Imago der senti-

---

[506] Vgl. Honegger 1991.

[507] Programmatik des Allgemeinen Deutschen Frauenvereins von 1905, in:
Helene Lange: Die Frauenbewegung in ihren modernen Problemen. Leipzig
1914, S.134.

[508] Vgl. Rühle-Gerstel (1932), S.115- 119.

mentalischen Naiven[509] ist ihre Geschichte ein Katastrophenbericht über die Folgen der "psychischen Zurichtung der Frauen als einer Person ohne Ich."[510] Sie ist der Typus der 'unbestimmten Frau', der 'Femme indéfinie', begleitet von der ständigen Frage, wer bin ich, die keine Antwort findet. Eskapismus und Konformismus springen häufig ein, wo in kritischen Situationen Reflexion und Realitätssinn Platz greifen könnten.
Dorst/Ehler gestalten den Zusammenbruch des weiblichen Paradigmas der mütterlich-idealistischen Frau rührend, komisch und grotesk. Entsprechend Dorsts Aussage: "Und im übrigen: Was ist privat, was ist politisch? Vier Personen, die in ihren Beziehungen zueinander gefangen sind: die Familie, die bürgerliche Familie, die große bürgerliche Illusion, das ist doch ganz gewiß auch ein politisches Thema hier bei uns"[511], wird deutlich, "daß dieser Kulturcharakter ein historisches Produkt ist, hervorgegangen aus der Einschließung des Weibes in die häusliche Sphäre."[512] Das Paradigma der Humanität gewährleistenden und Mitgefühl gewährenden Frau wird verkehrt zum Paradigma der Mitgefühl heischenden Frau.
Aufgrund Dorothea Merzens konstitutiver Unbestimmheit zeigt ihre Geschichte trotz kulturell normierter Starrheit auch Lebensmomente von bedingungsloser Offenheit für Geschehnisse jenseits internalisierter illusionärer Vorstellungen. Mit der Schriftstellerin Brigitte Kronauer können Dorotheas Bereitschaft zu schutzloser Offenheit, oder Ausgeliefertsein, und ihre Scheu vor formender Gestaltung, oder Bemächtigungswillen, als mögliche sprachliche Ausdrucksweisen von weiblichen Haltungen gelten. "Möglichst bedingungslose Auslieferung an die Welt und formende Bemächtigung, gewaltsame Besitznahme derselben - nach einer konventionellen Verabredung könnte man von einer weiblichen und einer männlichen Haltung sprechen."[513] Auch

---

[509] Vgl. Jäger 1975, S. 3 f.

[510] Duden 1977, S. 125.

[511] Neun Antworten auf neun Fragen, in: ARD, Fernsehspiel, April Mai Juni 1977, S. 140-143.

[512] Duden 1977, S. 138.

[513] Brigitte Kronauer: Literatur, Männer und Frauen, in: Konkret Nr. 11. Hamburg 1990, S. 60; vgl. auch: Barbara Sichtermann: "Von einem Silbermesser zerteilt - ". Über die Schwierigkeit für Frauen, Objekte zu bilden, in: Barbara Sichtermann: Weiblichkeit. Zur Politik des Privaten. Berlin 1983, S.

wenn Dorothea Merz nach einem langen Leben persönlich als Bankrotteuse dasteht bzw. davonläuft, ist sie für Ehemann und Söhne als Frauenfigur, "auf der man natürlich besser hausen kann, wie ein Pilz auf einem Nährboden"[514], komfortabler als aktive, kritische und gestaltungswillige Frauenfiguren.

2. ANNA FALK

Anna Falk widerspricht der Subordinationsthese in Worten und Taten. Als Nachfolgerin des Kulturtypus der 'Gelehrten'[515] aus der Anfangsperiode der Aufklärung vertritt sie in der Weimarer Zeit utopisch-moralische Überzeugungen der Lebensreformbewegung. Sie bedient sich nicht des 'Scheins der Humanität', um Autonomie zu gewinnen, sondern entwickelt als 'Gelehrte' ihre Überzeugungen entsprechend der erworbenen Bildung. Zwei zentrale Merkmale kennzeichnen Anna Falk als Devianzfigur gegenüber der konventionellen Dorothea Merz: sie hat als Berufstätige und alleinerziehende ledige Mutter keine weibliche 'Normalbiographie', und sie weist keine typisch weiblichen Eigenarten auf. Ihr erster Aufbruch in die abstrakte Vorstellungswelt einer Gemeinschaft 'freier Menschen' kommt inmitten dörflicher Zwänge im utopischen Mutter-Tochter-Idyll zum relativen Stillstand. Ein zweiter konkreter Aufbruch in eine 'paradiesische' Siedlungshütte scheitert zum einen aufgrund der Geschlechterfolge, der naturgegebenen Trennungsgeschichte von Mutter und Tochter, und zum anderen aufgrund gesellschaftlicher Verleumdung und Verfolgung von Anna Falk als Frau, deren Engagement für eine soziale Reformbewegung, die die Praxis 'freier Liebe' einschließt, in der vorfaschistischen Weimarer Republik nicht geduldet wird.

3. ELSA BERGK

Elsa Bergk entspricht der subordinatorischen Geschlechterbeziehung, aber unter Protest. Die Figur gehört zum Typus der 'unverstandenen Frau'[516] und ist in *Die Villa* besonders gekennzeichnet durch

---

70-80, S. 71 ff., wo 'weibliches Unvermögen' als Unfähigkeit zu Gestaltung überhaupt, zu Objektbildung im allgemeinsten Sinn definiert wird.

[514] "Auf Dorothea kann man natürlich besser hausen", S. VIII.

[515] Vgl. Bovenschen 1979.

[516] Vgl. Klingler 1986.

'Schwindel', die Ausschaltung des Bewußtseins, und Formen von ästhetischer und erotischer Maskerade; Dorst/Ehler zeigen sie als eine
um sich selbst Kreisende, deren Revolten und Ausbruchsversuche aus
dem Käfig der Ehe scheitern. Die Heldin in *Die Villa* ist eine moderne Version des Emma-Bovary-Ty-
pus, bestimmt dazu, einem Weg ästhetischer Illusionen zu folgen.
Unbescheidenheit und Utopismus sind Kennzeichen ihrer Aufbruchstimmung, in der ihr zwar private ästhetische Selbstdarstellungsfor-
men, aber keine Umsetzungen eigener Vorstellungen im Bereich öffentlicher Strukturen, also die Gestaltung oder Inbesitznahme äußerer
Realität gelingt. "Mme Bovary kann sich nicht artikulieren, weil das
Imaginäre, an das sie fixiert ist, irreal, unbescheiden und utopisch
ist."[517] Mit Fixierung bezeichnet Prokop die festgelegte, d.h. unbedingte und unveränderliche Bindung an imaginäre Vorstellungen, so
daß in der Phase der Desillusionierung, wie Heinrichs Liebesverrat, ein
Abschied von der zerbrochenen Vorstellung unmöglich ist, vielmehr
mit der Zerstörung der Illusion die Zerstörung der Person einhergeht,
die Stillstellung im Tod. Die Fixierung an das Imaginäre kennzeichnet
die "Dummheit" von Elsa Bergk wie von Emma Bovary: es ist der
"Wille einer Lernunfähigen, die Realität möge ihren Wünschen gehor-
chen."[518] Ungeachtet der wohlfeilen Ansicht, der Illusionen pflegen-
den Müßiggängerin sei nur durch Arbeit zu helfen, - "Sie würde Hohn
oder Mitleid ernten, auf jeden Fall die Aufforderung, von unfruchtba-
ren Träumen zu lassen, sich zu beschäftigen, mehr zu arbeiten"[519] -
repräsentiert diese ästhetisch definierte Figur der unmittelbaren Nachkriegszeit ein gesellschaftlich bedingtes Bedürfnis nach Schönheit und
nach Freiheit von Mühsal und Arbeit, das in weiblichen Figuren wie
Emma Bovary und Elsa Bergk als Mangelzeichen seinen Anspruch behauptet.

4. KLARA FALK

Klara Falk nimmt eine Sonderrolle ein, indem sie durch ihre Berufstätigkeit zwar eine gewisse Unabhängigkeit erreicht, zugleich aber in
eine Art Unterwerfungsarrangement mit ihrer Umgebung, vom Arbeit-

---

[517] Prokop 1976, S. 185.
[518] Ebd. 185 f.
[519] Ebd. S. 185.

geber, der Schulbehörde, bis zur Freundschaft mit der dominanten Dorothea Merz, gerät. Sie nimmt dennoch ihr kleines beschädigtes Leben in Besitz: wenn sie ihre gesamte Habe nach der Pensionierung in den jederzeit verfügbaren wärmenden Pelzmantel umwandelt, so ist das ein Symbol für die Frau, die - im eigenen Mantel - bei sich zu Hause ist.

Die schmerzensreiche Frauenfigur der Klara Falk hat im Wechselspiel zwischen gescheiterter mütterlicher Freiheitsemphase und konventionellen dörflichen Ketten eine individualistische Lösung gefunden. Ohne Anspruch auf gestaltenden Einfluß pflegt sie im Schutz schicklicher Anpassung ihre individuellen Gewohnheiten.

6.2 DESILLUSIONIERUNG UND REICHTUM DES REALEN

Kehren wir zurück zum eingangs gezeigten Skeptizismus Dorst/Ehlers gegenüber allzu großen Erwartungen, die in das menschlich-kulturelle Vorstellungsvermögen gesetzt werden. Jede emphatisch-positive Konnotation relativiert Dorst: "Die Erde ist ein wüstes Land, über das ein dünner Teppich von Zivilisation, Moral, Konvention gezogen ist, und wenn der weg ist < ... > dann findet sich darunter wieder das wüste Land, das Nichts, der Felsen, der Stein."[520] Überlegungen Winnicotts können das unausgesprochene subjektive Moment des Dorstschen Bildes ergänzen, das als menschliche Kreatürlichkeit oder Natur in der Metapher vom Felsgestein verborgen ist und in den Stücken beständig thematisiert wird. Gemäß psychologischen Forschungen Winnicotts sind illusorische Erfahrungen die Bedingungen von Realitätskompetenz und nicht etwa ihr Gegensatz. Auch die anhand der Mme-Bovary-Figur von Kingler entwickelte typisch weibliche Oppositionsstruktur 'Illusionsbildung versus Realitätskompetenz' kann differenziert werden, wenn die Eckpunkte der Oppositionsbildung kritisch reflektiert werden. Winnicott beschreibt jede Art kultureller Erfahrungen als "illusorische Erfahrungen, die das Subjekt in einer Art 'Schutzzone' frei von Realitätsdruck machen kann - in einem Niemandsland zwischen Ich und Nicht-Ich. Von außen < ... > gesehen, lebt das Subjekt in diesem Feld in einem produktiven Zustand perma-

---

[520] Hans-Joachim Ruckhäberle: "Die Erde ist ein wüstes Land". Gedanken zur Konzeption der Tankred-Dorst-Austellung, in: Bekes 1991, S. 90.

nenter *Illusionsbildung*."[521] Dorsts Bekenntnis zur kreativen Kraft der 'Irrtümer' künstlerischer Arbeit entspricht diesem Subjektverständnis: "Kunst bezieht ja seine ins Leben wirkende Kraft aus produktiven Irrtümern solange 'bis der gefundne Tod uns frei vom Irren macht'."[522] Unter inhaltlichem sozialphilosophischen Aspekt geht es gemäß Winnicotts Subjektbegriff bei den Frauenfiguren Dorothea Merz, Anna Falk, Klara Falk und Elsa Bergk nicht um die Beschränkung oder gar Abwertung illusionärer Aktivitäten, sondern um angemessene Handhabungen von Illusionen. "Es ist der Ort jener kreativen Aktivitäten, die an der fortwährenden individuellen und kollektiven Bildung von Subjektivität beteiligt sind."[523] Die Frauenfiguren der *Deutschen Stücke* scheitern zwar überwiegend an der Konstitution angemessener Grenzen bei der Bildung ihrer Subjektivität. Im Anschluß an den gezeigten historischen Ausschluß von Frauen aus öffentlichen Realitätsräumen ist es jedoch widersinnig, ihnen Illusionen zu versperren. Sinn es macht vielmehr, ihnen Realitätsräume zu öffnen, um eine förderliche Selbstkonstitution zu ermöglichen. "Es geht um das, was ins eigene Selbst aufgenommen oder ausgegrenzt wird, also um die *schöpferische Konstitution* der eigenen Grenzen."[524] Die gezeigten Frauenfiguren der *Deutschen Stücke* sind hervorragende Illusionsbildnerinnen, Expertinnen auf den Gebieten idealisiernder, utopistischer und ästhetisierender Illusionsbildung; Dorst/Ehler enthüllen jedoch den stereotypen Charakter der zugrundeliegenden kulturellen Weiblichkeitsbilder, der den Frauenfiguren Akte kreativer Freiheit[525] versperrt. "Die Kraft, die aus Illusionen stammt, ist eine elende Krücke, deren Gebrauch nur in der Verzweiflung und Selbstverachtung endet."[526] Diese Warnung der Frauenforscherin Thürmer-Rohr an die seit Jahrhunderten mit illusionären Phantasien erzogenen Frauen scheint direkt

---

[521] Schwab 1982, S. 71.

[522] Dorst: Phantasie über ein verlorengegangenes Theaterstück von Georg Büchner, 1991, S. 130; der grammatisch unklare Bezug von "seine" kann in "ihre" <die Kunst> geändert werden. (Auskunft von Tankred Dorst); Zitat des Gryphius-Gedichts vgl. Auf dem Chimborazo, Motto S. 555.

[523] Schwab 1982, S. 65.

[524] Ebd. S. 72.

[525] Vgl Jean-Paul Sartre: L`imaginaire. Paris 1940, S. 161 ff. 228 ff. zit. in: Historisches Wörterbuch der Philosophie 1976, S. 220.

[526] Thürmer-Rohr 1987, S. 55.

an die gezeigten Frauenfiguren der *Deutschen Stücke* adressiert zu sein. Gegen diesen verständlichen Rigorismus wendet sich die Überlegung, daß die traditionell in Phantasie-Nischen gelockten Frauen zwar Illusionierungen mißtrauen - wie gebrannte Kinder das Feuer scheuen -, aber nur traumatisierte Über-Ängstliche sich freiwillig der kreativen Möglichkeiten allgemein berauben werden, die mit der Dimension von Illusionen verbunden sind. Anstelle eines Plädoyers für kreative Enthaltsamkeit enthalten die dargestellten Weiblichkeitsbilder ein Plädoyer für den eigennützigen und eigenverantwortlichen Gebrauch aller weiblichen Fähigkeiten.

Die Akzeptanz eines schöpferischen konfliktreichen inneren Selbst, die Fähigkeit, offene Fragen und offene Antworten zur widersprüchlichen Existenzform der eigenen weiblichen Person zuzulassen, bildete eine günstige Voraussetzung für kreatives Handeln weiblicher Figuren. Sie wären dann in der Lage, "das Unversöhnbare und den Widerspruch als Reichtum des Realen"[527] zu lesen. Daran, daß sie in ihren kulturell geprägten Handlungsfeldern keine kreative Subjektivität zu entwickeln vermögen, leiden oder scheitern die Frauenfiguren der *Deutschen Stücke*. Ihre von Unwahrhaftigkeiten bestimmten Illusionen verweisen auf mangelnde Authentizität[528] als den Fluchtpunkt aller *Deutschen Stücke*. Dargelegt wird, daß es den Frauenfiguren unmöglich ist, ein wahrhaftiges 'Eigenes' zu finden innerhalb eines Kultursystems, "auf dem das Siegel der Nicht-Authentizität liegt".[529] Nur in Momenten werden Bilder 'primitiver' Formen von Gemeinschaft sichtbar, die aufgrund von konkretem lebendigen Kontakt der Personen, sozialer Dichte des Austauschs und Unmittelbarkeit in Beziehungen "*Ebenen* der Authentizität"[530] genannt werden können. Die Hoffnung auf Authentizität inmitten inauthentischer Lebenswirklichkeiten, die tradierten Weiblichkeitsbildern inhärent ist, enthalten die Weiblichkeitsbilder der *Deutschen Stücken* nicht. Im Sprachspiel kann der Beitrag der *Deutschen Stücke* zu modernen Bildern von Weiblichkeit *die*

---

[527] Wysocki 1982, S. 14.

[528] Claude Lévi-Strauss: Strukturale Anthropologie. Frankfurt/M. 1971, S. 391 ff.

[529] Ebd. S. 394.

[530] Ebd. S. 393.

Dekuvrierung des Parts der 'Aparten'[531] genannt werden. Formen der Mystifizierung von Weiblichkeit, die die Frauenfiguren sowohl erfahren als auch selber herstellen, bedeuten Isolation, Verzweiflung und Zerstörung; die Frauenfiguren sind Inbilder des Jammers statt der Hoffnung. Während vom Realismus über die klassische Moderne bis heute in idealisierenden Weiblichkeitsbildern gesellschaftliche Authentizitätssuche aufgehoben scheint, enthüllen Dorst/Ehler moderne Bilder von Weiblichkeit, die die noch ausstehende 'Einbürgerung des Weiblichen in die Realität'[532] nahelegen.

---

[531] Vgl. Brackert/Schuller zu Fontanes Roman Effi Briest, 1981.

[532] Analog zu Silvia Bovenschens Formulierung der "Ausbürgerung" des Weiblichen aus der Realität, Bovenschen 1979, S. 264.

LITERATUR

Abkürzungszeichen:

C   Auf dem Chimborazo
D   Dorothea Merz
HoSch   Heinrich oder die Schmerzen der Phantasie
K   Klaras Mutter
V   Die Villa
(Alle in: Dorst, Tankred: Deutsche Stücke. Mitarbeit Ursula Ehler.
Werkausgabe 1. Frankfurt/M. 1985.)
P   Herr Paul
(Dorst, Tankred: Herr Paul. Ein Stück. Mitarbeit Ursula Ehler. Frankfurt
1993.)

I. Literatur von Tankred Dorst und Ursula Ehler

Dorst, Tankred: Nachwort zu "Große Schmährede an der Stadtmauer", Drei Stücke. Köln 1962, in: Ders.: Werkausgabe 3. Frankfurt 1986, S. 212-216.

Dorst, Tankred: Arbeit an einem Stück, in: Spectaculum 11. Frankfurt/M. 1968, S. 328-333.

Dorst, Tankred: Eine deutsche Geschichte, in: Westdeutscher Rundfunk: Fernsehspiele. Januar-Juni 1976, S. 142 f.

Dorst, Tankred: Selbstvorstellung als neues Mitglied, in: Deutsche Akademie für Sprache und Dichtung: Jahrbuch 1978, 1. Lieferung. Heidelberg 1978, S. 115-118.

Dorst, Tankred: Stücke 1. Frankfurt/M. 1978.

Dorst, Tankred: Stücke 2. Frankfurt/M. 1979

Dorst, Tankred: Deutsche Stücke. Mitarbeit Ursula Ehler. Werkausgabe 1. Frankfurt/M. 1985.

Dorst, Tankred: Merlin oder das wüste Land. Mitarbeit Ursula Ehler. Werkausgabe 2. Frankfurt/M. 1985.

Dorst, Tankred: Frühe Stücke. Werkausgabe 3. Frankfurt 1986.

Dorst, Tankred: Politische Stücke. Werkausgabe 4. Frankfurt 1987.

Dorst, Tankred: Wie im Leben wie im Traum und andere Stücke. Mitarbeit Ursula Ehler. Werkausgabe 5. Frankfurt 1990.

Dorst, Tankred: Phantasie über ein verlorengegangenes Theaterstück von Georg Büchner. Dankrede zum Büchnerpreis von 1990, in: Deutsche Akademie für Sprache und Dichtung: Jahrbuch 1990. Darmstadt 1991, S.121-130; (= Ders.: Pietro Aretino oder Die Fragwürdigkeit der Kunst. in: Peter Bekes: Tankred Dorst. Bilder und Dokumente. Katalog zur Ausstellung. München 1991, S. 79-87).

Dorst, Tankred: Herr Paul. Ein Stück. Mitarbeit Ursula Ehler. Frankfurt 1993.

II. Literatur mit Tankred Dorst und Ursula Ehler

Auskünfte von und über Tankred Dorst. Hg. von Markus Desaga u.a., Fußnoten aus dem Arbeitsbereich der neueren deutschen Literaturwissenschaft an der Universität Bamberg Nr. 22. Hg. von Wulf Segebrecht. Bamberg 1991.

"Das kann doch nur Shakespeare erfunden haben." Gespräch mit Tankred Dorst von Peter Rüedi, in: Die Weltwoche. Zürich 15-03-1990.

"Deshalb schreibt man auch so ungern, ich jedenfalls." Tankred Dorst im Gespräch mit Rudolf Vogel, (Bayerischer Rundfunk, 23-11-1973), in: Horst Laube: Werkbuch über Tankred Dorst, Frankfurt/M. 1974, S. 206-221.

"Dinge, die man im Theater leider nicht machen kann." Tankred Dorst und Peter Zadek unterhalten sich über "Rotmord", in: Horst Laube (Hg.): Werkbuch über Tankred Dorst. Frankfurt/M. 1974, S.159-167.

"Dorothea - eine Frau, die nichts lernt". Ein Gespräch mit dem Autor Tankred Dorst, geführt von Thomas Thieringer, in: Süddeutsche Zeitung. München 25-05-1976.

Jede Figur hat ihre eigene Wahrheit. Aus Gesprächen zwischen Tankred Dorst, dem Herausgeber Horst Laube und dem Regisseur Peter Palitzsch, Januar 1974, in: Horst Laube (Hg.): Werkbuch über Tankred Dorst, Frankfurt 1974, S. 60-77.

"Durch Mitleid wissen...". Judith Kuckart und Jörg Aufenanger im Gespräch mit Tankred Dorst, anläßlich des Abschlusses der dramatischen Merz-Trilogie, in: Theater Heute 8/85. Seelze 1985, S. 37-41.

"Ein Zeilenteppich der Imagination". Ein Gespräch über den "Verbotenen Garten" zwischen Tankred Dorst und Anke Roeder, in: Günther Erken (Hg.): Tankred Dorst. Suhrkamp Taschenbuch Materialien. Frankfurt 1989, S. 307-316.

"Ich bin eine merkwürdige Existenz". Interview mit Ursula Ehler, der Mitarbeiterin Tankred Dorsts, von C. Bernd Sucher, in: Süddeutsche Zeitung. München 22-09-1991.

Katz, Anne Rose: Ein Schriftsteller, dem es die Frauen angetan haben, in: Abendzeitung. München 15-07-1978.

Sucher, C. Bernd: Ein Film: das ist eine Erzählung mit neuen Zeichen. Ergebnisse eines Gesprächs mit dem Buch- und Filmautor Tankred Dorst, in: Der Deutschunterricht 33.4. Stuttgart 1981, S. 76- 82.

III. Literatur über Tankred Dorst und Ursula Ehler

Bauschmid, Elisabeth: Perfide Courths-Mahler-Harmonie, in: Süddeutsche Zeitung. München 28-5-1976.

Becker, Peter von: Zeitgenosse an König Artus' Hof. Ein Nachwort zu Tankred Dorsts "Merlin", in: Tankred Dorst: Merlin oder das wüste Land. Mitarbeit Ursula Ehler. Werkausgabe 2. Frankfurt/M. 1985, S. 305-311.

Bekes, Peter: Tankred Dorst. Bilder und Dokumente. Katalog zur Ausstellung. München 1991.

Erken, Günther: Nachwort, in: Tankred Dorst: Deutsche Stücke. Werkausgabe 1. Frankfurt/M. 1985, S. 601-612.

Ders.(Hg.): Tankred Dorst. Suhrkamp Taschenbuch Materialien. Frankfurt/M. 1989.

Giles, Steve: The Anxiety of Influence - Tankred Dorst`s `Deutsche Stücke`, in: W.G. Sebald (Hg.): A Radical Stage. Theatre in Germany in the 1970s and 1980s. Oxford/New York/Hamburg 1988, S. 64-76.

Hensel, Georg: Mythen, Märchen, Gegenwart, in: Tankred Dorst: Wie im Leben wie im Traum und andere Stücke. Mitarbeit Ursula Ehler. Werkausgabe 5. Frankfurt/M. 1990, S. 435-444.

Ders.: "Süchtig nach wirklichen Menschen". Laudatio auf Tankred Dorst, in: Deutsche Akademie für Sprache und Dichtung: Jahrbuch 1990. Darmstadt 1991, S. 114-120.

Ders.: Tage und Tagträume aus jener Zeit, in: Theater Heute 8/85. Seelze 1985, S. 34-36.

Hurst, Heike: Die Bilder des Stückeschreibers, in: Günther Erken (Hg.): Tankred Dorst. Suhrkamp Taschenbuch Materialien. Frankfurt/M. 1989, S. 300-306.

Kipphoff, Petra: Deutsche Bilder, in: Die Zeit. Hamburg 10-03-1978.

Krapp, Helmut: Tankred Dorst oder die leise Radikalität, in: Günther Erken (Hg.): Tankred Dorst. Suhrkamp Taschenbuch Materialien. Frankfurt/M. 1989, S. 384-397.

Krüger, Michael: Deutsche Auflösung, in: Süddeutsche Zeitung. München, 10-07-1976.

Laube, Horst (Hg.): Werkbuch über Tankred Dorst. Frankfurt/M. 1974.

Mensching, Gerhard: Nachwort, in: Tankred Dorst Stücke 1. Frankfurt/M. 1978, S. 403-407.

Paul, Wolfgang : Utopie, in: Tagesspiegel. Berlin 17-03-1978.

Prümm, Karl: Das Buch nach dem Film. Multimediales Schreiben bei Tankred Dorst, in: Günther Erken (Hg.): Tankred Dorst. Suhrkamp Taschenbuch Materialien. Frankfurt/M. 1989, S. 291-299.

Ruf, Wolfgang: Schillernde Bilder aus deutschen Zeiten. In: Deutsches Allgemeines Sonntagsblatt. Hamburg 05-10-1980.

Schattenhofer, Monika: Eine Modellwirklichkeit. Literarisches Theater der 50er und 60er Jahre. Tankred Dorst schreibt "Toller". Frankfurt/M. 1985.

Schwab, Hans-Rüdiger: Vexierbilder des Ich oder "...das ist die normale Geschichte der Menschheit". Zu Tankred Dorsts "Politischen Stücken" 1968-1977, in: Tankred Dorst: Politische Stücke. Werkausgabe 4. Frankfurt/M. 1987, S. 417-430.

Vestli, Elin Nesje: Tankred Dorst: Deutsche Stücke. Die Problematik von Schein und Sein. Germanistische Hauptfacharbeit Universität Oslo 1987, Manuskript.

IV. Allgemeine Literatur

Adorno, Theodor W.: Minima Moralia. Frankfurt/M. 1969.

Andreas-Salomé, Lou: Was daraus folgt, daß es nicht die Frau gewesen ist, die den Vater totgeschlagen hat, (in: Almanach des internationalen psychoanalytischen Verlages, Bd. 3, Wien 1928, S. 25-30) in: Lou Andreas-Salomé: Das 'zweideutige' Lächeln der Erotik. Freiburg 1990, S. 237-242).

Annerl, Charlotte: Das neuzeitliche Geschlechterverhältnis. Frankfurt/M. 1991.

Baader, Meike: Unschuldsrituale in der Frauenforschung zum Nationalsozialismus, in: Babylon. Beiträge zur jüdischen Gegenwart, Heft 9/91. Frankfurt/M. 1991, S. 140-145.

Balk, Claudia: Theatergöttinnen. Inszenierte Weiblichkeit. Frankfurt/M. 1994.

Bäumer, Gertrud: Gestalt und Wandel. Frauenbildnisse. Berlin 1939.

Baumgart, Reinhard : Betrogene Betrüger. Zu Thomas Manns letzter Erzählung und ihrer Vorgeschichte, in: Thomas Mann, hg. von Heinz Ludwig Arnold, edition text und kritik. Frankfurt/M. 1982, S. 123-131.

243

Ders.: Glücksgeist und Jammerseele. Über Leben und Schreiben, Vernunft und Literatur. München 1986.

Beauvoir, Simone de: Das andere Geschlecht. Sitte und Sexus der Frau. Reinbek 1968.

Becker-Fischer, Monika und Becker, Gottfried: Emma Bovary - eine Männerphantasie, in: Freiburger literaturpsychologische Gespräche Bd. 12. Würzburg 1993, S. 135-166.

Becker-Cantarino, Barbara: Priesterin und Lichtbringerin. Zur Ideologie des weiblichen Charakters in der Frühromantik, in: Wolfgang Paulsen (Hg.): Die Frau als Heldin und Autorin. Bern/München 1979, S. 111-124.

Dies: Der lange Weg zur Mündigkeit. Frau und Literatur (1500-1800) Stuttgart 1887.

Benjamin, Jessica: Die Fesseln der Liebe. Psychoanalyse, Feminismus und das Problem der Macht. Frankfurt/M. 1990.

Berger, Renate und Stephan, Inge (Hg.): Weiblichkeit und Tod in der Literatur. Köln/Wien 1987.

Bloch, Ernst: Das Prinzip Hoffnung Bd. 3. Frankfurt/M. 1967.

Böger, Claudia: Die Thematisierung der Geschlechterdifferenz in der pädagogischen Semantik mit Blick auf die Konstituierung weiblicher Identität. Dissertation Universität Bayreuth 1993, Manuskript.

Bovenschen, Silvia: Die imaginierte Weiblichkeit. Exemplarische Untersuchungen zu kulturgeschichtlichen und literarischen Präsentationsformen des Weiblichen. Frankfurt/M. 1979.

Bock, Ulla: Androgynie und Feminismus. Frauenbewegung zwischen Institution und Utopie. Weinheim/Basel 1988.

Brackert, Helmut und Schuller, Marianne: Theodor Fontane, Effi Briest, in: Helmut Brackert und Jörg Stückrath (Hg.): Literaturwissenschaft. Hamburg 1981, S. 153-172.

Braun, Christina von: Die Erotik des Kunstkörpers, in: Irmgard Roebling (Hg.): Lulu, Lilith, Mona Lisa. Frauenbilder um die Jahrhundertwende. Pfaffenweiler 1988, S. 1-17.

Briegleb, Klaus und Weigel, Sigrid (Hg.): Gegenwartsliteratur seit 1968. München und Wien 1992.

Brinker-Gabler, Gisela (Hg.): Zur Psychologie der Frau. Frankfurt/M: 1978.

Canetti, Elias: Nachträge aus Hampstead. München 1994.

Craig, Gordon A.: Über die Deutschen. München 1982.

244

Dieckmann, Friedrich: Der P.E.N., die Hochregale und die Utopie, in: Freibeuter 45. Berlin 1990, S. 23-31.

Dürrenmatt, Friedrich: Theaterprobleme, in: Ders.: Theater. Essays, Gedichte und Reden. Zürich 1980, S. 31-72.

Duden, Barbara: Das schöne Eigentum. Zur Herausbildung des bürgerlichen Frauenbildes an der Wende vom 18. zum 19. Jahrhundert, in: Kursbuch Nr. 47. Berlin 1977, S. 125-140.

Eckart, Christel: Töchter in der "vaterlosen Gesellschaft". Das Vorbild des Vaters als Sackgasse zur Autonomie, in: Carol Hagemann-White und Maria S. Rerrich (Hg.): FrauenMännerBilder. Bielefeld 1988, S. 170-192.

Ehrich-Haefeli, Verena: Zur Genese der bürgerlichen Konzeption der Frau: der psychohistorische Stellenwert von Rousseaus Sophie, in: Freiburger literaturpsychologische Gespräche Bd. 12. Würzburg 1993, S. 89-134.

Film - Hochzeit der Künste. Symposion in Düsseldorf 1991, in: Frankfurter Allgemeine Zeitung. Frankfurt/M. 11-12-91.

Flaubert, Gustave: Madame Bovary. Frankfurt/M. 1976.

Frecot, Janos u.a.: Fidus 1868-1948. Zur ästhetischen Praxis bürgerlicher Fluchtbewegungen. München 1972.

Ders.: Von der Weltstadt zur Kiefernheide, oder: Die Flucht aus der Bürgerlichkeit, in: Berlin um 1900. Katalog der Ausstellung der Berlinischen Galerie u.a. Berlin 1984, S. 420-438.

Friday, Nancy: Wie meine Mutter. München 1979.

Frommel, Monika: Männliche Gerechtigkeitsmathematik versus weiblicher Kontextualismus?, in: Archiv für Rechts- und Sozialphilosophie, Beiheft 44. Stuttgart 1991, S. 82-95.

Gilligan, Carol: Die andere Stimme. Lebenskonflikte und die Moral der Frau. (In a different voice 1982) München/Zürich 1984 .

Gräßel, Ulrike: Sprachverhalten und Geschlecht. Eine empirische Studie zu geschlechtsspezifischem Sprachverhalten in Fernsehdiskussionen. Pfaffenweiler 1991.

Graevenitz, Antje von: Hütten und Tempel: Zur Mission der Selbstbesinnung, in: Monte Verità. Berg der Wahrheit. Ausstellungskatalog Museum Villa Stuck München. Milano 1980, S. 85-98.

Gravenhorst, Lerke und Tatschmurat, Carmen (Hg.): TöchterFragen. NS-Frauengeschichte. (Sammelband zur Tagung feministischer Sozialwissenschaftlerinnen zum Thema "Beteiligung und Widerstand", Januar 1990) Freiburg 1990.

Grimm, Reinhold: Von der Armut und vom Regen. Rilkes Antwort auf die soziale Frage. Königstein 1981.

Grimm, Reinhold und Hermand, Jost (Hg.): Deutsches utopisches Denken im 20. Jahrhundert. Stuttgart 1974.

Gürtler, Sabine: Gleichheit, Differenz, Alterität, in: Feministische Studien Heft 1, 1994, S. 70-83.

Gürtler, Sabine und Hanusch, Gisa: Tischgesellschaften und Tischszenen in der Romantik, in: Athenäum. Jahrbuch für Romantik 2. Jg.. Paderborn/München/Wien/Zürich 1992, S. 223-241.

Hacker, Friedrich: Aggression. Die Brutalisierung unserer Welt. Frankfurt/M. 1988.

Härtling, Peter: Eine Frau. Darmstadt 1974.

Hagemann-White, Carol: Was heißt weiblich denken? Osnabrück 1989.

Hausen, Karin: Die Polarisierung der Geschlechtscharaktere, in: Heidi Rosenbaum (Hg.): Seminar: Familie und Gesellschaftsstruktur. Frankfurt/M. 1978, S. 161-191.

Dies.: Überlegungen zum geschlechtsspezifischen Strukturwandel der Öffentlichkeit, in: Ute Gerhard u.a.(Hg.): Differenz und Gleichheit. Frankfurt/M. 1990, S 268-282.

Haushofer, Marlen: Wir töten Stella, (1958) in: Dies.: Wir töten Stella und andere Erzählungen. München 1990, S. 53-101.

Heinrich, Klaus: Das Floß der Medusa, in: Renate Schlesier (Hg.): Faszination des Mythos. Studien zu antiken und modernen Interpretationen. Basel/Frankfurt/M. 1985, S. 335-398.

Heller, Erich: Thomas Mann: Buddenbrooks, in: Deutsche Romane von Grimmelshausen bis Musil. Frankfurt/M. 1966, S. 230-269.

Hermand, Jost: Die Kultur der Bundesrepublik Deutschland 1965-85. München 1988.

Ders.: Von der Notwendigkeit utopischen Denkens, in: Reinhold Grimm und Jost Hermand (Hg.): Deutsches utopisches Denken im 20. Jahrhundert. Stuttgart 1974, S. 10-29.

Hilmes, Carola: Die Femme Fatale. Ein Weiblichkeitstypus in der nachromantischen Literatur. Stuttgart 1990.

Historisches Wörterbuch der Philosophie Bd.2: D - F, hg. von Joachim Ritter. Basel/Stuttgart 1972.

Historisches Wörterbuch der Philosophie Bd.4: I - K, hg. von Joachim Ritter und Karlfried Gründer. Basel/Stuttgart 1976.

Hoff, Dagmar von und Meise, Helga: Tableaux vivants - Die Kunst- und Kultform der Attitüden und lebenden Bilder, in: Renate Berger/Inge Stephan (Hg.): Weiblichkeit und Tod in der Literatur. Köln/Wien 1987, S. 69-86.

Honegger, Claudia: Die Hexen der Neuzeit. Analysen zur Anderen Seite der okzidentalen Rationalisierung, in: Dies. (Hg.): Die Hexen der Neuzeit. Zur Sozialgeschichte eines kulturellen Deutungsmusters. Frankfurt/M. 1978, S. 21- 151.

Dies.: Die Ordnung der Geschlechter. Die Wissenschaft vom Menschen und das Weib. Frankfurt/M./New York 1991.

Jäger, Hella: Naivität. Eine kritisch-utopische Kategorie in der bürgerlichen Literatur und Ästhetik des 18. Jahrhunderts. Kronberg/Ts. 1975.

James, Susan: The good-enough citizen: female citizenship and independence, in: Gisela Bock and Susan James (Hg.): Beyond Equality and Difference. London and New York 1992, S. 48-65.

Jauch, Ursula Pia: Immauel Kant zur Geschlechterdifferenz. Wien 1988.

Kaplan, Louise J.: Weibliche Perversionen. Von befleckter Unschuld und verweigerter Unterwerfung. Hamburg 1991.

Keßler, Susanne: Die Egozentrik der undefinierten Frau. Zu Marie Luise Kaschnitz' Roman 'Das Haus der Kindheit', in: Uwe Schweikert (Hg.): Marie Luise Kaschnitz, S. 78 ff.

Klingler, Bettina: Emma Bovary und ihre Schwestern. Die unverstandene Frau: Variationen eines literarischen Typus von Balzac bis Thomas Mann. Rheinbach-Merzbach 1986.

Kluge, Friedrich: Etymologisches Wörterbuch der deutschen Sprache, bearb. von Walther Mitzka. Berlin 1963.

Koonz, Claudia: Mütter im Vaterland. Frauen im Dritten Reich. (Aus dem Amerikanischen von Cornelia Holfelder von der Tann.) Freiburg 1991.

Krabbe, Wolfgang R.: Gesellschaftsreform durch Lebensreform. Strukturmerkmale einer sozialreformerischen Bewegung im Deutschland der Industrialisierungsperiode. Göttingen 1974.

Krause, Christiane: 'Hetärismus' und 'Freie Liebe' gegen 'Bürgerliche Verbesserung': Franziska zu Reventlow in den "Züricher Diskußionen", in: Irmgard Roebling (Hg.): Lulu, Lilith, Mona Lisa. Frauenbilder um die Jahrhundertwende. Pfaffenweiler 1988, S. 77-98.

Kristeva, Julia: Produktivität der Frau. Interview von Elaine Boucquey, in: Essen vom Baum der Erkenntnis. Berlin 1977.

Kubitz, Maria: Thomas Manns "Die Betrogene", in: Renate Berger u. a. (Hg.): Frauen Weiblichkeit Schrift. Berlin 1985, S. 159-170.

Lämmert, Eberhard: Bauformen des Erzählens. Stuttgart 1968.

Lange, Helene: Die Frauenbewegung in ihren modernen Problemen. Leipzig 1914.

Dies.: Frauenwahlrecht (1896), in: Dies.: Kampfzeiten. Aufsätze und Reden aus vier Jahrzehnten Bd. I. Berlin 1928, S. 180-196.

Lévi-Strauss, Claude: Strukturale Anthropologie. Frankfurt/M. 1971.

Linse, Ulrich (Hg.): Zurück, o Mensch, zur Mutter Erde. Landkomunen in Deutschland 1890-1933. München 1983.

Löchel, Elfriede: "My heart belongs to Daddy", in: Fragmente 34. Kassel 1990, S. 52-61.

Dies: "Wie findet sie den Weg zum Vater?" - Geschichten zu Vater(mord) und Geschlecht, in: Riss, Zeitschrift für Psychoanalyse, 18. Zürich 1991, S. 5- 31.

Loewald, Hans W.: Das Dahinschwinden des Ödipuskomplexes, in: Ders.: Psychoanalytische Aufsätze aus den Jahren 1951-1979. Stuttgart 1986, S. 377-400.

Lorenzer, Alfred: Tiefenhermeneutische Kulturanalyse. In: Ders. (Hg.): Kultur-Analysen. Frankfurt/M. 1986, S. 11-98.

Luhmann, Niklas: Liebe als Passion. Zur Codierung von Intimität. Frankfurt/M. 1982.

Luther, Henning: Frech achtet die Liebe das Kleine. Biblische Texte in Szene setzen. Stuttgart 1991.

Mann, Thomas: Gesammelte Werke in 12 Bdn. Frankfurt/M. 1960.

Mannheim, Karl: Ideologie und Utopie. (1929) Frankfurt/M. 1969.

Matt, Peter von: Liebesverrat. Die Treulosen in der Literatur. München 1989.

Ders.: Parzival rides again. Vom Unausrottbaren in der Literatur, in: Deutsche Akademie für Sprache und Dichtung: Jahrbuch 1990. Darmstadt 1991, S. 33-41.

Hans Mayer: Das unglückliche Bewußtsein. Frankfurt/M. 1989.

Ders.: Der deutsche Roman im 19.Jahrhundert, in: Ders.: Von Lessing bis Thomas Mann. Pfullingen 1959, S. 297-316.

Ders.: Ernst Bloch, Utopie, Literatur, in: Reinhold Grimm und Jost Hermand (Hg.): Deutsches utopisches Denken im 20. Jahrhundert. Stuttgart 1974, S. 82-95.

Miller, Norbert: Mutmaßungen über lebende Bilder. Attitüde und "tableau vivant" als Anschaungsform des 19. Jahrhunderts, in: Helga de la Motte-Haber (Hg.): Das Triviale in Literatur, Musik und Bildender Kunst. Frankfurt/M. 1972, S. 106-130.

Mitscherlich, Margarete: Die friedfertige Frau. Frankfurt/M. 1987.

Mommsen, Hans: Der Nationalsozialismus und die deutsche Gesellschaft. Reinbek 1991.

Negt, Oskar und Kluge, Alexander: Öffentlichkeit und Erfahrung. Frankfurt/M. 1972.

Nordmann, Ingeborg: Alice Rühle-Gerstel. Frauen-Muster, Musterfrauen. Formenwandel weiblicher Leitlinien, in: Freibeuter 38. Berlin 1988, S. 115-127.

Nunner-Winkler, Gertrud: Weibliche Moral. Kontroverse um eine geschlechtsspezifische Ethik. Frankfurt/M. 1991.

Ohlmeier, Dieter : Editorial, in: Fragmente. Schriftenreihe zur Psychoanalyse, Heft 1, Kassel 1981.

Pieper, Annemarie: Aufstand des stillgelegten Geschlechts. Einführung in die feministische Ethik. Freiburg/Basel/Wien 1993.

Prang, Helmut: Geschichte des Lustspiels. Stuttgart 1968.

Prasse, Jutta: Die Hysterikerin und ihr Opfer, in: Gudrun Kohn-Waechter (Hg.): Schrift der Flammen. Opfermythen und Weiblichkeitsentwürfe im 20. Jahrhundert. Berlin 1991, S. 261-272.

Prokop, Ulrike: Die Sehnsucht nach der Volkseinheit. Zum Konservatismus der bürgerlichen Frauenbewegung vor 1933, in: Gabriele Dietze (Hg.): Die Überwindung der Sprachlosigkeit. Darmstadt 1979, S. 176-202.

Dies.: Weiblicher Lebenszusammenhang. Von der Beschränktheit der Strategien und der Unangemessenheit der Wünsche. Frankfurt/M. 1976.

Ranke-Graves, Robert und Patai, Raphael: Hebräische Mythologie. Reinbek 1980.

Reiche, Reimut: Triebkonflikte, sexuelle Konflikte - und ihre Masken, in: Freiburger literaturpsychologische Gespräche Bd. 10. Würzburg 1991, S. 55-75.

Riha, Karl: Abschied und Wiedersehen. Utopisches und Utopistisches beim Schlager, in: Hiltrud Gnüg (Hg.): Literarische Utopie-Entwürfe. Frankfurt/M. 1982, S. 311-324.

Roebling, Irmgard (Hg.): Lulu, Lilith, Mona Lisa. Frauenbilder um die Jahrhundertwende. Pfaffenweiler 1988.

Dies: Die Rolle der Sexualität in der Neuen Frauenbewegung und der feministischen Literaturwissenschaft. Versuch einer Bestandsaufnahme, in: Freiburger literaturpsychologische Gespräche Bd. 12. Würzburg 1993, S. 21-51.

Rossanda, Rossana: Einmischung. (Le altre, 1979) Frankfurt/M. 1983

Rühle-Gerstel, Alice: Formenwandel weiblicher Leitlinien, in: Dies: Das Frauenproblem der Gegenwart. (1932) 1972, zit. in: Ingeborg Nordmann: Alice Rühle-Gerstel. Frauen-Muster, Musterfrauen. Formenwandel weiblicher Leitlinien, in: Freibeuter 38. Berlin 1988, S. 115- 119.

Schlegel, Friedrich: Lucinde, in: Ders: Dichtungen, hg. von Hans Eichner. Kritische Friedrich-Schlegel-Ausgabe Bd. 5. München/Paderborn/Wien 1962.

Schmid, Pia: Zur Durchsetzung des bürgerlichen Weiblichkeitsentwurfs, in: Ute Gerhard u.a (Hg.): Differenz und Gleichheit. Frankfurt/M. 1990, S. 260- 265.

Schmölders, Claudia: Der Liebe ins Gesicht. Zur Physiognomie des Begehrens, in: Freiburger literaturpsychologische Gespräche Bd. 12. Würzburg 1993, S. 73-88.

Dies.: Die Kunst des Gesprächs. München 1979.

Schrimpf, Hans Joachim: Das Poetische sucht das Reale. Probleme des literarischen Realismus im 19. Jahrhundert: Zum Beispiel Gottfried Keller, in: Jutta Kolkenbrock-Netz u.a.(Hg.): Wege der Literaturwissenschaft. Bonn 1985, S. 145-162.

Schuller, Marianne: Schreiben und Erinnerung. Zu Christa Wolfs "Kindheitsmuster" und "Kein Ort. Nirgends", in: Jutta Kolkenbrock-Netz u.a. (Hg.): Wege der Literaturwissenschaft. Bonn 1985, S. 405-413.

Schwab, Gabriele: Die Subjektgenese, das Imaginäre und die poetische Sprache, in: Renate Lachmann (Hg.): Dialogizität. München 1982, S. 63-84.

Seligmann, Rafael: Rubinsteins Versteigerung. Frankfurt/M. 1989.

Sengle, Friedrich: Formen des idyllischen Menschenbildes, in: Norbert Fügen (Hg.): Wege der Literatursoziologie. Neuwied 1968, S. 177-195.

Siedler, Wolf Jobst: Das Unbegreifliche begreifen, in: Helmut Schmidt u.a.: Kindheit und Jugend unter Hitler. Berlin 1992, S. 7-18.

Simmel, Georg: Die Philosophie der Geschlechter. Das Relative und das Absolute im Geschlechter-Problem, in: Ders.: Philosophische Kultur. Leipzig (1911) 1919, S. 58-94.

Stanzel, Franz K.: Typische Formen des Romans. Göttingen 1969.

Stein, Gerd (Hg.): Femme fatale - Vamp - Blaustrumpf. Sexualität und Herrschaft. Kultfiguren und Sozialcharaktere des 19. und 20. Jahrhunderts Bd. 3. Frankfurt/M. 1984.

Stephan, Inge: "Bilder und immer wieder Bilder ...", in: Inge Stephan und Sigrid Weigel: Die verborgene Frau. Hamburg 1988, S. 15-34.

Dies: Männliche Ordnung und weibliche Erfahrung: Überlegungen zum autobiographischen Schreiben bei Marie Luise Kaschnitz, in: Dies u.a. (Hg.): Frauenliteratur ohne Tradition? Neun Autorinnenportraits. Frankfurt/M. 1987, S. 133-157.

Dies.: "So ist die Tugend ein Gespenst". Frauenbild und Tugendbegriff im bürgerlichen Trauerspiel bei Lessing und Schiller, in: Lessing Yearbook 17. Wayne State 1985, S. 1-20.

Stern, Carola: "Ich möchte mir Flügel wünschen". Das Leben der Dorothea Schlegel. Reinbek 1990.

Thoreau, Henry D.: Walden oder das Leben in den Wäldern. (Walden or Life in the Woods 1854) Zürich 1979.

Thürmer-Rohr, Christina: Aus Täuschung wird Enttäuschung. Zur Mittäterschaft von Frauen, in: Dies.: Vagabundinnen. Berlin 1987, S. 38-56.

Dies.: "...Opfer auf dem Altar der Männeranbetung", in: Gudrun Kohn-Waechter (Hg.): Schrift der Flammen. Opfermythen und Weiblichkeitsentwürfe im 20. Jahrhundert. Berlin 1991, S. 23-37.

Tornieporth, Gerda: Proletarische Frauenleben und bürgerlicher Weiblichkeitsmythos, in: Barbara Schaeffer-Hegel und Brigitte Wartmann (Hg.): Mythos Frau. Projektionen und Inszenierungen im Patriachat. Berlin 1984, S. 307-332.

Wagner, Nike: Geist und Geschlecht. Karl Kraus und die Erotik der Wiener Moderne. Frankfurt/M. 1982.

Weber, Marianne: Die Frau und die objektive Kultur, in: Dies.: Frauenfragen und Frauengedanken. Gesammelte Aufsätze. Tübingen 1919, S. 95-133.

Weber, Max: Die protestantische Ethik und der Geist des Kapitalismus (1920), in: Ders.: Die protestantische Ethik. München 1975, S. 27- 84.

Wehrli, Beatrice: "Du wirst meiner Liebe nicht entgehen". Ein Schlaglicht auf den bürgerlichen Liebesbegriff, in: Peter Grotzer (Hg.): Liebe und Hass. Zürich 1991, S. 157- 172.

Weiblichkeitsbilder, in: Gespräche mit Herbert Marcuse. Frankfurt/M. 1978, S. 65-87.

251

Weigel, Sigrid: Die Stimme der Medusa. Schreibweisen in der Gegenwartsliteratur von Frauen. Dülmen 1987.

Dies.: Bilder des kulturellen Gedächtnisses. Dülmen 1994.

Weisen, Hans: Baukunst. Leipzig/Hartenstein im Erzgebirge 1920.

Wysocki, Gisela von: Weiblichkeit und Modernität. Über Virginia Woolf. Frankfurt/M. und Paris 1982.

Wolf, Christa: Kein Ort. Nirgends. Darmstadt 1981.

Ziehe, Thomas: Zugriffsweisen mütterlicher Macht, in: Konkursbuch 12, Frauen Macht. Tübingen 1984, S. 45-53.

Zimmerman, Werner: Lichtwärts. Ein Buch Erlösender Erziehung. Illustrationen von Fidus. Jena/Bern 1921.

V. Archive

Archiv der deutschen Frauenbewegung. Sommerweg 1 B / Kassel.

Archiv der deutschen Jugendbewegung. Stiftung Jugendburg Ludwigstein und Archiv der deutschen Jugendbewegung. Burg Ludwigstein/Witzenhausen.

ANHANG

"AUF DOROTHEA KANN MAN NATÜRLICH BESSER HAUSEN."

Aus einem Gespräch mit Tankred Dorst und Ursula Ehler bei den Vorarbeiten zu meiner Dissertation, von Gisa Hanusch.

PERSONEN:

Tankred Dorst: D
Ursula Ehler: E
Gisa Hanusch: H

D: Was ist Ihr Thema?
H: Bilder von Weiblichkeit in den "Deutschen Stücken". Dorothea Merz will ich dabei ins Zentrum stellen, es geht um die drei unglücklichen Frauen: Dorothea Merz, Anna Falk und Elsa Bergk. Anna und Elsa bleiben nicht am Leben, Dorothea dagegen überlebt. Sie haben einmal gesagt, sie wäre "alleingelassen worden".
D: Der Mann entzieht sich den Konflikten durch Krankheit - zumindest empfindet die Frau das so.
H: Den Eindruck habe ich auch. Ein bißchen habe ich das Gefühl, ich müßte die Dorothea gegen ihre Söhne verteidigen. Ich weiß zwar, daß Sie mit Recht dieses ganze bürgerliche Verarbeitungsmuster anklagen, weil es schlimme Folgen hat.
D: Ich denke, vom Autor her ist das Ganze eher eine Verteidigung - die Figur der Dorothea hat mit meiner Mutter zu tun, es sind viele biographische Momente darin. Ich hatte einen großen Konflikt, das Verhältnis zu ihr war meistens sehr schwierig, bis in die späteren Jahre.
H: Hat sie denn selber diesen Text zur Kenntnis genommen?
D: Ich weiß nicht, das ist eine merkwürdige Sache. Es war gar nicht zu verheimlichen und ziemlich heikel. Als "Dorothea Merz" an zwei Abenden als Fernsehfilm kam, haben wir meine Mutter mit dem Regisseur Peter Beauvais und der Schauspielerin Sabine Sinjen eingeladen, wir wollten sie dem Eindruck nicht allein aussetzen, nicht, weil sie verunglimpft wird, aber es ist ja viel aus ihrem Leben drin, was ich nur aus Erzählungen meiner Mutter

kenne. Ich kannte zum Beispiel diesen Großvater nicht mehr persönlich, es wurde zu Hause, aber auch im Dorf viel von ihm geredet. Es war nicht die Absicht, diese Lebensgeschichten dokumentarisch zu verarbeiten, die Erzählungen waren Anregung. Mich hat interessiert, wie Menschen die Zeitgeschichte aufnehmen. Ob eine Frau, eine bürgerliche Person in dieser Generation und in diesem Ambiente, berührt wird oder nicht berührt wird, veränderbar ist oder nicht veränderbar ist. Das war das Thema. Ich weiß nicht, was sie sich an diesem Abend gedacht hat. Sie mußte merken, daß der Film mit ihrem Leben zu tun hatte, - Capri, der kranke Mann - bei uns war Tuberkulose sozusagen "das Thema". Die Geschichte der Familie war von der Tuberkulose geprägt, nicht so sehr von den historischen Ereignissen in politischen Vorgängen der Zeit, Krankheit beherrschte einfach alles. Das kommt in der Geschichte vor, aber hinterher sagte sie nur leicht verwirrt: "Ja, aber so schreckliche Kleider haben die alle an! Solche Kleider hat man doch nicht getragen damals." Nun waren aber mehrere der Kostüme nach Fotographien von ihr gemacht worden. Sie wollte die Verbindung vielleicht nicht wahrhaben. Sie hat ihr Leben lang nicht herausbekommen, was ein Autor eigentlich macht, oder was ein Regisseur oder ein Filmemacher. Sie war, was man eine bürgerlich gebildete Person nennt, hat gelesen usw., Kunst schwärmerisch verehrt und hat doch ihr Leben lang nicht wirklich verstanden, was Kunst ist, außer Erbauung oder Lebenszierde.

H: Ja, das Verhältnis zur Kunst, ihre Freundschaft mit der Sängerin: Da denkt sie, die sei eigentlich zu alt für Mozart. Das würde dem ja entsprechen, daß die Kleider nicht passen.

(Frau Ehler kommt dazu.)

D: Ja, die Sängerin, Frau Casadivacca.

H: Apropos, Frau Casadivacca: Hat das eine besondere Bedeutung?

E: Nein, wir haben uns damals nur sehr amüsiert, als wir den Namen erfanden.

D: Am letzten Drehtag saßen wir in Capri auf dem Platz da oben, etwas kühl, November oder Anfang Dezember. Wir haben gedacht, man möchte eigentlich gleich weiterschreiben und weiterdrehen. Es fehlen eigentlich zwei Stücke: Eins direkt und unmittelbar nach dem Krieg, und die Geschichte von Frau Mora und dem Bildhauer Wollschedel, der für die Amerikaner Putten anfertigt in seinem Atelier in der Garage. Dort steht ihm ein Mädchen Modell als Aphrodite. Er hat ein Verhältnis mit ihr. Frau Mora trägt zum Lebensunterhalt bei, indem sie Kartoffelpuffer bäckt und verkauft. Sie ärgert sich über das Modell in der Garage, aber sie kann nichts machen, weil ja die Kunst über alles geht. Das wäre eine schöne Geschichte gewesen, und noch eine andere...

E: "Der Hauslehrer"!

D: "Der Tod des Hauslehrers", ...

E: Und die "Rosa Gold" war auch noch da, drei Geschichten also.

D: Es wären noch viele.

E: Und Nummer vier wäre "Die Denunziantin".

D: Ach so, ja, das wäre eine kleinere Geschichte.

E: Es ist wirklich schade, daß du das nicht gemacht hast.

H: Auch eine Figur, die schon drin war?

D: Ja, eine ganz unscheinbare, entsetzliche, tragische Nebengeschichte: Der Heymann, einer der Arbeiter, wird denunziert und bringt sich später um. Niemand geht zur Beerdigung.

E: Er hängt sich im Ziegenstall auf. Eine Sekretärin aus der Firma hat ihn denunziert, weil er gesagt hat ... das sollte eigentlich ein langer Monolog sein.

D: Das haben wir geschrieben, aber das haben wir noch gar nicht veröffentlicht, fällt mir ein!

E: Das liegt alles noch in dem Manuskriptschrank hier.

D: Es sollte so sein: Als Heinrich kurz nach dem Krieg nach Hause kommt, trifft er diese Frau, die sich ihm sehr aufdrängt, ihn fast verfolgt, diese Denunziantin. Sie versucht, sich vor ihm zu rechtfertigen. Dieser junge Mann, der den Vorfall gar nicht erlebt hat, und sie, eine ältere Frau, die immer noch nicht begreift,was sie angerichtet hat.

E: Beauvais wollte damals immer einen Film draus machen. Er hat immer wieder danach gefragt: "Warum machen Sie's denn nicht?"

D: Er fragte auch immer nach der Geschichte von dem Hauslehrer. Es wurde für Heinrichs kranken Bruder also ein Hauslehrer engagiert. In dem kleinen Ort ist das eine peinliche Sache, eine junge hübsche Witwe und ein junger Mann im Haus. Das wird im Dorf sehr beobachtet. Also stellt sie wegen der Schicklichkeit den Bewerber ein, der ein Motorrad hat und jeden Tag nach Hause fahren kann, nach Coburg. Er bleibt aber immer länger da und fährt dann nicht mehr mit dem Motorrad nach Coburg, wohnt im Haus. Und das wird dann eine Eifersuchtsgeschichte von Heinrich, dem kleineren Jungen, auf diesen Hauslehrer, von dem man nicht genau weiß, was er mit der Mutter hat. Sie fährt einmal in ein Bad, so war die Geschichte geplant, und er besucht sie mit dem Motorrad. Er nimmt den kleinen Heinrich mit, der sie argwöhnisch und unglücklich beobachtete.

E: Die ganze Umgebung macht es der Frau unmöglich, ein neues Leben anzufangen nach dem Tod des Mannes. Da spielt auch der Schwager mit, der schlimme Onkel Erich, der das auch nicht so gerne sieht, und die Freundinnen der Frau, die vier Kränzchendamen, die das eigentlich zwar ganz lustig finden, aber als sie merken, daß daraus vielleicht was werden kann, wollen sie es im Grunde auch verhindern. Heinrich haßt ihn. Die Frau wird so von allen Seiten bedrängt, und dadurch wird die Liebesgeschichte nicht lebbar.

D: Der junge Mann ist ein Anti-Nazi. Er ist frech und witzig, macht witzige, spöttische Gedichte, die sie beeindrucken. Er ist einige Jahre jünger als sie. Schließlich geht er weg in die Türkei, es ist ja Krieg, und die Türkei ist eines der wenigen Länder, in die man reisen kann. Er ist Lehrer in der Türkei. So ist er also verschwunden, es kommen aber Briefe. Kurz vor Kriegsende wird er dann doch eingezogen, und er fällt in Jena. Er fällt in den letzten Kriegstagen. Der kleine Heinrich ist darüber froh.

E: Der letzte Hauch von Gefahr ist jetzt auch vorbei, nichts wird sich ändern.

D: Das war also im Kern die Geschichte. Da ist natürlich noch alles mögliche andere drin. Es gibt noch den zweiten Hauslehrer. Der ist eher Nazi. - Wir haben lange nicht mehr darüber gesprochen, es gefällt mir, wenn nach Jahren das wieder in so einem Gespräch auftaucht.

E: Eine Nebenfigur wird in einem anderen Zusammenhang zu einer Hauptfigur.

D: Das Prinzip war eigentlich so: Aus dem großen Gewebe von Personen und Geschichten einen Faden herauszuziehen und eine neue Geschichte daraus zu machen.

E: Bei der Denunziantin wäre das formal besonders gut gewesen, weil die in den anderen Stücken selber nicht vorkommt, sondern nur ihr Opfer. - Es hört sich so an, als ob wir davon nicht loskommen.

D: Es ist schwer, sich davon loszureißen. Beim Drehen war es ein Problem, daß wir dachten, wir können jetzt hierbleiben und weiterschreiben, dann drehen wir das gleich und schreiben wieder und geben das eigene Leben eigentlich auf, man löst sich ganz in der Geschichte auf. Daraus wurde natürlich nichts, aber alle diese Geschichten wären schön zu erzählen.

E: Man mußte aufhören. Es wäre auch beängstigend, wenn man drin wohnen bliebe.

D: Das Problem ist, wenn man eine Geschichte mal angelegt hat, und man hat bestimmte Figuren, die wiederkommen, ist man gezwungen, die Geschichten so zu schreiben, wie die Charaktere angelegt sind. Man kann nicht unbefangen eine neue Geschichte beginnen, die Freiheit der Erfindung wird immer kleiner. Das war auch einer der Gründe, weshalb wir das dann gelassen haben.

E: Die Lust, so realistisch zu schreiben, war dann auch vorbei.

H: Darf ich zu dem Realismus noch etwas fragen? Mir ist das Buch "Walden" von Thoreau wichtig, diese Sozialutopie, die ja Anna Falk und Dorothea beide auf ihre Weise haben. Bevor ich mir selber einen Rahmen suche, wie das Buch in Dorotheas Hände gekommen ist: Gibt es da irgendwelche Hinweise, die Sie noch hätten?

D: Das weiß ich auch nicht.

H: Sie ist also als Mädchen in einem Pensionat gewesen, hat sehr jung geheiratet, und hat sich dann auf irgendeine Weise für diese Ideen interessiert. Kann man das der Schule zurechnen, Freunden, oder ...?

E: Sie sucht eigentlich nie, sie nimmt auf, was ihr begegnet.

D: Sie hat selbst keine starken Meinungen oder Ideen.

E: Ihr Charakter hat sozusagen eine aufgerauhte Oberfläche, an der sich schwebende Ideen festsetzen. Es ist nicht so, daß sie sich etwas sucht. Dieses diffus Aufnehmende haben wir in der einen Szene zu verstärken versucht, denn das ist ja auch für eine Frau in dieser Zeit sehr typisch, aber vielleicht auch später, auch heute. Die autobiographische Wurzel all dieser Dinge betrifft mich ja nicht, ich habe sie ja als fremde Figuren noch einmal erfinden können. Ich habe übrigens immer befürchtet, daß die Figur der Dorothea Merz zu positiv erscheint. Auch wenn man mit ihr sympathisiert, - sie ist kritisch gesehen. Man sollte die Fatalität, die in ihrem immer gut gemeinten Verhalten liegt, schon wahrnehmen.

H: Ich verstehe das schon, daß sie kritisch gesehen ist, aber ich selber möchte sie ein bißchen verteidigen gegen ihre Söhne. Das ist eine Motivation, die ich bei mir einfach als Gefühl bemerkt habe.

D: Sie ist enttäuscht. Es ist ein großer Sprung zwischen der jungen und der alten Dorothea. Was ist in der Zwischenzeit mit ihr vorgegangen? Mit dem Älterwerden kann man ja Lebensläufe über längere Zeit verfolgen und überblicken. Mir geht es oft so: Den habe ich vor zwanzig oder dreißig Jahren gekannt - wie war er damals, wie ist er jetzt? Eigenartig, es sind zweierlei Menschen. Daß das derselbe ist, das kann man sich vor allem in der Jugend nicht klar machen. Man kriegt das überhaupt nicht zusammen, weil es auch nicht die eigene Jugend ist, es sind andere Kostüme, es ist eine andere Umwelt. Das ist ein großer Raum für die Phantasie, das Unausgeführte im Gesamtablauf der Geschichte. - Es ist ein Kunstgriff, an bestimmten Stellen Löcher zu lassen und nicht alles zu motivieren, so daß sich der Zuschauer oder Leser das anhand der eigenen Lebenskenntnis motivieren kann. Wenn ein Theaterstück alle Lücken stopft und alle Motive erklärt, ist es tot. Die Geschichte lebt eigentlich von der mitschaffenden, angeregten Phantasie des Lesers bzw. Zuschauers.

H: Das hat mich auch sehr beschäftigt.

E: Sie arbeiten speziell über die Dorothea Merz?

H: Ja, die Figur finde ich sehr interessant. Dorothea Merz stelle ich ins Zentrum, daneben Anna Falk und Elsa Bergk. Ich will die Lebensstrategien von Dorothea Merz herausfinden. Welcher Gewinn ist das, daß sie Illusionen hat und sie an ihr hängenbleiben? Aber hat sie andere Chancen gehabt?

E: Die rigorose Frau Falk hat zwar auch keinen Erfolg mit ihrem Lebensmodell - wie ja alle Menschen irgendwie -, aber sie verwirklicht es.

H: Und wenn es scheitert!

E: Diese Szene in "Klaras Mutter" zwischen der Mutter und der Tochter im Salon, die ja schrecklich ist - hoffentlich - beinhaltet ja sozusagen die Niederlage. Sie wollte ihre Tochter Klara zu einem freien Menschen erziehen.

D: Die Tochter ist ihre Utopie.

E: Aber sie ist eindeutig kein freier Mensch geworden. Die Mutter scheitert also mit ihrem Modell, aber das macht nichts, sie hat es versucht.

H: Und dadurch ist sie sympathisch, sympathischer als die arme Dorothea, die weiterleben muß.

E: Ja, aber sie bricht nicht. Sie ist so elastisch.

D: In dem Film "Klaras Mutter" haben wir das mit Blicken zu zeigen versucht. Frau Falk sieht Leute nie richtig an. Klara, also die Schauspielerin Elisabeth Schwarz, hatte immer so große aufgerissene Augen. Weil sie ängstlich ist, guckt sie, wie andere sind. Die Mutter ist aber nicht ängstlich, und wenn es zum Untergang ist, sie sagt ihre Meinung. Sie zweifelt nicht, ihre Meinung ist richtig, sie hat eine große Sturheit. Die Tochter ist, weil sie ängstlich ist, auch flexibel. Das kam in dem Film mit den beiden Schauspielern ganz gut raus, meine ich. Wie die Klara immer schaut, wie andere sind, während das der Mutter vollkommen egal ist.
Elsa ist eigentlich so eine Art Madame Bovary, denke ich mir, oder? - Das Leben muß irgendwie schön und groß sein, glaubt sie. Aber die Verhältnisse sind eben nicht so. Sie hat doch offensichtlich eine Vorstellung vom großen Leben.

H: Die Verbindung zu Madame Bovary leuchtet mir ein.

D: Mit so einer Sehnsucht nach Schönheit.

E: Der Mann ist vor allem wie Herr Bovary.

D: In Franken würde man sagen: A weng a Simpel.

E: Er ist so rührend, weil er über sich selber nicht rauskommt.

VIII

H: Die Darstellung finde ich sehr genau. Es wird ihm schon zuge-
standen, daß er etwas versteht. Zum Schluß ist er ja etwas
verwirrt, nicht wie Erich.

D: Der Erich ist irgendwie unberührbar.

E: Leutselig, sentimental, kalt.

H: Jetzt muß ich noch jemanden nennen, den ich sehr gerne mag:
den Herrn Röschlaub. Sollte der ein Narr sein? Ich habe wegen
Ihrer Tieck-Tradition gedacht, er ist vielleicht ein bißchen wie der
gestiefelte Kater; es ist eine Figur, die immer wieder auftaucht
und sagt: 'Wo bleibt das Individuum?' Ich weiß nicht, ob ich ihm
mit dieser Narrenrolle Unrecht tue. Soll er doch der Ernste sein?
Wenn ich den Vergleich mit dem Zauberberg bringen darf: Er
übernimmt ja eigentlich auch die philosophierende Rolle.

D: Optimistisch auch.

E: Jeder Optimist ist ja in gewisser Weise ein Narr. Zu richtigen
Optimisten gehört Narretei.

H: Sollte es also eine komische Figur sein?

D: Jemand fällt vom Dach eines Hauses und sagt an jedem Fenster,
"Es ist ja gar nichts passiert!". Es passiert ja wirklich nur im
letzten Moment. Das ist Optimismus!

E: Aber der Gedanke an Tieck ist so schön, ich will Sie gar nicht
davon abbringen.

H: Und die Frau Zacharias soll eine Verführung für den Rudolf sein?

D: Ja, so eine Verwirrung und Anziehung auf jeden Fall, die ihn auf
unsicheres Terrain bringt. Er hat ja doch ganz feste Ansichten
von Ehe und Liebe, Gesellschaft und so weiter. Er ist ein nach-
denklicher Mensch - sehr deutsch. Die Frau Zacharias ist nicht so
sehr deutsch.

E: Aber so rigoros und außenseiterisch wie die Zacharias könnte
Rudolf nie sein. Diese Frau ist für ihn eine gewisse Herausforderung, und er merkt natürlich auch, daß sie für ihn interessant
wäre, sie betrachtet das Leben anders als er, Dorothea ist sein
Geschöpf.

D: Die Zacharias ist auch spöttisch, sie provoziert ihn.

E: Dorothea ist sein Publikum und sein Spiegel, den er braucht. Die
Zacharias ist autonom, eine Insel für sich.

D: Sie ist interessiert an dem Mann mit seiner gewissen Schwäche und seiner anziehenden Sensibilität, entdeckt aber auch eine gewisse Mutlosigkeit.

E: Es sind ja vitale Frauen, die Rudolf sich sucht, Dorothea auch, sie hat einen starken Lebensinstinkt. Die Zacharias ist eher intellektuell. Ihm gefällt bei der einen das eine und bei der anderen das andere. Auf Dorothea kann man natürlich besser hausen, wie ein Pilz auf einem Nährboden.

H: In Rivalität fühlt sie sich aber in der Hauptsache zu der Anna Falk, oder?

D: Die Anna Falk hat etwas mit Tolstois Lehren zu tun, wenn sie auch nicht wirkliche Tolstoianerin ist.

E: Sie auch nicht christlich.

D: Es ist eine Alternative zum bürgerlichen Leben, und das macht Dorothea so wütend.

E: Weil sie ihre Theorien wirklich lebt. Im Hause Merz wird zwar viel geschwärmt und gedacht, aber nur ein geringer Teil davon auch gelebt. Die Lebenskonsequenz, die die Falk hat, ist ja auch ärgerlich für jemanden, der nicht so konsequent ist. Das ist immer eine Herausforderung.

D: In der bürgerlichen Welt der Dorothea soll das Leben ja auch ästhetisch schön sein. Ein Haus mit Art-Deco-Möbeln - die Ästhetik gehört zum bürgerlichen Leben mit dazu, während die Falks so wie frühe Grüne waren. Denen liegt nicht an der raffinierten Peking-Oper, nichts an künstlerischen Hochleistungen, an ästhetischer Raffinesse, sondern an der Stadtteilkultur, Strickgruppen, Selbstverwirklichung - das ist eigentlich die Falk. Daher kommt die Animosität auch. Die Grünen, bei aller Sympathie, die man dafür in ökologischer Hinsicht hat, sind im weiteren Sinne eigentlich kulturfeindlich. Sie wissen nicht, daß Kunst auch etwas Schwieriges, Großes, Schönes und Kompliziertes ist. Dieser Konflikt ist eigentlich schon in den bürgerlichen und antibürgerlichen Lebensläufen drin. "Klaras Mutter" ist ja geschrieben, ehe es die Grünen gab. Aber natürlich ist sie eigentlich eine frühe Grüne, auch im Zusammenhang mit Ascona, Monte Veritá. Es laufen da viele Fäden zusammen, die Verbindung mit Erich Mühsam, der

Lasker-Schüler und auch anti-industriellen Ideen vom schlichten Landleben. Das ist ein Kessel, wo so vieles kocht.

H: Die Strick-Stunden der Anna Falk kann ich im Zusammenhang der sozialhistorischen Bewegungen gut untersuchen. Mich interessieren die "Deutschen Stücke" auch als poetisches Zeitbild. Zuerst dachte ich, ich schreibe nur über Ihre Stücke und über die siebziger Jahre, wo Sie sie geschrieben haben, aber jetzt hat mich doch das Historische im Zeitbild sehr fasziniert.

E: Mich ärgert das immer, daß das niemand gesehen hat, daß die Klara, also "Klaras Mutter", eigentlich ein Beitrag ist zu diesem alternativen Lebensmodell.

D: Es ist vorher erschienen, da gab es die Grünen noch nicht. Es ist ihnen nicht aufgegangen, und will ihnen nicht aufgehen, was es über das Stadtviertel und die ökologischen Probleme hinaus noch allgemein mit Kultur auf sich hat.

H: Ich frage jetzt noch etwas zu einer Szene, die mich sehr begeistert: Die Frau Wienkötter und die Dorothea unterhalten sich - es ist die kürzeste Szene in "Dorothea Merz":

"Frau Wienkötter:
-Das ist alles selbstverschuldet.
Dorothea:
-Was heißt verschuldet!
Frau Wienkötter:
- Verschuldet heißt verschuldet.
Dorothea:
- Was soll ich denn verschuldet haben!
Frau Wienkötter:
- Das weißt du wohl selbst am besten." (D, 212)

Die Frau Wienkötter vertritt so ein bißchen die Herkunftsfamilie?

D: Es sind spießige Leute, die den bürgerlichen Besitz und den Hochmut haben und meinen, sie machten alles richtig. Dafür macht Dorothea vieles falsch, z.B., daß sie einen Mann heiratet, der krank wird. Übrigens ist Krankheit als Schuld ist auch ein Thema der Zeit, Susan Sonntag beschreibt das zum Beispiel. Es gibt einen utopischen englischen Roman, wo Krankheit ein Verbrechen ist und Diebstahl eine Krankheit. Wenn jemand gestohlen hat, muß er zart behandelt werden, damit er vom Diebstahl wegkommt, aber Krankheit ist ein Verbrechen, und man kommt ins Gefängnis.

H: In dieser Szene wird klar, daß die Art von Dorothea so geschlossen ist. Sie schiebt immer etwas hin und her, aber agiert nicht im wirklichen Sinne. Man redet über Schuld, aber die Schuld wird nicht benannt. Man kann sich natürlich alles mögliche vorstellen, was Schuld ist.

E: Wen Gott liebt, den macht er auch gesund und reich. Die Krankheit liebt Gott nicht.

D: Das ist Puritanismus.

E: Es gab ein gewisses Vorbild in der Familie.

D: Eine Tante, ja! Schnippisch! Haben Sie den Film "Mosch" mal gesehen? Da kommt doch die Tante vor, die war das! Meine Tante hat immer die Gladiolen ganz kurz abgeschnitten, ehe sie sie in die Vase stopfte. Die Schauspielerin hat das sehr schön gespielt.

E: Zack! Feindselig und wütend mit den armen Blumen.

D. Eine absolut selbstgerechte Person, die sich selber nie in Frage stellt.

H: Die Eltern von Dorothea kommen ja fast nicht vor. Das war natürlich für mich eine Schwierigkeit, wenn man sich mit Frauen beschäftigt und nichts über die Kindheit weiß. Die Eltern kommen einmal kurz vor: Die Mutter seufzt bei der Taufe, und der Vater war so streng.

E: Dafür ist die Schwester da. Sie hat dramaturgisch die Funktion, zu verdeutlichen, daß Dorothea familiär sozusagen hinter sich nichts hat, einen Abgrund. Sie hat nur die Flucht nach vorne, und deshalb verfällt sie auch den Ideen dieses Mannes und seiner Familie.

D: Da kommt der Bruder wohl noch vor, Plinke.

H: Ja, in "Heinrich oder Die Schmerzen der Phantasie".

E: Man befreit sich von den Zwängen, indem man sich in neue begibt. Die Heirat ist praktisch das einzige Mittel, sich vom Zwang der Eltern zu befreien, das ist ja ein altes Modell.

H: Ulrike Prokop, eine Soziologin, die ich sehr schätze, hat Briefe von Marianne Weber, der Frau von Max Weber, untersucht. Das ist ja etwa die Generation. Bei Dorothea werde ich das, was da beschrieben ist, diese protestantisch geprägten Ehen, auffüllen. Es ist eine sehr schöne Untersuchung von den Familien, in denen keine wirkliche Wärme, keine Kommunikation war. Das hat Ulrike

Prokop historisch bei Gertrud Bäumer und Marianne Weber untersucht anhand der Briefe und Tagebuchnotizen.

D: Bäumer, ja, das ist auch so ein Name. Das hat meine Mutter
gelesen.

H: Es gibt viele Bücher, wo Töchter sich mit dem Leben der Mütter-
generation beschäftigen. Dafür hat Meike Baader einen klugen
Titel gefunden: Sie spricht von "Unschuldsritualen" in der Frauenforschung; viele versuchen, die Frauen zu entschuldigen. Prokop
entschuldigt nicht, sondern guckt hin. Sie verurteilt auch nicht.
Das ist eine genaue Untersuchung, das würde ich als Material
nehmen, nachdem ich Dorotheas Kindheit nicht habe. Ich denke,
es entspricht Dorotheas Vorgeschichte, wenn Sie jetzt vom
protestantischen, puritanischen Klima sprechen.

D: Der Großvater, für den sie da schwärmt, der war ganz stark für
Natur und einfaches Leben. Bei den Falks ist das die Nacktkultur,
wie man das nannte, in "Klaras Mutter" wird das ein wenig ab-
gehandelt. Es hat aber mit freier Lebensart eigentlich nichts zu
tun, es ist eher zwanghaft. Es ist eine grundsätzliche Haltung.
Darüber schreibt übrigens Sartre irgendwo, ich glaube, in den
"Wörtern", wo sein Großvater auch nackt rumgelaufen ist, aber
es waren ganz puritanische Leute. Das hat so was
Grundsätzliches.

E: Sie wollten richtige Reformerziehung machen.

D: Es gab doch auch die Reformkleider...

E: Weg vom Korsett!

H: Nochmal zu den Kleidern: Hat Dorothea diese Kleider im Ort ge-
kriegt, oder hat sie sich die selber gemacht?

E: Die sogenannte Hausschneiderin war das, auf etwas hausbac-
kene, bescheidene Weise wurde die Mode nachgeschneidert.

D: Die Vorstellungen, die sich Dorothea vom Leben macht, sollen
sich auch in ihrem Haus ausdrücken, alles sollte schlicht sein. So
war das auch bei meinen Eltern. Das Vorbild war etwa Worpswede. Es gab eine stilistische Idee, aber die Ausführung gelang
nicht ganz. Zwar Art Deco, aber nicht wie in der Großstadt, länd-
licher, ein wenig grob. Der Schreiner aus dem Dorf kriegt die Mö-
bel nicht ganz hin, wie der Entwurf es vorsieht.

E: Er sieht die Ornamente, erfaßt aber im Grunde nicht das Prinzip.

D: Worpswede ist drin, - die Modersohn-Becker, ganz stark.

E: Sie waren allein mit ihren Lebensvorstellungen. In Worpswede waren Gleichgesinnte, sie haben sich alle gegenseitig bestätigt.

D: Dorothea und Rudolf waren ja auch keine Künstler.

E: Sie lebten da im Thüringer Wald unter Leuten, die diesen Ideen nicht besonders nahestanden.

D: Sie haben das nur aufgenommen. In dem Fabrikantenmilieu, zu dem sie ja gehörten, war ihre lebensreformerische Denkweise ein wenig fremd, das hat sie zu etwas Besonderem gemacht, so empfanden sie das auch selber: in einer Sonderrolle.

E: Die Provinz macht ja alles, was nicht ganz der Norm entspricht, auffälliger, denke ich. Es gibt weniger Gleichgesinnte. Ich kenne die Kleinstadt, ich weiß das sehr gut. Nicht zufällig gibt es da komische, verschrobene Leute, Privatgelehrte, Sonderlinge. Die kommen nie an ihre Grenzen, weil es dort auch keine Konkurrenz gibt. Der eine Privatgelehrte am Ort kann sein Leben lang gut diese Rolle spielen. In der Großstadt würde er seine Bedeutungslosigkeit sofort bemerken. Leute, die in einer Zinkbadewanne baden, die sind schon etwas ganz Bemerkenswertes.

D: Kennen Sie Fidus?

H: Ich habe ihn jetzt erst kennengelernt.

D: Er fing als Jugendstilmaler an, mit all den Ideen von Lebensreform, "Zurück zur Natur", Freikörperkultur, sozialer Reform und so weiter. Von heute gesehen war er gewissermaßen ein Grüner, später hat er sich dem Nationalsozialismus zugewandt.

E: In dem Stück "Toller" kommen übrigens auch schon solche Leute vor.

D: Das Sektiererische lag sehr in der Zeit, Monte Veritá, all das. Welterlösungsideen mit biologischer Ausrichtung hatten Konjunktur.

H: Bei dem Großvater in "Dorothea Merz" ist es ja so, daß er mit seiner Frau schon bald nicht mehr spricht. Das hat mich zunächst erschüttert, als ich das wirklich mitgekriegt habe. Wobei offen bleibt, ob er damit recht oder unrecht hat, ob sie 'dumm' ist oder nicht.

D: Historisch hat er recht gehabt. Ich habe ihn nicht gekannt, aber in der Sache hat er recht.

H: Sie wirkt so, als hätte er recht.

E: Sie hat ein enges Herz.

D: Rudolf hat zu seinen Eltern kein Verhältnis und sie nicht zu ihm. Es sind gefühlsarme Leute, Dorothea nicht. Ich finde es als Thema einer Geschichte bewegend, wie der Schwiegervater sich von der Dorothea zurückzieht. Krankheit ist eine Art Schuld, darf nicht sein, die Ächtung trifft auch Dorothea wie eine Mitschuldige. Im Film war die Szene eher weggespielt. Ich finde das wirklich einen wichtigen Moment in der Geschichte, wenn sie da mit dem Kinderwagen fährt und sieht, wie der Schwiegervater sie sieht und zurückweicht vom Fenster ins Dunkel des Hauses.

H: Ich erinnere mich mehr an den Kampf mit dem Kinderwagen. Da merkt man schon ihre Verbissenheit und Enttäuschung.

D: Der Schwiegervater ist ein ganz harter Brocken.

E: So etwas erlebt Dorothea eigentlich immerzu. Sie hat wohl ihre Ehe mit Rudolf als Aufbruch empfunden in ein unkonventionelles Leben, dann beginnt seine Krankheit, die wie ein Rückzug ist, oder die sie wie einen Rückzug empfindet. Ich fand sehr wichtig, daß wir denn Satz von Rudolf haben: "Der Körper ist mein Feind". Dorothea weiß nie so ganz, was mit ihr geschieht.

H: Das habe ich nicht recht verstanden: "Der Körper ist mein Feind". Bedeutet das, daß er überhaupt das Körperliche nicht mag?

E: Sie ist eine sehr lebensfrohe, lebenskräftige Natur, er wird immer mehr aus dem Leben gedrängt von der Krankheit. Natürlich geschieht ihr damit auch unrecht. Aber vielleicht ist es ohnehin ein eher unsinnlicher, strenger Mann, das hätte sich ohne Krankheit vielleicht auch herausgestellt, die Krankheit bildet nur den Konflikt deutlicher ab.

D: Sein Puritanismus, ja.

H: Und Bella ist doch aber eigentlich ein Angebot, nicht in der Kombination mit dem Mann, aber als Freundin für die Dorothea?

E: Ja, aber sie ist zu frivol. Und es ist auch eine Eifersuchtsgeschichte irgendwie, die Dorothea sich nicht eingesteht.

D: Und Dorothea ist idealistisch, Bella ist nicht idealistisch. Dorothea ist uferlos idealistisch. Sie weigert sich, Dinge zu relativieren.

E: Dorothea versteht Bella nicht, oder will sie nicht verstehen. Bella stört sie in ihrer Opferrolle, die sie sich ausgesucht hat.

D: Das Paar kommt Dorothea irgendwie unheimlich vor, pervers, ohne daß sie es so nennen könnte.

E: In gewisser Weise ist da eine Parallele: die Zacharias und der Rudolf, und die Dorothea und dieser Arzt.

H: Und sie wären auch Partner, da haben Sie recht.

E: Dorothea fehlt, daß sie die Dinge realistisch sieht, daß sie den Filter wegtäte von der Welt. Im Grunde ist es ihr Unglück, daß sie alles schönfärben will.

H: Im Gespräch mit einer Psychologin wurde mir die psychologische Genauigkeit mancher Szenen deutlich. Das Tischgespräch z.B, bei dem es um das gekittete Döschen geht, ist psychologisch gut zu übersetzen. Da wird die Beziehung zu Schedewy schon sichtbar.

D: Wo er das törichte Gedicht aufsagt.

H: Ja, erst kommt der Wollschedel mit dem Gedicht und dann der Schedewy mit seinem Angebot und dann Dorothea mit ihrem Döschen aus der Pensionatszeit. Und der gute Vater Theodor - ich weiß nicht, ob das beabsichtigt war, die Namenähnlichkeit mit Dorothea -, der scheint mir die Vaterfigur zu sein.

E: Wer das Buch liest, ist immer klüger, als der, der es schreibt!

H: Das ist wunderbar, daß sie sich eben an diesen Väterlichen hält, der zwar zunächst auch frivol über den Arm spricht, aber er wird mit seinem Kitt dann ganz ungefährlich.

E: Erinnerst du dich an den Psychologen, der sich an uns gewandt hat wegen dem Stück "Korbes"? Er hat sich mit diesem Stück beschäftigt, er hat es im Residenztheater gesehen und wollte mit uns sprechen, was er in dem Stück alles gefunden hat. Er ist dann auch gekommen und hat gesagt: "Ja, aber Sie beschäftigen sich ja überhaupt nicht mit Psychologie, sie haben ja gar kein Fachwissen. Wie können Sie das denn eigentlich schreiben, wenn Sie das gar nicht wissen!"

H: Ja, ich habe der Psychologin nur ausgewählte Stellen gezeigt, z.B. noch die Todesszene.

D: Als Rudolf stirbt?

H: Ja, wo er stirbt. Die ist wirklich phantastisch, die Szene, wie so vieles phantastisch ist!

D: Das freut mich!

H: Darum macht mir das auch so Spaß, darum will ich auch gar nicht noch zu den anderen Stücken, wenn jedes Bild so ergiebig ist. Also erst diese Elfenbeinkette, die zerrissen ist, dann kommt das Blut auf ihr Kleid, sie zieht sich um, setzt sich wieder ins Helle und wartet, bis der Morgen kommt.

E: Und der nächtliche Kampf.

H: Ja, sie befreit sich ja richtig von ihm, körperlich.

D: Sie fädelt die Kugeln der Elfenbeinkette, die am Morgen beim Anziehen gerissen war, neu auf.

H: Da ist auch das Moment des Wiederherstellens, wie bei dem Porzellan-Döschen, der Versuch, immer wieder alles in Ordnung zu bringen. Obwohl umgekehrt Rudolf behauptet, sie würde Unordnung machen, und das ist auch der Eindruck dieser Lebendigkeit. Aber im Grunde will sie immer etwas wiederherstellen.

E: Das ist nicht pedantisch, was sie da macht. Rudolf ist pedantisch.

H: Darum merkt man, daß er sie nicht versteht, wenn er versucht, über die Ordnung bei ihr nachzudenken.

E: Vielleicht geht es doch auch um Männer- und Frauenordnung. Für Frauen ist Ordnung etwas anderes.

H: Das kann ich, je nachdem, wie weit ich ausholen will, als Beispiel für die Immanenz, die die Beauvoir beschreibt, nehmen.
Ist es für Sie sinnvoll, daß man den Namen 'Heinrich' auch wirklich so als deutschen Namen nimmt?

D: Ja, ja. Sicher! - Der "Grüne Heinrich" ...

H: Der "Grüne Heinrich" ist genannt, aber sind auch Faust und die ganze deutsche Heinrichtradition gemeint?

D: Heinrich als charismatische Figur, auch eine Art Parsival, sozusagen. "Heinrich, mir graut vor dir".

H: Zum Titel "Chimborazo", habe ich eine Frage. Humboldts historische Besteigung ist ja ein gescheitertes Projekt. Das haben Sie auch ironisch gemeint im Titel? Es war ein interessanter Aufenthalt, und Humboldt hat mit einem Freund viele botanische Forschungen gemacht. Er ist aber im letzten Moment nicht ganz raufgekommen, deswegen dachte ich, Sie hätten schon im Titel darauf hinweisen wollen.

D: Ach so? Das ist ja wunderbar, das paßt ja!

H: Ich habe mich jetzt erst kundig gemacht, ich wußte das vorher überhaupt nicht.

D: Bei Coburg ist so ein Berg, der von der Westseite, also von Süden her, nicht auffällig ist, er sieht nur von der DDR-Seite, von der Sonneberger Seite her, aus wie ein einzeln stehender Berg, wie so ein großer Elefantenrücken. Das ist also der Berg der Kindheit. Chimborazo, das war früher der Inbegriff von groß, wir haben ja lange nach einem Namen gesucht.

E: Es ist so ein schönes Wort. Chimborazo.

H: Günther Erken hat mir einen englischen Text genannt: "The Anxiety of Influence", einen Aufsatz über Ihre "Deutschen Stücke".

D: Ich frage auch oft Erken, der weiß immer alles und ist äußerst exakt. Wir sind ziemlich chaotisch und finden Entwürfe nicht wieder oder wissen die Chronologie nicht mehr, Aufführungsdaten ....

E: Er weiß wirklich alles, wir sind sehr froh, daß er dieses Werkbuch gemacht hat.

H: Wenn ich es richtig verstanden habe, ist es die Tendenz dieses Aufsatzes, Ihre "Deutschen Stücke" seien ein bißchen zu neutral inszeniert worden.

D: Was die Verfilmung von "Dorothea Merz" betrifft, war mir das Ambiente von Franken etwas zu barock, zu freundlich irgendwie. Es war Beauvais' Heimat, die Geschichte spielt aber eigentlich in Thüringen, ganz oben an der früheren DDR-Grenze, wo die Häuser schmucklos und schieferdunkel sind. Die Häuser sind protestantisch schmucklos, ernst und abweisend, wie auf den Bildern hier im Buch. Dorothea kommt nicht in eine heitere Landschaft, Frühlingsblumen und so. Sie möchte es nur gerne so sehen.

H: Ich möchte Sie an den Film erinnern: "Ich bin ein Elefant, Madam". Da spielen Sie einen Englischlehrer, der anläßlich eines Referates über Strindberg sagt, der Schüler solle über das Werk des Autors sprechen und nicht über das Leben. Wie wollen Sie, daß der Autor selber vorkommt?

D: Früher, als ich angefangen habe, Theaterstücke zu schreiben, dachte ich, man muß eine Geschichte möglichst weit von sich selber weghalten. Speziell beim Theater soll der Autor nicht vorkommen als Träger seiner Message. Es war ein Credo von mir, daß es die Pflicht des Theaterautors ist, seine Neugier zu richten auf andere und nicht auf sich selbst. Wenn jemand Gedichte schreibt, ist er mit seinen eigenen Empfindungen und Leiden beschäftigt, aber ein Autor, der Theaterstücke schreibt, hat grundsätzlich eine andere Haltung, denke ich. Wie sind die Anderen? Die Neugier bringt einen dazu, Theaterstücke zu schreiben.

E: Man sitzt in einem Zimmer, ein anderer kommt rein, was passiert?

D: Es kommt ein anderer rein, was passiert und warum, wie ist der? Was passiert mit dem? Das Fremde ist interessant. Ich denke, die Bedeutung vom Theater ist auch, daß es beim Zuschauer das Interesse für "das Andere" weckt, das Andere, in dem man natürlich auch immer was von sich selber entdecken kann.

Mit "Dorothea Merz" war es dann eigentlich doch so, weil Ursula darauf versessen war, daß wir uns damit beschäftigen - oder ich mich damit beschäftige, mit dem, was näher am Eigenen ist als "Toller" oder die älteren Stücke von mir. Obwohl ich merke, die Person eines Autors ist eigentlich immer unausgesprochen in allen Stücken und Arbeiten eingeschlossen. Bestimmte Zu- und Abneigungen oder Konflikte, die man hat oder nicht haben will, drücken sich nicht aus, indem man sie personalisiert, sondern in der Art, wie die Menschen miteinander umgehen. Deshalb meine ich, ist es gar nicht nötig, sich mit dem Autor biographisch zu beschäftigen, sondern die Sache selber wird es irgendwie mitteilen, soweit es von Interesse ist. Wir arbeiten ja zusammen, und die Arbeit besteht eigentlich darin, daß wir uns über Leute, über Menschen unterhalten, die wir kennen, oder die wir erfunden oder gefunden haben - wir unterhalten uns über diese Leute so, als ob es lebende Menschen wären in bestimmten Situationen und erfundenen Konstellationen.

E: Da ist eigentlich kein Unterschied. Wir reden auch manchmal über unsere Freunde umgekehrt so, als ob es Kunstfiguren wären.

D: Es sind fließende Übergänge, wobei natürlich ein Kunstprinzip dahinter ist. Es sind ja keine Dokumentarstücke, und ich denke, der Kunstverstand, die Manipulation, sind entscheidend bei der Herstellung solcher Sachen. Aber die Personen ..., es sind ja

Menschen beschrieben und keine allegorischen Figuren .....
Manchmal stellt man sich auch schon einen Schauspieler vor.

E: Ihr "Kunst"-Leben ist natürlich viel verzweigter als das, was da
zum Vorschein kommt in einer Szene. Wir wissen viel mehr über
sie. Das haben wir irgendwann mal festgestellt, wie kurios das
doch ist, daß man mit den Figuren so umgeht, so genau sie
kennt. Nicht nur zu erfinden, einfach auch nur Menschen zu betrachten, wie sie gehen, wie sie mit anderen sind, was sie sagen,
wie sie es sagen - es gibt nichts Interessanteres. Vielleicht ist das
Voyeurismus?

D: Man sitzt in einem Café und es kommen zwei Leute rein, was da
passiert.

H: Man merkt ja Ihrer Arbeit an, daß Sie wirklich sehr gut sehen und
Bilder gestalten.

E: Es ist eine Art Sucht.

D: Ich habe eine Abneigung gegen Literaturliteratur, die nur Literatur
ist, ohne Blick auf irgendeine Art von Realität. Ich finde schon,
man sollte festhalten, was ist. Daraus wird sich eine Form ergeben. Es ist nicht so, daß ich sage, ich schreibe jetzt einen Roman
über die fünfziger oder die dreißiger Jahre, sondern ich gehe aus
von Konstellationen und Personen. Der Kern ist eigentlich nicht
eine übergreifende Idee, sondern eine Person, und daraus ergibt
es sich dann alles andere. Die Geschichte selber findet ihre Idee,
nicht umgekehrt.

E: "Dorothea Merz" könnte eigentlich kein Stück sein. Roman und
Film sind sich ja ähnlich, ähnlicher als Theater und Film. Die haben ja weniger miteinander zu tun. Ein Bühnenstück hätte man
aus dem Stoff nicht machen können, finde ich.

D: Obwohl es viele Dialoge hat ...

E: Das hat damit nichts zu tun.

D: Es ist irgendwie episch, ja.

E: Die "Villa" zum Beispiel nicht, - eine Erzählung oder ein Roman
wäre die "Villa" nicht.

D: Die "Villa" hat ja auch die Einheit der Zeit.

H: Ich nehme übrigens Herrn Beauvais übel, daß er vieles, was Sie
im Stück haben, nicht umgesetzt hat. Bei Dorothea Merz z.B. ist
wichtig für die Figur, daß sie sich nicht anschaut, als sie ihre

Zeichnung vom Maler bekommt; ich weiß gar nicht, ob Sie sich noch daran erinnern. Im Text schaut Dorothea sich das Blatt nicht an. Das entspricht der Figur sehr gut, finde ich. Im Film ist es geändert, da schaut sie sich an und drängt das Blatt sogar ihrem Mann auf.

D: Ich erinnere mich an die Dreharbeiten. Ich war selber als Schauspieler in der Szene, als Maler Büttner. Saß da auf der Terrasse und konnte nicht sehen, was weiter hinten auf der Terrasse vor sich ging und was die Kamera bei der Fahrt mit dem Schwenk erfaßte. Ich weiß, daß ich hinterher dachte, es ist doch wichtig, daß sie das Blatt *nicht* anschaut!

H: Da merkt man, wie Sie Details beobachten und was Sie daraus machen.

D: Es macht ja großes Vergnügen, innere Vorgänge in ganz unscheinbaren Gesten sichtbar zu machen, an einer Kleinigkeit zu entdecken, was jemand denkt und dann doch etwas anderes sagt.

H: Ich denke manchmal, es ist wie bei dem französischen Regisseur Rohmer, der die Beziehungsgeschichten macht, wo die Figuren immer etwas sagen, was sie nicht meinen.

D: Ja, das ist sehr schön. Es ist ein anderer Blick aufs Leben, auf die Widersprüche.

H: Eines wollte ich noch fragen. Mir ist etwas aufgefallen, durch einen Freund, der im Frankfurter Filmmuseum arbeitet, der hat gesagt: "Ach, um die Zeit gab es eine Reihe von neuen Heimatfilmen, von Reitz und anderen." Reitz' "Heimat" kam zwar erst drei Jahre später, aber es war ja wirklich eine Zeit, in der Heimatfilme entstanden.

D: Reitz kam später. Formal finde ich seine Arbeit interessant, es war neu. Beauvais dachte viel traditioneller.

H: Andrerseits ist die Maria, die Mutter in "Heimat", eine Art Ikone. Die Figur der Dorothea gefällt mir besser.

D: Das finde ich auch. Aber wie er die Bilder macht, schwarzweiß ... Und wie er gelegentlich farbige Sequenzen hineinsetzt ... So, wie Reitz das als Regisseur macht, hätte ich mir "Dorothea Merz" eigentlich eher vorgestellt. Die "Heimat" ist aber sehr einfach, hat weniger Motive und weniger Komplexität.

E: Wir haben Beauvais sehr geliebt, mit Schauspielern hat er wunderbar gearbeitet, aber filmisch war er eher konventionell. Bilder haben ihn nicht so zentral interessiert. Es hat ihn interessiert, wie Leute miteinander umgehen, in welchem Tonfall sie sprechen. Er hat unendlich sorgfältig am Text, am Ausdruck gearbeitet, hat Sachen dreißigmal gedreht, ein unermüdlicher Arbeiter.

D: Eine kleine Szene: zwanzigmal gemacht.

E: Der Kameramann war manchmal etwas unglücklich, weil Beauvais das eigentlich Filmische nicht so interessierte.

D: Er hat eigentlich keine Bilder gemacht, sondern mit einer schwenkenden, kreisenden Kamera die Vorgänge erzählt. An einem Tag in Oberfranken, als die Szene gedreht wurde, wo der alte Merz nicht zur Beerdigung seines Sohnes geht, sondern, während alle auf dem Friedhof sind, allein durchs menschenleere Dorf geht. Es müßte ein Moment der Verzauberung sein, wie im Märchen, alles steht still, das einzig Lebendige ist der alte Mann, der da starr vor Kummer in seinen schwarzen Trauerkleidern geht. Das kann man filmisch am besten in der Totale drehen, nicht nah oder halbnah.

E: Man muß die Leere sehen.

D: Nicht so sehr ihn und den Ausdruck seines Gesichtes, den kennen wir ja schon lange. Also keine nahe Einstellung - die Totale ist es. Da habe ich mir gesagt, den nächsten Film müssen wir selber machen!

H: Das war also der Auslöser für Ihre Regiearbeit.
Jetzt lese ich Ihnen noch etwas vor, von einem Literaturkritiker, den ich schätze, es betrifft die historische Einordnung Ihrer "Deutschen Stücke". Reinhard Baumgart ist der Autor. Er hat über die siebziger, achtziger Jahre etwas böse geschrieben: Man hätte manchmal das Gefühl gehabt, man sei in der Selbsterfahrungsgruppe. Die Leute schreiben nur über sich selber.

D: Wo schreibt er denn das?

H: In "Glücksgeist und Jammerseele. Über Leben und Schreiben" schreibt er also: "Nur noch das jeweils Nächstliegende, die eigene Lebensvergangenheit, scheint den Autoren als Stoff greifbar und geheuer, so daß durch die Literatur ein intimes Raunen und Plauschen zieht und unter Lesen sich ein betroffenes sympathisches

Kopfnicken ausbreitet, als hätte sich unsere literarische Öffentlichkeit verwandelt in eine Selbsterfahrungsgruppe." (S. 202) Das ist ziemlich böse. Ich sage Ihnen auch gleich, wie das wieder aufgehoben wird: Max Frisch, Christa Wolf und Thomas Bernhard haben in dieser Zeit auch autobiographisch gearbeitet und sind, nach Baumgart, nicht in diesen Komplex verfallen. Ich wollte Ihnen sagen, daß ich das erwähnen werde, daß ich Ihren Text so halte wie die genannten letzten drei. So, wie der Heimatfilm neu entstand, so ist es interessant, daß in der Zeit autobiographische Texte entstanden.

D: Handke meint er vermutlich.

E: Der Intellektuelle, der Literat, der seine Zustände und seine jeweiligen Befindlichkeiten sozusagen ausstellt und dem Publikum darbietet.

D: Wie äußerst empfindlich und sensibel!

E: Die ganzen sogenannten Beziehungskisten waren ja der Stoff dieser Zeit. Diese Protokolle und dieses ganze Zeug.

H: Sie wurden in vielen Gesprächen, die ich nachlesen konnte, gefragt, warum Sie jetzt gerade auch sich der eigenen Person zuwenden - wobei es bei Ihnen, Frau Ehler, wie Sie gesagt haben, fremde Personen sind. Würden Sie sagen, das paßt in die Zeit?

D: Ich kann das schwer beurteilen. Ich kenne da zu wenig, ich habe diese Bücher eigentlich nie gelesen.

E: Wir waren eher fern dieser ganzen Selbsterfahrungsepoche; es hat was mit Deutschland zu tun, denn es war ja eine vollkommen windstille Zeit. Ende der Siebziger wurde es wieder ruhig, und die Leute haben nur noch sich nach innen gewandt. Kaum einer unserer Freunde, der nicht mit Analyse oder Therapiegruppen zu tun hatte. Wir haben uns das immer sehr interessiert angehört, aber haben dazu gar keine Beziehung. Daß in diesen Jahren die "Deutschen Stücke", also psychologisch realistische Arbeiten, entstanden sind, hat mit diesen Zeiterscheinungen nichts zu tun, glaube ich.

D: Es hat wohl mit der eigenen Entwicklung zutun.

E: Man überlegt sich ja, wie sich Sachen fügen, und man kann jetzt die Zeit damals überblicken, - und ich denke, die Entwicklung und Auffächerung dieses Werkes hat doch eine jetzt sichtbare innere

Konsequenz. Nach "Toller" und "Eiszeit" mußte eigentlich etwas anderes kommen. Du hättest vorher nicht in diesem Realismus arbeiten können und wollen, denke ich, und später auch nicht mehr - wenn auch ein paar schöne Stoffe übrig sind. Die Befreiung von den psychologisch realistischen Arbeiten war dann wieder "Merlin".

D: In dem einen Stück steckt oft das andere schon drin, der Ansatz für das andere Stück. Man kann das nur an der eigenen Linie verfolgen und nicht daran, was gerade opportun oder modern ist. Ich persönlich denke, daß ein Künstler, oder wie man das nennen soll, gerade etwas anderes will, als das, was alle wollen. Wenn alle Dokumentarstücke machen, mache ich doch kein Dokumentarstück, dann mache ich doch was anderes! Oder alle haben das Thema Drogen oder die alten Leute oder so etwas, - abgesehen davon, daß wir biographisch nicht auf die Idee kämen, fehlte uns der Antrieb. Da wundere ich mich immer, wenn man sagt, jetzt muß man das machen, das ist gerade aktuell. Das gerade will ich nicht machen.

H: Dann müssen Sie mir verzeihen, wenn ich Sie trotzdem in Ihrer Zeit sehe.

D: Wir sind ja Kinder unserer Zeit, wir können ja gar nicht aus der Zeit fallen. Jetzt haben wir gerade in Kairo eines meiner ersten Stücke wiedergesehen, es ist natürlich ein Stück, das ganz stark mit der Zeit Anfang der sechziger Jahre zu tun hat, gar nicht so sehr inhaltlich, aber formal, eine Parabel.

E: Es wirkt immer noch.

D: Es wird auch immer noch gespielt. Ich würde natürlich heute nicht mehr so schreiben, man kann natürlich erkennen, aus welcher Zeit es stammt. Während man in einer Zeit ist, weiß man nicht, daß man in der Zeit ist, aber hinterher ist es plötzlich eindeutig. Das ist ja nicht nur in Kunstdingen so, aber in allem Verhalten und in allem, was man macht. Erst, wenn die Zeit sich entzogen hat, sieht man den Zeitgeist.

E: Seltsam, daß manchmal plötzlich an verschiedenen Ecken etwas entsteht, wo man dann später sagen kann, aha, das ist aus den achtziger Jahren.

BAYREUTHER BEITRÄGE ZUR LITERATURWISSENSCHAFT